Forschung und Entwicklung in der Sozial(arbeits)wissenschaft

Herausgegeben von
F. Fredersdorf, Dornbirn, Österreich

AF148638

„Forschung und Entwicklung in der Sozial(arbeits)wissenschaft" präsentiert Studien, Projekte, Modellvorhaben und Konzepte mit evidenzbasiertem Bezug zu Handlungsfeldern der Sozialen Arbeit. Die Klammer im Zentralbegriff bringt das noch nicht etablierte Dasein einer Sozialarbeitswissenschaft zum Ausdruck und regt zum kontroversen Diskurs an. Beiträge von Projekten und Theoriediskursen, aber auch von Tagungen und Dissertationen fokussieren die Grundlage einer zunehmend anerkannten eigenständigen Disziplin, die einerseits ein spezifisches Profil zu entwickeln vermag, andererseits auf bezugswissenschaftlichen Ansätzen und Erkenntnissen basiert. Insofern transportiert der Reihentitel den hier bewusst vermiedenen Plural „Sozialarbeitswissenschaften" implizit. Der beabsichtigte transdisziplinäre und zugleich anwendungsorientierte Anspruch trägt dazu bei, fachliche Barrieren zu überwinden, um eine fundierte Handlungswissenschaft für die soziale Realität zu gestalten. Zielgruppe der Reihe sind Studierende, Lehrende, WissenschaftlerInnen und Professionelle in der Sozialen Arbeit.

Herausgegeben von
Prof. Dr. Frederic Fredersdorf
FH Vorarlberg
Dornbirn, Österreich

Frederic Fredersdorf (Hrsg.)

Anwendungsorientierte Sozial- und Sozialarbeitsforschung in Vorarlberg

Kooperationen mit gesellschaftlicher Wirkung

Mit einem Geleitwort von Mag. Stefan Fitz-Rankl
und Prof. (FH) Dr. Oskar Müller

 Springer VS

Herausgeber
Frederic Fredersdorf
Dornbirn, Österreich

Forschung und Entwicklung in der Sozial(arbeits)wissenschaft
ISBN 978-3-658-11189-2   ISBN 978-3-658-11190-8 (eBook)
DOI 10.1007/978-3-658-11190-8

Die Deutsche Nationalbibliothek verzeichnet diese Publikation in der Deutschen Nationalbibliografie; detaillierte bibliografische Daten sind im Internet über http://dnb.d-nb.de abrufbar.

Springer VS

Gedruckt auf säurefreiem und chlorfrei gebleichtem Papier

Springer Fachmedien Wiesbaden ist Teil der Fachverlagsgruppe Springer Science+Business Media (www.springer.com)

Inhaltsverzeichnis

Geleitwort 7

Frederic Fredersdorf
Der Forschungsbereich Sozial- und Wirtschaftswissenschaften
an der Fachhochschule Vorarlberg 9

Forschungsschwerpunkt Soziale Arbeit 17

Daniela Lorünser
Prekäre Lebenswelten in Vorarlberg 19

Pascale Roux & Gerhild Feuerstein
Stationäre Jugendhilfe 27

Daniela Lorünser
Ambulante lebensweltorientierte Betreuung 41

Doris Böhler
European Research Institute for Social Work (ERIS) 51

Forschungsschwerpunkt Gesundheit 61

Frederic Fredersdorf & Pascale Roux
Lebensweltorientierte Alkoholprävention für Jugendliche 63

Pascale Roux
Suchtprävention für Eltern mit türkischem Migrationshintergrund 77

Frederic Fredersdorf, Pascale Roux & Fabian Rebitzer
Klienten- und Teamorientierung in der stationären Altenpflege 91

Forschungsschwerpunkt Bildung 101

Johanna Hefel, Sarah Moser & Irmgard Wetzstein
Jugendliche mit Migrationshintergrund auf dem Weg in den Arbeitsmarkt:
Evaluierung eines arbeitsmarktpolitischen Modellprojekts 103

Pascale Roux, Frederic Fredersdorf & Fabian Rebitzer
Die Vorarlberger Ausbildung zum Turnusarzt 131

Forschungsschwerpunkt Sozialkapital 141

Fabian Rebitzer & Sarah Moser
Sozialkapital und Bürgerschaftliches Engagement in Vorarlberg 143

Frederic Fredersdorf
Spendenmotivation und Werthaltungen gegenüber der Caritas Vorarlberg 155

Daniela Lorünser, Frederic Fredersdorf
Kulturvermittlung in Vorarlberg 165

Frederic Fredersdorf, Pascale Roux & Fabian Rebitzer
Wohnbedarf im Alter 173

Forschungsschwerpunkt Wirtschaft und Soziales 183

Rainer Puhr & Frederic Fredersdorf
Monitoring der Vorarlberger Wirtschaft aus Sicht von
Klein- und Mittelunternehmen 185

Frederic Fredersdorf, Wilfried Manhart, Stefanie Chen & Daniela Lorünser
Indien – potenzieller Exportmarkt für Vorarlberger Unternehmen? 195

Frederic Fredersdorf
Derzeitige Projektlage und Zukunft des FB SoWi 207

Autorinnen und Autoren 213

Geleitwort

Wir sehen die Fachhochschule Vorarlberg als wesentlichen Treiber und Impulsgeber für die Entwicklung unserer Kernregion Vorarlberg bzw. der Euregio Bodensee. Diese Funktion erfüllt die FH Vorarlberg insbesondere durch eine hochstehende Ausbildung unserer Studierenden und Weiterbildungsteilnehmer, aber natürlich auch durch die umfangreichen Tätigkeiten in unseren Forschungs- und Transferzentren.

Die Fachhochschule Vorarlberg hat sich mit diesem Grundverständnis in den letzten Jahren zu einer der forschungsstärksten Fachhochschulen in Österreich entwickelt. Ein wesentlicher Fokus aller Forschungsaktivitäten ist eine starke Vernetzung mit regionalen Anforderungen und Fragestellungen und eine direkte Rückkoppelung in die akademische Lehre. Der Forschungsbereich Sozial- und Wirtschaftswissenschaften war in den letzten Jahren stets ganz vorne mit dabei und hat mit anwendungsrelevanter Sozial- und Sozialarbeitsforschung einen beeindruckenden Beitrag zu unserem Kernverständnis als Hochschule geleistet.

Der vorliegende Sammelband zu Forschungs- und Entwicklungsarbeiten des Forschungsbereichs in den letzten Jahren beweist die angesprochene Transferorientierung eindrücklich. Diese Leistungsschau spannt den Bogen von wichtigen Arbeiten im Kontext der Sozialen Arbeit, zum Gesundheitswesen, zu bildungsrelevanten Themenstellungen, zum gesellschaftlichen Sozialkapital bis zum Generationenmanagement. Die bearbeiteten Themen sind von hoher gesellschaftlicher Relevanz nicht nur für die Kernregion, sondern natürlich auch darüber hinaus. Besonders beindruckend ist, dass die durchgeführten Projekte nicht nur von hoher wissenschaftlicher Qualität sind, sondern in nahezu jedem Einzelfall konkrete Maßnahmen und Schlussfolgerungen ausgelöst haben. Auch dies kann als Zeichen dafür gelten, dass es im Verständnis der beteiligten Kolleginnen und Kollegen bei jedem einzelnen Projekt auch darum geht, sichtbare Wirkung zu generieren. Eine besondere Stärke des Forschungsbereichs ist es in dieser Wirkungsorientierung, dass transdisziplinäre Zugänge bewusst gewählt werden und aus der Vernetzung der unterschiedlichen Beteiligten und deren fachlichen Hintergründen neue, bisher unbeachtete Zugänge zu einer Themenstellung eingebracht werden können.

Im Vorwort eines Sammelbands gilt es auch Dank zu sagen: Vorweg natürlich an alle Mitwirkenden, vor allem aber auch an unsere Forschungs- und Entwicklungspartner: Danke für die gute Zusammenarbeit, aber auch für die Bereitschaft, sich auf Neues, oft auch Unkonventionelles einzulassen. Wir wissen natürlich auch, dass Forschung und Entwicklung nicht planbar (und vor allem nicht vorhersehbar) ist, es gehört also auch Mut dazu, sich fundierten Evaluationen zu unterziehen, oft heiß diskutierte Themen wissenschaftlich zu unterlegen oder aber vergleichende Studien zu beauftragen.

Der vorliegende Sammelband verdeutlicht die äußerst erfolgreiche Entwicklung des Forschungsbereichs Sozial- und Wirtschaftswissenschaften an der FH Vorarlberg, und er macht gleichzeitig „Lust auf mehr". Wir freuen uns auf eine weitere gute Entwicklung in den nächsten Jahren und wünschen dazu viel Erfolg!

Stefan Fitz-Rankl, Geschäftsführer

Oskar Müller, Rektor

8

Der Forschungsbereich Sozial- und Wirtschaftswissenschaften an der FH Vorarlberg

Frederic Fredersdorf

1. Empirische Forschung zu sozialen Fragestellungen

Mit Integration des sozialarbeiterischen Diplomstudiengangs im Jahr 2002 erweiterte die Fachhochschule Vorarlberg (FHV) ihr bis dato technik- und wirtschaftslastiges Profil. Wie auch in den anderen acht österreichischen Bundesländern war es Anfang des Jahrtausends der vormals nicht akademischen Ausbildung zur Sozialarbeit durch langjährige bildungspolitische Vorarbeit gelungen, sich auf FH-Niveau zu etablieren (vergleichbare Studien existieren nicht an Österreichs Universitäten). Damit einher ging eine curricular verankerte wissenschaftliche Profilbildung des Studiums in praxisbezogener Theorie und Empirie – eine Entwicklung die nur wenige Jahre später durch die bolognakonforme Umstellung auf das Bachelor- und Master-System vorangetrieben wurde.

Rechtliche Grundlage der Verwissenschaftlichung bildet nach wie vor das österreichische Fachhochschul-Studiengesetz. Einige seiner Paragraphen schreiben den Wissenschafts- und Forschungsbezug explizit fest:

- §3 Absatz (1): „Fachhochschulen und Einrichtungen zur Durchführung von Fachhochschul-Studiengängen haben die Aufgabe, Studiengänge auf Hochschulniveau anzubieten, die einer wissenschaftlich fundierten Berufsausbildung dienen. Die wesentlichen Ziele sind: 1. die Gewährleistung einer praxisbezogenen Ausbildung auf Hochschulniveau; 2. die Vermittlung der Fähigkeit, die Aufgaben des jeweiligen Berufsfeldes dem Stand der Wissenschaft und den aktuellen und zukünftigen Anforderungen der Praxis zu lösen ..." (FHStG §3, Abs. 1). Schlüsselbegriffe des skizzierten wissenschaftlichen Anspruchs sind dabei „Hochschulniveau", „wissenschaftlich fundiert", „Stand der Wissenschaft".
- §8 Absatz (2): „Zur Erlangung der Akkreditierung als Fachhochschuleinrichtung sowie für die Dauer der Akkreditierung muss der Erhalter folgende Voraussetzungen erfüllen: 1. Vorlage eines Entwicklungs-

plans, der jedenfalls das Entwicklungskonzept für den Aufbau der betreffenden Bildungseinrichtung zu einer Fachhochschuleinrichtung unter Berücksichtigung der Zielsetzungen der Einrichtung, der Schwerpunkte und Maßnahmen in Lehre und Forschung ... umfasst." (FHStG §8, Abs. 2). Mit dieser Formulierung verknüpft der Gesetzgeber Lehre an Fachhochschulen eng mit entsprechender Forschung. Zudem diktiert er den österreichischen FH-Betreibern (je nach Bundesland sind das entweder die Landesregierung oder Allianzen zwischen ihnen und Wirtschafts- und Arbeitsverbänden), diesbezügliche Strategien zu entwickeln und sie konkret umzusetzen.

- §8 Absatz (3): „... der Unterricht durch ein wissenschaftlich, berufspraktisch und pädagogisch-didaktisch qualifiziertes Lehr- und Forschungspersonal abgehalten wird." (FHStG §8, Abs. 3). Mit diesem Passus wirkt der Gesetzgeber gezielt darauf hin, den Wissenschaftsbezug über entsprechend befähigte Lehrkräfte herzustellen. Mit der Verknüpfung von Wissenschaft und Praxis formuliert er dabei den anwendungsorientierten Anspruch einer „University of Applied Sciences".

- §10 Absatz 7: „Der Erhalter hat dafür zu sorgen, dass das Lehr- und Forschungspersonal an anwendungsbezogenen Forschungs- und Entwicklungsarbeiten teilnimmt. Dies kann an der eigenen Einrichtung oder durch Kooperation mit anderen Forschungs- und Entwicklungseinrichtungen geschehen." (FHStG §10, Abs. 3). Nicht genug, dass Forschungskompetenz in der Lehre durch entsprechend qualifiziertes Personal gesichert werden soll – das sich unter Umständen darauf beschränken kann, Forschungsergebnisse Dritter in die Lehre einzubauen. Dieser Absatz gibt deutlich eine aktive Richtung vor: Lehrende an Österreichs Fachhochschulen haben selbst aktiv zu forschen.

Obzwar von einigen Anspruchsgruppen aus Wirtschaft und Gesellschaft aufgrund von Partikularinteressen kontrovers diskutiert, ist mit obigen Passagen der Anspruch verknüpft, Forschung und Entwicklung an *allen* Studiengängen von Fachhochschulen zu etablieren, also auch an jenen der Sozialen Arbeit. Kolleginnen und Kollegen dieser Disziplin und dieses Berufsstandes vertreten diese Position seit über zehn Jahren. Erstmalig publizierten sie zentrale Postulate in einem 2005 herausgegebenen Sammelband (Popp, Posch & Schwab 2005). Innerhalb der darauffolgenden Dekade gelang es vielen an Österreichs Fachhochschulen engagierten Forschungs- und Lehrkräften, anwendungsorientierte Sozialforschung bzw. Sozialarbeitsforschung zu etablieren (vgl. Fredersdorf 2012; Böhler & Fredersdorf 2014). Wie breit der Kanon sozialer Forschungsfragen an Österreichs Fachhochschulen aufgestellt ist, stellt eine bereits im Jahr 2010 zustande gekommene Leistungsschau dar (vgl. Gumpinger 2010, Bd. I und II).

Übergreifend zeigen die zitierten Beispiele, dass einerseits jeder soziale Gegenstand ausreichend bedeutsam ist, um mittels Sozialarbeitsforschung evdienzbasierte Erkenntnisse für die soziale Praxis und die sozialarbeiterische Lehre an Fachhochschulen zu generieren. Das gilt unabhängig davon, von welcher wissenschaftstheoretischen, methodologischen und methodischen Basis aus geforscht wird. Andererseits zeigen sich gravierende gesellschaftliche Entwicklungen, die eine soziologisch, politologisch, wirtschaftswissenschaftlich oder psychologisch begründete Sozialforschung legitimieren.

Oft zitiert, aber deswegen längst nicht trivial, sind in diesem Zusammenhang folgende Trends moderner Industriegesellschaften zu nennen: veränderte demografische Zusammensetzung mit wachsenden Herausforderungen für das Gesundheits-, Renten- und Pflegesystem, verstärkte Migrationsbewegungen und zunehmend multikulturelles Zusammenleben, zunehmender Mangel an zutreffend gebildeten Fachkräften („war for talents"), auseinanderklaffende Scherentwicklung zwischen Arm und Reich mit zunehmender sozialer Ungleichheit und Armut aufgrund abnehmender Kaufkraft, hypertrophe Medialisierung und permanente Online-Konnektivität, schwer kontrollierbare digitale Überwachung, globalisierte Arbeitswelten mit dem Anpassungsdruck zur regionalen Flexibilität und zum lebenslangen Lernen, Technisierung von Produktion und abnehmende operative Arbeitsplätze, Entwicklung zur Wissens- und Dienstleistungsgesellschaft mit wachsendem Anteil im Niedriglohnbereich, sich verändernde Lebenswelten von Familie und Partnerschaft, zunehmender Bedarf an frühkindlicher Bildung und nicht zuletzt zunehmende Landflucht und Verstädterung. Derart komplexe gesellschaftliche Entwicklungen führen zu massiven sozialen Spannungen und Problemlagen.

Vor diesem nur grob skizzierten gesellschaftlichen Wandel dient empirische Forschung zu sozialen Fragestellungen der Suche nach probaten Lösungsansätzen – nicht etwa nach Lösungen, denn dieser Anspruch dürfte aufgrund der sozialen Komplexität kaum eingelöst werden können. Mittels Sozial- bzw. Sozialarbeitsforschung Lösungsansätze für ein stabiles Zusammenleben zu finden, ist für die moderne Industriegesellschaft ebenso bedeutsam, wie naturwissenschaftlich-technische Forschung und Entwicklung für den Erhalt wirtschaftlicher Stabilität. Internationale Studien zur Bedeutung von Sozialkapital belegen diesen Fakt seit den 90er Jahren. Demgemäß sind Regionen mit einem hohen Anteil an gesellschaftlicher wie individueller Solidarität und sozialem Zusammenhalt wirtschaftlich prosperierender und von höherer allgemeiner Lebensqualität als Regionen, in denen Sozialkapital nur gering ausgeprägt ist (vgl. exemplarisch Knack & Keefer 1997; Deutscher Bundestag 2002: 57; Freitag & Traunmüller 2008). Kurz gesagt: Angewandte empirische Forschung zu sozialen Fragestellung trägt wesentlich dazu bei, ebendiese Faktoren zu stärken.

2. Empirische Forschung zu sozialen Fragestellungen an der FHV

Sozial- bzw. Sozialarbeitsforschung findet an der FH Vorarlberg (FHV) unter drei verschiedenen Rahmenbedingungen statt: erstens in der Lehre, zweitens im Department Sozial- und Organisationswissenschaften – der matrixförmigen Organisationseinheit, in der die Lehrenden der Sozialen Arbeit mit Kolleginnen und Kollegen aus naheliegenden Disziplinen beheimatet sind – und drittens im Forschungsbereich Sozial- und Wirtschaftswissenschaften (FB SoWi).

Forschung innerhalb der Lehre ist curricular als Projekt- oder Forschungsseminar festgeschrieben sowie durch Grundlagenseminare, die in wissenschaftliches Arbeiten und qualitative wie quantitative Empirie einführen. Letztlich gehört auch eine empirisch angelegte Masterarbeit zu diesem Kanon. Gemäß der europäischen Vorgabe sind eigenständige Forschungsarbeiten von Studierenden schwerpunktmäßig im Masterstudium zu finden, während das Bachelorstudium eher auf den Kompetenzerwerb ausgerichtet ist, Forschungsergebnisse Dritter adäquat verarbeiten zu können.

Forschung im Department beansprucht einen gewissen (geringen) Prozentanteil des Vollzeitäquivalents forschungsaffiner Lehrkräfte. Neben der zu erbringenden Lehre können sie diesen eigenständig interpretieren und ausüben.

Forschung in den Zentren und Bereichen richtet sich dagegen schwerpunktmäßig auf die darin definierten strategischen Kompetenzfelder aus. Sie ist durch den vorgegebenen Erwerb von Drittmitteln gekennzeichnet, was für die beiden erstgenannten Varianten nicht per se gilt. Lehrende aus den Departments können nach interner Abstimmung größere Prozentanteile an Forschungsaktivität umsetzen (und dafür ihr Lehrdeputat anteilsmäßig verringern), indem sie den Forschungszentren oder -bereichen beitreten. Wenn sie dieses tun, sind sie mitverantwortlich für den ressourcenmäßigen Erhalt des Instituts.

Die 1994 aus einem Studien-Pilotprojekt hervorgegangene FHV hatte bereits im Jahr 2004 drei mathematisch-naturwissenschaftlich ausgerichtete Forschungszentren gegründet: Mikrotechnik, Nutzerzentrierte Technologien und Produkt- und Prozess-Engineering. [1] Nach intensiver Vorphase kamen im Jahr 2010 der FB SoWi und der Forschungsbereich Mechatronik hinzu. Bereits damals blickte der FB SoWi auf eine sechsjährige Anlaufzeit zurück, die parallel zur Weiterentwicklung der sozialarbeiterischen Studiengänge stattgefunden hatte. Trotz der leicht variierten Statusbezeichnung gegenüber den drei Forschungszentren wird er, wie diese, hausintern als gesonderte Kostenstelle geführt und hat sich ebenfalls in erheblichem Ausmaß durch Drittmittel zu finanzieren.

---

1 Siehe: http://www.fhv.at/organisation/chronik; download am 04.05.2015

Während der Forschungsbereich Mechatronik aus Marktgründen im Jahr 2015 abgewickelt wurde, konnte sich der FB Sowi bis dato über eine inhaltlich breit gestreute Palette an sozialen Forschungsprojekten etablieren. [2] Zudem fungiert er als hochschulinterner Dienstleister für das Qualitätsmanagement und das International Office der FHV. Für diese Organisationseinheiten setzt er regelmäßig Umfragen unter hochschulischen Zielgruppen um (Erstsemester, Auslandssemester, Alumni u.a.). In 2010 bekam der FB Sowi als einziges sozialwissenschaftlich orientiertes von über 20 FFG-geförderten Projekten eine fünfjährige Aufbaufinanzierung bewilligt, was die Bedeutung der Forschung an sozialen Fragestellungen bei der FHV unterstreicht. Die österreichische FFG (Forschungs-Förderungs-Gesellschaft) weist spezielle Förderlinien für Forschung an Fachhochschulen aus. Eine sozialwissenschaftliche bzw. sozialarbeitswissenschaftliche Linie ist jedoch nicht darunter zu finden, da die FFG sozial- und geisteswissenschaftliche Aspekte zwar als bedeutsam, jedoch eher als Querschnittsthemen ansieht. Sie stehen explizit „nicht im Zentrum eigener Förderprogramme". [3] Hierin kommt eine wirtschafts- und techniklastige Förderphilosophie zum Ausdruck, die die Studiengangs- und Forschungsleitungen der Sozialen Arbeit bzw. Sozialwissenschaft an Österreichs Fachhochschulen nicht teilen.

Die FHV wertet diesen Aspekt auf, da sich ihre Forschungsstrategie in den letzten zehn Jahren auf gesundheitsspezifische Aspekte ausgeweitet hat. Mit dem Forschungsschwerpunkt „Ambient Assisted Living", der auch auf soziale Fragen rekurriert, erarbeitete sich das Forschungszentrum Nutzerzentrierte Technologien an der Schnittstelle von Mensch und Technik einen internationalen transdisziplinären Ruf (vgl. Kempter & Weidmann 2012). Derzeit intern diskutierte Strategien beziehen explizit das Feld Gesundheit ein. Gemäß eines salutogenetischen und bio-psycho-sozialen Gesundheitsbegriffs, wie ihn die World Health Organization und der Fonds Gesundes Österreich vertritt, sind soziale Fragen damit untrennbar verknüpft. Denn Gesundheit ist laut WHO „... ein Zustand vollständigen körperlichen, seelischen und sozialen Wohlbefindens und nicht nur das Freisein von Krankheit oder Gebrechen." (Wallner 2007: 78).

Der Europäische Gesundheitsbericht 2012 präzisiert nun, was die WHO unter Wohlbefinden versteht: Zentral dafür bedeutsam sind „... Lebensbedingungen von Menschen und ihre Chancen auf Nutzung ihres Potenzials ... ohne Diskriminierung aus irgendeinem Grund." (WHO-Regionalbüro für Europa 2012: 97). Aus dieser Perspektive gehören sozio-ökonomische Bedingungen demnach „... zu den wichtigsten sozialen Determinanten von Gesundheit und beeinflussen ihrerseits eine Vielzahl anderer mittelbarer Determinanten." (ebd.: 50).

---

2 Siehe: http://www.fhv.at/forschung/sozial-und-wirtschaftswissenschaften/aktuelles-sowi; download am 04.05.2015
3 Siehe: https://www.ffg.at/gesellschaft; download am 04.05.2015

Für Expertinnen und Experten steht daher außer Frage, dass Gesundheitsforschung immer zugleich Sozial- bzw. Sozialarbeitsforschung bedeutet – ein beachtlicher Meilenstein in der Forschungsentwicklung der FHV.

In den anwendungsnahen Forschungs- und Entwicklungsprojekten des FB SoWi kommt dieser Anspruch mit einem deutlichen Schwerpunkt auf regional ausgerichteten Impact zum Ausdruck. Frühere wie aktuelle Projekte sind trotz der relativ geringen Einwohnerzahl Vorarlbergs [4] in den strategischen Entwicklungsfeldern Sozialkapital, Bildung und Gesundheit breit angelegt. Hierfür sprechen zwei Umstände: Erstens sind im westlichsten österreichischen Bundesland gesellschaftliche Umstände ebenso vielseitig anzutreffen wie in Regionen mit einer höheren Bevölkerungszahl. Und zweitens vertreten regionale Auftraggeber zwar unterschiedliche Themen und Aufgabenstellungen, vergeben aber aufgrund geringer Budgetmittel für extern finanzierte Forschung eher Projekte mit Volumina zwischen fünftausend und dreißigtausend Euro. Aus Forschungssicht sind derartige Kleinprojekte inhaltlich ebenso anspruchsvoll wie Studien mit umfangreicherer Ressourcenausstattung, allerdings finanziell deutlich ineffizienter, denn hochschulintern muss für sie annähernd derselbe Aufwand betrieben und Overhead bereitgestellt werden wie für Großprojekte.

Dennoch stellen derartige Projekte das „Mark" des FB SoWi dar. Sie unterstreichen seinen sozialen Fokus und die gesellschaftliche Bedeutung, denn sie nutzen Auftrag gebenden sozialen und gesellschaftlichen Organisationen, Verbänden, Vereinen und Verwaltungen für die Weiterentwicklung ihrer Dienstleistung. An dieser Stelle wird darauf verzichtet, in diesem Band präsentierte Projekte erneut aufzuzählen (eine Dokumentation seit 2009 findet sich im Link von Fußnote 2). Stattdessen belegt eine exemplarische Nennung früherer wie aktueller Auftraggeber die breite gesellschaftliche Verankerung des FB SoWi.

Ihnen sei hier besonders gedankt: Aqua-Mühle Frastanz; Ärztekammer Vorarlberg; Büro für Zukunftsfragen; Caritas Vorarlberg; Connexia Gesellschaft für Gesundheit und Pflege; Interessengemeinschaft Kultur; Jugendabteilung der Stadt Dornbirn; Land Vorarlberg: Abteilungen Gesellschaft und Soziales, Gesundheit und Sport, Kultur; Landesverband der Heim- und Pflegeleitungen; Rationalisierungskuratorium der Berliner Wirtschaft; Seniorenheim Wildau GmbH; Siemens AG mehrerer deutscher Standorte; Sportunion Vorarlberg; diverse stationäre Einrichtungen der Altenpflege in Vorarlberg; VEM-Gruppe der Vorarlberger Wirtschaftskammer und darin tätige Wirtschaftsunternehmen; Verein Dowas; Vorarlberger Beschäftigungspakt; Vorarlberger Kinderdorf; Vorarlberger Krankenhäuser; Werkstatt für Suchtprophylaxe; Wirtschaftskammer Vorarlberg.

---

4 379.621 Personen mit Hauptwohnsitz zum 31.12.2014; siehe: Amt der Vorarlberger Landesregierung 2015: 5.

Literatur

Böhler, Doris & Fredersdorf, Frederic (2014): Social Work Research at Universities of Applied Sciences in Austria. In: Hämäläinen, Juha; Littlechild, Brian & Spilackova, Marie (Hrsg.): Social Work Research Across Europe: Methodological Positions an Research Practice. University of Ostrava. Ostrava: 15-30.

Deutscher Bundestag (2002): Bericht der Enquete-Kommission „Zukunft des Bürgerschaftlichen Engagements". Bürgerschaftliches Engagement: auf dem Weg in eine zukunftsfähige Bürgergesellschaft. Bundestags-Drucksache 14/8900. Berlin. URL: http://dip21.bundestag.de/dip21/btd/14/089/1408900.pdf; download am 04.05.2015.

FHStG – Fachhochschul-Studiengesetz. In: Bundesgesetzblatt Nr. 340/1993 zuletzt geändert durch Bundesgesetzblatt I Nr. 45/2014.

Fredersdorf, Frederic (2012): Empirische Sozialforschung an sozialarbeiterischen Studiengängen österreichischer Fachhochschulen. In: Zeitschrift für Hochschulentwicklung Jg.7/Nr.2, März 2012: 80-98.

Freitag, Markus & Traunmüller, Richard (2008): Sozialkapitalwelten in Deutschland. Soziale Netzwerke, Vertrauen und Reziprozitätsnormen im subnationalen Vergleich. In: Zeitschrift für Vergleichende Politikwissenschaft. 2 (2): 221-256.

Gumpinger, Marianne (Hrsg.): Sozialarbeitsforschung. Projekte 2010. 2 Bände. pro mente. Linz.

Kempter, Guido & Weidmann, Karl-Heinz (2012): Beiträge zum Usability Day X. Technik für Menschen im nächsten Jahrzehnt. Pabst. Lengerich.

Knack, Stephen & Keefer, Philip (1997): Does Social Capital Have an Economic Payoff? A Cross-Country Investigation. In: Quarterly Journal of Economics. 112 (4): 1251-1288.

Popp, Reinhold; Posch, Klaus & Schwab, Marianne (Hrsg.) (2005): Forschung & Soziale Arbeit an Österreichs Fachhochschulen. Lit Verlag. Wien.

Wallner, Jürgen (2007): Health Care zwischen Ethik und Recht. Facultas. Wien.

WHO-Regionalbüro für Europa (2012): Der Europäische Gesundheitsbericht 2012. Ein Wegweiser zu mehr Wohlbefinden. WHO Publications. Kopenhagen.

15

Forschungsschwerpunkt
Soziale Arbeit

Prekäre Lebenswelten in Vorarlberg

Daniela Lorünser

1. Soziale Aufgabenstellung und Forschungsfrage

Armut, ein Leben am Rande des Existenzminimums, betrifft laut EU-SILC 2013 14,4% der Österreicher. Diese und andere Kennzahlen zu Armutsbetroffenheit in Österreich werden durch EU-SILC in einem regelmäßigen Monitoring erhoben. In Vorarlberg waren im Jahr 2013 17,1% der Bevölkerung armutsgefährdet (bzw. mit 95% Wahrscheinlichkeit zwischen 10,4% und 23,7%, vgl. Bundesanstalt für Statistik Österreich 2014: 10).

Armut ist nicht nur Synonym für ein mangelhaftes Besitz- und Einkommensverhältnis; sie umfasst vielschichtige prekäre Lebenssituationen. Dimensionen von Armut beziehen sich auf materiellen Wohlstand, Gesundheit, Sicherheit, Wohlstand in Bildung und Erziehung, Beziehungen in der Familie, Wohnsituationen, Verhaltensweisen und Risiken sowie auf subjektive Armutsfaktoren (Fabris u.a. 2013: 25f).

Vor drei Jahren vergab das Land Vorarlberg – ergänzend zu den Fakten von Statistik Austria – zwei Studien an Vorarlberger Institute, mit dem Ziel, anhand der Ergebnisse Maßnahmen zur Armutsprävention bedarfsgerecht aufstellen zu können. Einen Auftrag erhielt das Vorarlberger Vorholz-Institut für praktische Philosophie. Im Rahmen einer Delphi-Studie interviewte es Expertinnen und Experten über bekannte wie unbekannte armutsgefährdete Gruppen, die bis dato in keiner Statistik erfasst wurden. Die hier nur knapp dargestellten Ergebnisse verweisen auf die Notwendigkeit einer regulierenden Kooperation und Koordination unter gesellschaftlichen Institutionen. Armutsbekämpfung müsse demnach aktiv angegangen werden. Angesetzt werden könne in Schulen und in der frühkindlichen Erziehung (um Bildung zu erhöhen), beim Arbeitsmarktservice (um „Drehtüreffekte" zu verringern), beim Wohnbau (um leistbares Wohnen zu ermöglichen) und auf dem zweiten Arbeitsmarkt (um Arbeitsplätze für gering Qualifizierte und gering Leistungsfähige herzustellen) (vgl. Weber, Rücker & Meier 2013: 130f).

Einen zweiten Auftrag erhielt die Fachhochschule Vorarlberg, Forschungsbereich Sozial- und Wirtschaftswissenschaften. Ziel der hier präsentierten Studie war es, Lebenslagen von Vorarlberger Zielgruppen qualitativ zu beschreiben, die nahe oder unterhalb der Armutsgrenze leben. Mit Bezug auf den Arbeitsklima-Index der AK Oberösterreich, den deutschen Mikrozensus und das Sozio-Oekonomische Panel gelten Mehrkindfamilien, Menschen mit Migrationshintergrund von außerhalb der EU-Staaten und Alleinerziehende als besonders von Armut betroffen. Hierzu lautete das übergreifende Erkenntnisinteresse: Was sind spezifische Problematiken Vorarlberger Zielgruppen in prekärer Lebenslage? Diese Richtfrage zielt darauf ab, materielle und immaterielle Lebenswelten bestimmter Personenkreise tiefergehend zu erkunden und zu beschreiben.

„Aber es sind weniger die Tatsachen, die einen fertigmachen, sondern dieser Stress, wenn man hingeht zum AMS, zum Sozialamt, wenn man betteln gehen muss. Auf der einen Seite muss man ankriechen: Ich bin so arm, bitte gebt mir etwas.' Und auf der anderen Seite muss ich aber die Starke sein, die jeden Tag wieder über sich selbst hinauswächst." (Thallinger 2011: 18).

2. Methodik

Das obengenannte wissenschaftliche Erkenntnisinteresse kann mit qualitativen Interviews seriös verfolgt werden, da sich der qualitative Ansatz eignet, subjektbezogene Aspekte zu erforschen. Auch in der Armutsforschung wird dieses Verfahren eingesetzt, beispielsweise in der Studie von Zartler u.a. über Alleinerziehende in prekärer Lage in Wien. Die Autorinnen und Autoren interviewten zwölf alleinerziehende Wienerinnen sowie achtzehn Experten und Expertinnen. Anhand ihres qualitativen Samples erfassten sie „eine Vielfalt an Lebenssituationen" und gewannen „Einblick in unterschiedliche Lebenslagen von Alleinerzieherinnen" (Zartler u.a. 2011: 138f).

Für die von uns in 2012 umgesetzte qualitative Befragung zum Thema Armut und Prekariat realisierten wir einen Leitfragenkatalog in Abstimmung mit der Vorarlberger Landesverwaltung. Inhaltsvalide Grundlage bildeten vier evidente Dimensionen von EU-SILC und – teilweise darauf bezogen – zwölf evidente Kategorien der Armutsstudie von Statistik Austria. Die vier Dimensionen von EU-SILC sind:

1. Armutsgefährdung – sie betrifft Personen mit einem Haushaltseinkommen unter 60% des nationalen Einkommensmedians. Dieses Item gilt als „zentraler Indikator zur Messung niedrigen Lebensstandards" (Till-Tentschert u.a. 2009: 44).

2. Finanzielle Deprivation – sie betrifft Personen, die sich mindestens zwei von sieben Dingen nicht leisten können: die Wohnung angemessen warm zu halten / regelmäßige Zahlungen im letzten Jahr rechtzeitig zu begleichen / notwendige Arzt- oder Zahnarztbesuche in Anspruch zu nehmen / unerwartete Ausgaben bis 950 € finanzieren zu können / neue Kleidung zu kaufen / jeden zweiten Tag Fisch oder Fleisch essen zu können / Freunde oder Verwandte mindestens einmal monatlich einladen zu können (ebd.: 133 f).

3. Manifeste Armut – sie betrifft Personen, die a) armutsgefährdet und zugleich b) finanziell depriviert sind (ebd.: 134).

4. Ausgrenzungsgefährdung – sie betrifft Personen, die a) armutsgefährdet und b) finanziell depriviert sind und c) in einem erwerbslosen Haushalt leben.

Darüber hinaus thematisierte der Leitfaden die momentane Lebens- und Wohnsituation, die aktuelle Finanzlage, den Empfang von Transferleistungen, den Besitz technischer Geräte, Urlaubsmöglichkeiten, die eigene und partnerschaftliche Erwerbstätigkeit, wichtige Zusatzinformationen aus Sicht der Befragten zu ihrer aktuellen Lebenslage, soziodemographische Angaben, den aktuellen Gesundheitszustand, Aspekte von Lebenszufriedenheit und persönliche Ziele.

Als qualitatives Stichprobenverfahren sollte ursprünglich ein A-Priori-Sampling verwendet werden, bei dem vorab die zu interviewenden Personenkreise beschrieben und begründet werden. Ziel war es, aus Datenbanken des Landes eine Zufallsstichprobe von Menschen zu ziehen, die eine Mindestsicherung, eine Wohnungsbeihilfe oder einen Familienzuschuss beantragt hatten. Dieser theoretisch durchaus plausible Ansatz wurde zum einen aufgrund des Datenschutzes nicht umgesetzt; zum anderen hätte eine zielgruppenselektierte Datenweitergabe gegen ethische Maximen verstoßen.

Alternativ setzten wir ein auf Freiwilligkeit und Datenschutz basierendes Schneeballverfahren um, bei dem Sozialorganisationen Vorarlbergs gewonnen werden konnten, Klientinnen und Klienten auf die Studie aufmerksam zu machen. Über einen ausgelegten oder ausgehändigten Flyer konnten sich Interessierte als Interviewpartner/innen melden. Diese Variante wurde in Kooperation mit der IfS-Schuldenberatung, dem Sozialmedizinischen Dienst der Caritas in Egg, dem Galileo Institut (einem türkischen Bildungs- und Kulturverein), den Bezirkshauptmannschaften Dornbirn und Feldkirch sowie dem Verein DOWAS (einer Einrichtung für obdachlose Menschen) und der türkischstämmigen Landtagsabgeordneten Vahide Aydin umgesetzt.

Die Kaltakquise wurde durch einen Kurzbeitrag in den Vorarlberger Nachrichten sowie eine Aufwandsentschädigung für die Interviewten in Form eines Einkaufgutscheins über 15 Euro zusätzlich gestützt.

3. Zentrale Ergebnisse

Die in dieser Studie umgesetzten qualitativen Interviews mit 18 in Vorarlberg lebenden Menschen, deren Lebenswelten bereits im Vorgespräch eine Armutssituation vermuten ließen, bestätigten den hier gewählten multidimensionalen Theorieansatz. Mehrfach wurden zum Beispiel der Verlust des Arbeitsplatzes, Trennung oder Scheidung, eigene Krankheit oder Tod naher Angehöriger als kritische Wendepunkte des eigenen Lebens genannt. Die Resilienz- und Copingforschung verweist in diesem Zusammenhang darauf, dass kritische Lebensereignisse und Lebenslagen nicht per se Ursachen oder Auslöser für Armut sind, jedoch bei geringen sozialen und personalen Ressourcen eher dazu führen (vgl. Hurrelmann 2006: 25-64). Als besonders armuts- wie auch gesundheitsgefährdet – beide Aspekte sind eng miteinander assoziiert – gelten Zielgruppen in Lebenslagen mit mehrfachen Belastungsfaktoren. Insofern darf die hier verwandte Stichprobe als inhaltsvalide für den untersuchten Gegenstandbereich angesehen werden, da bei den meisten Befragten zusätzlich zur finanziellen Problemlage multiple Risikofaktoren auszumachen sind.

Um die Multidimensionalität prekärer Lebenslagen analytisch zu fassen, wurden aus den qualitativen verbalen Daten drei idealtypische Lebenslagen in Armut gefiltert, die sich in ihren kombinierten Bedingungen voneinander unterscheiden. Ein „Idealtypus" nach Max Weber ist eine heuristische, theoriebildende Kategorie, die dazu dient, ein Verständnis über komplexe Sachverhalte zu gewinnen und wesentliche charakterisierende Faktoren herauszuarbeiten (vgl. Gerhardt 2001). Ebendiese Funktion kommt den drei nachfolgend präsentierten Idealtypen „A, B, C" der Lebenslagen in Armut zu, wie sie sich aus den 18 Interviews mit Vorarlbergerinnen und Vorarlbergern ergeben. Mit dem aus methodischen Gründen nur angedeuteten Typus „D" kann diese Studie zudem eine weitere prekäre Lebenssituation umreißen.

Tab. 1: Vier Idealtypen multipler prekärer Lebenswelten in Vorarlberg

Idealtypus prekärer Lebenslagen	Merkmale in Stichworten
A: Menschen mit einem funktionierenden sozialen Netzwerk	Beständiges aber heterogenes soziales Netzwerk / bestehende Erwerbstätigkeit / Schuldenfreiheit als „Überlebenstaktik" / Selbstverständnis für und Verlass auf Transferleistungen / soziales Engagement / vernachlässigtes Gesundheitsverhalten

Idealtypus prekärer Lebenslagen	Merkmale in Stichworten
B: Menschen, die langzeitig vom Prekariat betroffen sind	Erarbeitete Unabhängigkeit wird als Errungenschaft angesehen. / Selbstbewusstsein und Stolz leiten das Handeln. / Häufig befinden sich Kinder bereits im Jugend- oder jungen Erwachsenenalter. / Alltägliche Anforderungen werden pragmatisch bewältigt. / Der eigene Lebensstil wird flexibel sich ändernden Lebenssituationen angepasst. / Copingfähigkeiten sind ausgeprägt. / Kritische Situationen können ausdauernd ausgehalten werden. / Gleichgültiges Gesundheitsverhalten liegt vor. / Individuelle Lebenskräfte werden voll in Anspruch genommen.
C: Menschen ohne Perspektive	Arbeitsunfähigkeit / (chronische) Gesundheitseinschränkungen und Suchtproblematiken / Kritische Lebenssituationen führten zu einem „Absturz". / Verlust der materiellen Grundsicherung / Gesellschaftliche Ausgrenzung ohne jegliches hilfreiches soziales Netzwerk / Die prekäre Lebenslage kann nur durch Hilfesysteme abgemildert – jedoch nicht gelöst – werden. / Selbstaktivierungskräfte fehlen. / Trotz Existenzverlust wird ein individuelles Ehrempfinden aufrechterhalten. / Es besteht eine erhöhte Kriminalitätsbereitschaft. / Tagesstrukturen fehlen; es wird „in den Tag hinein" gelebt.
D: Versteckte prekäre Lebenslagen	Das Prekariat wird weder offiziell noch im privaten Umfeld wahrgenommen.

Menschen des Typs A sind offen und meist familienorientiert. Sie möchten viel Zeit mit der Familie oder Freunden verbringen und leben nicht gerne allein oder gar einsam. Zugehörigkeit zu Gleichgesinnten ist ihr Lebensmittelpunkt, was sie bestätigt, kein hoffnungsloser Einzelfall zu sein. Menschen des Typs A wollen die eigene psychosoziale Gesundheit möglichst aufrechterhalten. Sie haben gelernt, mit Angst, Depression, Überforderung oder Enttäuschung umzugehen. Schwierige Lebensphasen deuten sie als Chance zur Persönlichkeitsentwicklung. Menschen des Typs A befinden sich durchaus in finanziellen Armutsverhältnissen und weiteren prekären Lebenssituationen (z.B. in Bezug auf die Gesundheit), oder sind zumindest stark davon bedroht. Aufgrund ihrer sozialen Einbindung gelingt es ihnen jedoch, in der täglichen Auseinandersetzung eine fortschreitende Deprivation (vorerst) abzuwehren. Eine zunehmende potentielle Problemkumulation würde allerdings die prekäre Lebenslage von Menschen des Typs A sichtlich verschärfen.

Menschen des Typs B sind freiheitsliebend und pragmatisch, sie verfolgen zugleich mehrere eigene Interessen und setzen ein gewisses Vertrauen in das Leben. Menschen des Typs B übernehmen auch in kritischen Lebenslagen Selbstverantwortung; sie nehmen ihr Leben aktiv in die Hand. Ihre Lebenssituation schätzen sie realistisch ein und blenden weder negative noch positive Ereignisse aus. Vermutlich aufgrund eines ausgeprägten Kohärenzgefühls gelingen ihnen Copingstrategien in prekären Lebenslagen, die im ungünstigsten Fall über eine lange Lebenszeit „einfach ausgehalten" werden. Der eigenen Gesundheit wird dabei wenig Aufmerksamkeit gewidmet. Denn das (Über)Leben in der prekären Lebenslage erfordert von Menschen des Typs B permanent einen starken und auf Erfüllung von Grundbedürfnissen fokussierten Energieaufwand. Soziale Netze, die unterstützend wirken könnten, sind bei ihnen eher schlecht ausgeprägt.

Menschen des Typs C sind in ihrem Denken und Handeln oft ambivalent, und sie reagieren sensibel auf ihnen entgegengebrachte Haltungen. Mit der Zeit haben sie aufgrund fortschreitender Deprivation negative Denkmuster verfestigt. Persönlich durchlebte Sozialisationserfahrungen machen einen „anderen Menschen" aus ihnen. Menschen des Typs C bewegen sich oft bewusst außerhalb gesellschaftlicher Werte und Normen. Sie wollen keinen „Normalbürgern" gleichen, sondern orientieren sich an ihrer eigenen Lebenswelt, auch wenn diese prekär ist. Suchterkrankungen sind unter Menschen des Typs C weit verbreitet. Verstärkt besteht bei Menschen des Typs C die Tendenz zur Verwirrung und Demoralisierung, was sich u.a. auch in fehlenden Tagesstrukturen manifestiert. Aus ihrer komplex prekären Lage können sie sich nach eigener Ansicht nicht selbständig befreien. Als annähernd letzten psychischen Halt entwickeln Menschen des Typs C ein subjektives Ehrempfinden, auf das sie stark fokussiert sind.

Ein Erlebnis bei der Akquise geeigneter Interviewpartner/innen deutet darauf hin, dass viertens ein „Typ D" idealtypisch beschrieben werden könnte. Aufgrund des nicht zustande gekommen Interviews mit einer potentiellen Gesprächspartnerin kann Typ D durch diese Studie allerdings nicht umfassend skizziert werden: Anscheinend leben in Vorarlberg Menschen, die sich gemäß eigener Einschätzung in einer prekären Lebenslage befinden, jedoch weder offiziell, noch – vermutlich – im weiteren privaten Umfeld entsprechend wahrgenommen werden. Der Grund hierfür mag in einem stützenden engen Privatumfeld wie auch in einer Zurückhaltung der Betroffenen liegen, institutionelle Unterstützung anzunehmen. Inwiefern weitere kumulative negative Lebensbedingungen – und auch welche – für diesen Typus relevant wären, und inwiefern das engere private Umfeld unter Umständen co-abhängig wirken mag, kann nur vermutet werden und lässt sich durch diese Studie nicht qualitativ darstellen.

4. Diskussion

Die hier vorgestellte qualitative Studie konnte für Vorarlberg mehrere grundlegende Aspekte zum Thema „Prekariat" aufzeigen: Prekäre Lebenswelten sind in Vorarlberg existent – gemäß evidenter Kriterien der Lebensqualität ebenso existent wie in Österreich und Europa. Sie betreffen Menschen unterschiedlicher Nationalität, Kultur und Herkunft. Sie beziehen sich auf makro-strukturelle Aspekte (z.b. finanzielle Inflation von Gütern und Dienstleistungen, allgemeine Arbeitsmarktsituation, Situation am Wohnungsmarkt), meso-strukturelle Aspekte (z.b. Umfang und Nähe des privaten sozialen Netzwerks, Nähe und Inanspruchnahme sozialer Dienstleistungen, Ausgewogenheit von „Bonding" und „Bridging" bei der Zusammensetzung sozialer Netzwerke) und mikrostrukturelle Aspekte (z.b. allgemeine Lebenskompetenz, Entwicklung von Perspektiven, erlebte Anerkennung als Element des Sozialkapitals). Sie betreffen nicht nur deviante Zielgruppen, sondern auch Bevölkerungsteile, die über viele Jahrzehnte ihres Lebens eigenständig und integriert lebten und erst aufgrund besonderer Lebensumstände in psychosoziale und/oder finanzielle Notlagen gerieten. Transferleistungen stellen für diese Zielgruppen eine wesentliche und notwendige Unterstützung dar, sind aber nicht das alleinige Mittel, um eine prekäre Lebenslage nachhaltig überwinden zu können.

Da ausnahmslos alle Vorarlberger Interviewpartnerinnen und -partner Einkommensmangel vorweisen oder sich sogar in manifester Armut befinden, bleiben für die interviewten Zielgruppen vor allem jene Unterstützungen fundamental bedeutsam, die eine nachhaltige materielle Grundsicherung ermöglichen. Weiterführende Bewältigungskompetenz zu initiieren und zu verfolgen, ist sinnvoll und notwendig und wird durchaus von den Zielgruppen angenommen, wenn auch in je spezifischer Form. Die Schilderungen der hier Interviewten verdeutlichen jedoch, dass prekäre bio-psycho-soziale Lebenslagen nachhaltig nur auf Basis einer materiellen Sicherung überwunden werden können.

Das Land Vorarlberg fokussiert bei der Armutsbekämpfung Maßnahmen in Bereich Bildung und Arbeit. Dabei stützen sich Entscheidungsträger und Akteure auf mehrere Untersuchungen, u.a. auf die hier vorgestellte qualitative Studie (vgl. Weber, Rücker & Meier 2013). Auch wenn sie nicht explizit den Gesundheitsstatus von Menschen in prekären Lebenssituationen erfassen sollte, gibt sie dennoch Anlass über rekursive Beziehungen nachzudenken, inwiefern Armut krank macht und Krankheit Armut bewirkt, worauf eine Studie der Volkshilfe Österreich und der Sozialökonomischen Forschungsstelle verweist (vgl. Leidl, Richter & Schmid 2010). Denn unsere Gesprächspartner/innen befanden sich allgemein in einem schlechten subjektiven Gesundheitszustand (mit Ausnahme der nicht ausreichend inhaltsvaliden Gruppe „D"): „Die Gesundheit leidet, wenn dauerhaft hoher Stress erlebt wird, nur geringe Entscheidungsmöglichkeiten bestehen, Fähigkeiten nicht genutzt werden können oder keine Anerkennung gezeigt wird. Besonders gefährdend ist die Kombination von hohen Anforderungen, aber wenig Raum für selbstbestimmtes Arbeiten." (ebd.: 59).

„Wer die Ärmsten dieser Welt gesehen hat, fühlt sich reich genug zu helfen." (Albert Schweizer).

Literatur

Bundesanstalt für Statistik Österreich (Statistik Austria) (2014): Tabellenband EU-SILC 2013. Einkommen, Armut und Lebensbedingungen. Wien. URL: http://www.sozialministerium.at/cms/site/attachments/3/3/7/CH2170/CMS1387266116632/tabellenband_eu-silc_2013.pdf; download am 28.04.2015.

Fabris, Verena; Faltin, Sonja; Fenninger, Erich; Reisinger, Andrea u.a. (2013): Kinderarmut in Österreich. Sozialökonomische Forschungsstelle der Volkshilfe. Wien.

Gerhardt, Uta (2001): Idealtypus: Zur methodologischen Begründung der modernen Soziologie. Suhrkamp: Berlin.

Hurrelmann, Klaus (2006): Gesundheitssoziologie. Eine Einführung in sozialwissenschaftliche Theorien von Krankheitsprävention und Gesundheitsförderung. Juventa. Freiburg i.B.

Lamnek, Siegfried (1995): Qualitative Sozialforschung. Band 1. Methodologie. Beltz: Weinheim.

Lamnek, Siegfried (1995): Qualitative Sozialforschung. Band 2. Methoden und Techniken. Weinheim.

Leidl, Ilse; Richter, Veronika; Schmid, Tom (2010): Armut macht krank. Wissenschaftliche Begleitstudie. Endbericht 2010. Ein gemeinsames Projekt von Volkshilfe Österreich und der Sozialökonomischen Forschungsstelle.

Thallinger, Doris (2011): Armut zum Greifen nah. In: Die Salzburgerin 8/2011: 18f. URL: www.diesalzbuergerin.at/bilder/pdf_reportage/reportage_sbg8_2011.pdf; download am 20.09.2012.

Till-Tentschert, Ursula; Till, Matthias; Eiffe, Franz; Glaser, Thomas u.a. (2011): Armutsgefährdung und Lebensbedingungen in Österreich. Ergebnisse aus EU-SILC 2009. Studie der Statistik Austria im Auftrag des BMASK. Wien

Weber, Wolfgang; Rücker, Egon & Meier, Wolfgang (2013): Studien zu Armut und sozialer Eingliederung 2013. Bericht vom Amt der Vorarlberger Landesregierung. Bregenz. URL: https://www.vorarlberg.at/pdf/studiezurarmutundsozialer.pdf; download am 18.05.2015.

Zartler, Ulrike; Beham, Martina; Kromer, Ingrid; Leitgöb, Heinz u.a. (2011): Alleinerziehende in Österreich. Lebensbedingungen und Armutsrisiken. Sozialpolitische Studienreihe des BMASK. Band 7. Wien.

Stationäre Jugendhilfe

Pascale Roux, Gerhild Feuerstein

1. Soziale Aufgabenstellung und Forschungsfrage

Jugendliche haben viele Entwicklungsaufgaben zu meistern, deren Bewältigung manchen schwerer fällt als anderen. Kinder und Jugendliche, die sich in Einrichtungen der stationären Jugendhilfe befinden, haben aus unterschiedlichen Gründen Schwierigkeiten bei manchen Entwicklungsstufen. König, Wagner und Valtin (2011: 17) sehen in ihrem Rahmenmodell zur psychosozialen Entwicklung im Jugendalter die am Entwicklungsprozess beteiligten Personen als selbstständig handelnde Subjekte. Dieses umfasst die Kontextvariablen soziales Stützsystem und schulisches Angebot.

Das für diese Evaluation theoretische Modell beruht auf den Überlegungen von König et al. (2011), welches die am Entwicklungsprozess beteiligten Personen als selbstständig handelnde Subjekte sieht. Diese Personen befinden sich in unterschiedlichen Kontextvariablen (soziale Stützsysteme, schulisches Angebot, professionelles Unterstützungssystem) einschließlich der Jugendlichen selbst. Bei der Beschreibung des Entwicklungsprozesses gehen König et al. ausdrücklich nicht von einer direkten Beziehung zwischen Prozess und Output aus, sondern von vermittelnden Prozessen, die eine bedeutsame Funktion in dieser Entwicklung einnehmen können. Als zentrales Kernelement wird die Nutzung und Verarbeitung der Kontextvariablen durch die Jugendlichen im Sinne eines psychosozialen Prozesses gesehen. Aus dieser Nutzung und Verarbeitung können dann Entwicklungsaufgaben bewältigt werden und zu einer positiven Einstellung zum Leben und zur Schule, und zu Schulerfolg, berufliche Orientierung und Selbstständigkeit führen. Obwohl das Modell komplexe Zusammenhänge darstellt, erheben die AutorInnen keinen Anspruch auf Vollständigkeit, da sie davon ausgehen, dass das vorgestellte Modell ausschließlich einen Ausschnitt der Entwicklungsprozesse im Kindes- und Jugendalter aufzeigt.

In diesem Sinn wurde für diese Untersuchung das Modell um den Kontextfaktor „zusätzliche professionelle Hilfsangebote" ergänzt, in dem sich Angebote der stationären Jugendhilfe einordnen lassen. (vgl. Abbildung 1)

Abb. 1: Rahmenmodell zur Bewältigung von Entwicklungsaufgaben im Jugendalter (erweitertes Modell nach König, Wagner & Valtin 2011: 17)

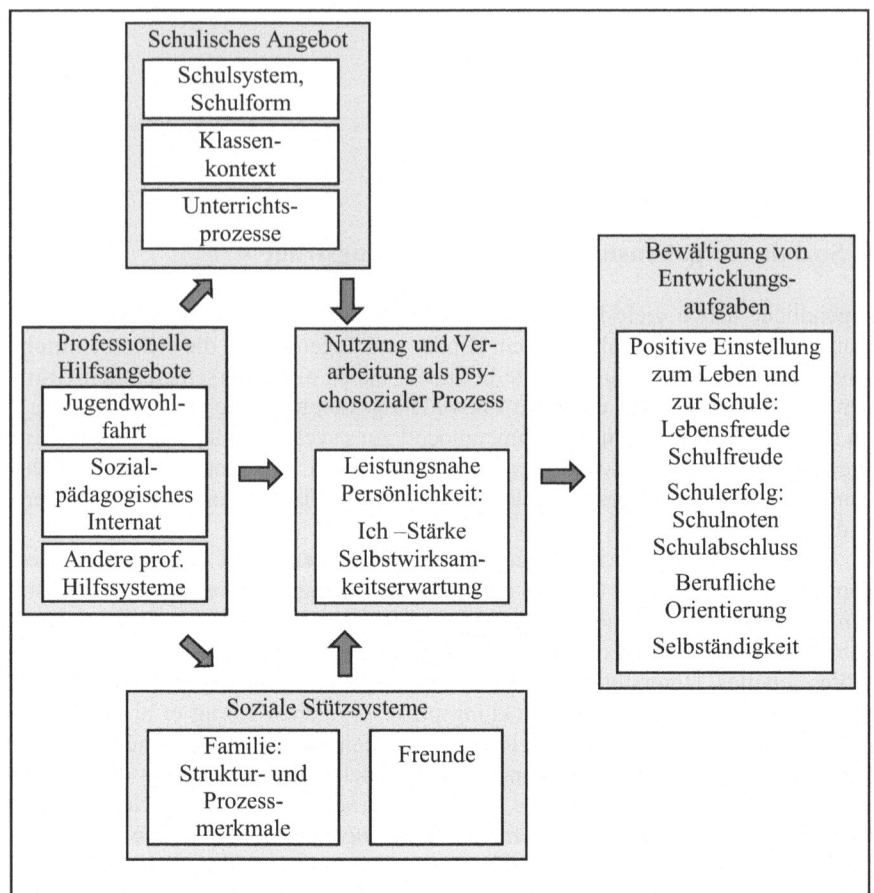

Dieses Rahmenmodell enthält somit sowohl entwicklungs- und persönlichkeitspsychologische Ansätze als auch bildungstheoretische Konzepte und Theorien zur Wirkungsforschung. Zudem handelt es sich hierbei um ein Mehrebenenmodell, das vor allem eine heuristische Funktion hat. So können alle in dieser Evaluation verwendeten Konstrukte und Themenbereiche explizit dargestellt werden. Die im Rahmenmodell dargestellten Pfeile sind dabei, wie auch im ursprünglichen Modell von König et al. (ebd.), als reziproke, sich gegenseitig beeinflussende Zusammenhänge zu verstehen, die aus Gründen der Übersichtlichkeit in der Abbildung unidirektional dargestellt sind.

Die Bedeutung der Evaluation wird in der Praxis oft unterschätzt, obwohl sie sowohl für AnbieterInnen sozialer Dienstleistungen als auch für KlientInnen wichtige Funktionen erfüllen kann. Evaluationen helfen AnbieterInnen das Angebot zu verbessern, klinisch bedeutsame wissenschaftliche Erkenntnisse zu sammeln und ihrer ethischen Verantwortung gegenüber KlientInnen und der Gesellschaft gerecht zu werden.

Eine wichtige Perspektive von Evaluationen ist die Sichtweise der KlientInnen, beispielsweise ihre Zufriedenheit mit dem Angebot und dessen Ergebnis. AnbieterInnen und NutzerInnen unterscheiden sich einerseits in ihrer Sichtweise der Einschätzung des Verhaltens der Professionellen und andererseits in ihrer Sicht, welche Ereignisse bedeutsam waren (Warschburger 2009: 50).

Mit dieser Perspektive evaluiert die hier dargestellte Untersuchung die rückblickende Bewertung und den subjektiven Nutzen eines stationären Aufenthalts aus der Perspektive ehemalig betreuter Kinder und Jugendlichen sowie deren Erziehungsberechtigter.

2. Methodik

2.1 Untersuchungsdesign und Befragung

Die Befragung wurde als retrospektive Untersuchung mit Jugendlichen, die selbst in der Einrichtung der stationären Jugendhilfe gelebt haben, und ihren Erziehungsberechtigten durchgeführt. Es wurden ausschließlich Jugendliche befragt, die (bzw. bei Erziehungsberechtigten deren Kinder) zum Studienzeitpunkt nicht mehr in der stationären Einrichtung lebten. Inhaltlich wurde das gesamte Prozessspektrum eines stationären Aufenthaltes evaluiert, von der Vorgeschichte, die zur Aufnahme geführt hatte, über das stationäre Setting und die dazugehörige schulische Begleitung bis zur Entlassung und der jetzigen Lebenssituation. Methodisch kamen sowohl qualitative als auch quantitative Fragen zur Anwendung. Für den quantitativen Teil wurde eine vierstufige Likertskala verwendet (Ausprägungen von 1 bis 4), wobei hohe Ausprägungen positive Antwortrichtungen darstellen.

Die qualitativen Items sollen dabei die „sozialen Gegenstände so beschreiben, dass sie die dem Gegenstand eigenen Verhältnisse, besonders [deren] Bedeutung, Strukturen und Veränderungen erfassen" (Kleining 1995: 13). Die quantitativen Items sollen dem Ziel der quantitativen Forschung entsprechend Bewertungsausprägungen messen und darstellen (vgl. Lamnek 2005: 341f).

Die Interviews wurden von MitarbeiterInnen der Fachhochschule Vorarlberg durchgeführt. Um eine mögliche Motivation der potenziellen InterviewteilnehmerInnen bei der Befragung teilzunehmen zu erhöhen, wurde ihnen eine Aufwandsentschädigung in Form eines Einkaufsgutscheins im Wert von 50 Euro zugesagt. Ein Interview dauerte zwischen zwei bis vier Stunden. Den InterviewparterInnen wurde absolute Vertraulichkeit hinsichtlich der Durchführung und Auswertung der Interviews zugesichert.

2.2 Zielgruppe der Befragung

Die Grundgesamtheit der Interviewten bestand aus 29 Jugendlichen und deren Erziehungsberechtigten. Am Interview nahmen insgesamt 13 Erziehungsberechtigte teil, davon zehn Frauen und drei Männer. Unter den zwölf beteiligten Jugendlichen befanden sich vier Mädchen und acht Jungen. Acht der interviewten Erziehungsberechtigten und der Jugendlichen lebten zum Zeitpunkt der Befragung in einer gemeinsamen Wohnung. Von weiteren fünf Jugendlichen konnten deren Eltern bzw. Erziehungsberechtigte befragt werden. Tabelle 1 zeigt die Verteilung der soziodemographischen Variablen im Überblick.

Tab. 1: Beschreibung der Zielgruppe

Interview-partnerInnen	Erziehungsberechtigte		Jugendliche	
	13		12	
Alter bei Interview	Alter (MW) / Min - Max		Alter (MW) / Min - Max	
	47,8 J. / 35 - 81 J.		16,5 J. / 13 - 20 J.	
Geschlecht	♀	♂	♀	♂
	10	3	4	8
Wohn-situation	mit Kind	anders	bei Erziehungsberechtigten	anders
	8	5	8	4
Interview-System	Paar-Interview	Einzel-Interview	Paar-Interview	Einzel-Interview
	6	7	6	6

2.3 Auswertung

Die Transkription der qualitativen Interviews erfolgte nach Dresing und Pehl (2012: 25ff). Als Auswertungsverfahren kam die zusammenfassende Inhaltsanalyse nach Mayring (2007) zur Anwendung. Die Auswertung erfolgte für jede aus dem Interviewleitfaden gestellte Einzelfrage und Interviewgruppe (Jugendliche und Erziehungsberechtigte). Diese beruhten auf Mehrfachantworten und stellen die im Verhältnis zu den gebildeten Kategorien thematischen Tendenzen der jeweiligen Interviewgruppen dar.

Für die quantitativen, inferenzstatistischen Auswertungen wurden ausschließlich Tests für unabhängige Stichproben verwendet, da nur bei fünf Jugendlichen deren Erziehungsberechtigte befragt werden konnte (bzw. umgekehrt). Die weiteren 15 Jugendlichen bzw. Erziehungsberechtigten gehörten nicht demselben Familiensystem an, weshalb hier eine gepaarte Auswertung nicht sinnvoll war.

Aufgrund dessen können mit den durchgeführten Unterschiedstestungen keine Unterschiede zwischen Erziehungsberechtigten und Jugendlichen innerhalb eines Familiensystems aufgezeigt werden, sondern ausschließlich zwischen Erziehungsberechtigten und Jugendlichen im Allgemeinen. Für die inferenzstatistische Auswertungen wurde ein Signifikanzniveau von $\alpha = 0{,}05$ gewählt. Bei einem Stichprobenumfang von 25, wie sie hier in dieser Untersuchung vorliegt und bei einem Signifikanzniveau von $\alpha = 0{,}05$, beträgt die Teststärke von t-Tests nur bei ca. 0,54, was unbefriedigend ist. Aus diesem Grund sind für die Prüfung von Unterschieden zwischen zwei Gruppen ausschließlich der Fischer-Test und der Median-Test verwendet worden, die auch bei kleinen Stichproben eine ausreichend gute Teststärke besitzen.

3. Zentrale Ergebnisse

Die Darstellung der Ergebnisse folgt der Gliederung durch die Kontextvariablen (professionelle Hilfsangebote, soziale Stützsysteme, schulisches Angebot und Bewältigung der Entwicklungsaufgaben), wie es das erweiterte Modell von König et al. (2011) nahelegt.

3.1 Professionelles Hilfsangebot

Die *stationäre Betreuung* wird von nahezu allen Befragten ($MW_E = 3{,}75$; $MW_J = 3{,}5$; $p_{Mediantest} = 0{,}2$) als sehr gut bis gut bewertet, demnach bestimmt allgemein eine hohe Zufriedenheit der Befragten die Betreuung. Die gelungene Beziehung zu den Erziehungsberechtigten und Jugendlichen bildet sich auch darin ab, dass die Hälfte der Befragten sich spontan an den Namen der Betreuungsperson erinnern kann. Für wenige war das Bezugspersonenbetreuungssystem nicht erkennbar. Insgesamt werden alle erhobenen Betreuungsdimensionen (Altersangemessenheit, passendes zeitliche Ausmaß, ausgewogene Intensität, Förderung der Selbstständigkeit) überwiegend als angemessen eingeschätzt. Wenige empfanden die Betreuung als zu lange und zu engmaschig, dies wurde vor allem gegen Ende der Betreuung so wahrgenommen.

Sowohl die meisten Jugendlichen als auch Erziehungsberechtigten empfanden die *Betreuung als hilfreich*, da die Kinder und Jugendlichen vor allem soziale Kompetenzen und individuelle Fähigkeiten und Fertigkeiten, auch schulische, weiter entwickeln konnten. Zu den meisten Befragten konnte durch die BetreuerInnen eine tragende Beziehung aufgebaut werden, die als wertvoll empfunden wurde.

Auch berichten Erziehungsberechtigte und vor allem Jugendliche von einer nachhaltigen Wirkung der Betreuung, selbst über den stationären Aufenthalt hinaus konnte noch von der Betreuung profitiert werden. Die wenigen Verbesserungsmöglichkeiten die genannt wurden, betreffen die Forderung nach mehr Autonomie im Sinne von mehr Privatsphäre und weniger Kontrollen sowie Möglichkeiten der Partizipation.

Da gemeinsam vertretene Ziele Beratungs- und Betreuungssituationen in hohem Maße steuern (Widulle 2011: 61f), spricht dies sehr für das Vorgehen der stationären Einrichtung, dass allen Erziehungsberechtigten und nahezu allen Jugendlichen die *Betreuungsziele* bekannt waren. Besonders die gemeinsame Erarbeitung eines Betreuungsvertrags stellt eine sehr gute Möglichkeit dar, Ziele zu explizieren. Für die meisten Erziehungsberechtigten und Jugendlichen bestand auch kein Zielkonflikt zwischen den mit der Einrichtung vereinbarten Betreuungszielen und ihren eigenen Lebenszielen. Vier Befragte konnten die festgelegten Ziele nur eingeschränkt teilen. Überwiegend werden die formulierten Betreuungsziele als erreicht angesehen (MW_E= 3,5; MW_J= 3,3; $p_{Mediantest}$= 0,1). Selbst Befragte, bei denen dies nicht der Fall war, konnten trotzdem einen subjektiven Nutzen der Betreuung benennen.

Die Befragten (MW_E= 3,3; MW_J= 2,7; $p_{Mediantest}$= 0,3) bestätigen die Möglichkeit gehabt zu haben, *eigene Anliegen* einzubringen. Die meisten hatten auch genügend soziale Kompetenzen und Courage, Anliegen tatsächlich zu äußern, die dann auch oft umgesetzt wurden. Eventuell würde es Personen mit erhöhter sozialer Ängstlichkeit helfen, wenn sie häufig explizit dazu ermuntert würden, eigene Anliegen vorzubringen.

Das *Betreuungsende* wird von ca. der Hälfte der Befragten als optimal eingestuft. Sechs Erziehungsberechtigte und drei Jugendliche hätten sich ein früheres bzw. späteres Betreuungsende gewünscht. Subjektiv zu frühe Betreuungsabschlüsse könnten nach Angaben der Befragten auch durch bedarfsgerechte Nachbetreuungen aufgefangen werden.

Der *Umgang* zwischen BetreuerInnen und Jugendlichen und Erziehungsberechtigten wird von den Befragten überwiegend als wertschätzend und vertrauensvoll empfunden (MW_E= 3,7; MW_J= 3,3). Jugendliche bewerten den Umgang allerdings signifikant weniger positiv als Erziehungsberechtigte ($p_{Mediantest}$= 0,01). Gleichzeitig wird der Umgang insgesamt als positiv empfunden, auch wenn Jugendliche Fehlverhalten gezeigt haben. Autonomieförderung als weiterer wichtiger Bestandteil einer entwicklungsfördernden Bindungsbeziehung nach Grawe (1998: 538) wurden von Erziehungsberechtigten und von Jugendlichen im Sinne der Förderung der Selbstständigkeit berichtet.

Manche Befragte hätten sich hier allerdings weiteren Spielraum gewünscht. Wenige Befragte berichten von Überforderungssituationen auf Seiten der BetreuerInnen in Form von verbalen Aggressionen und Nichteinhalten von Versprechungen.

Die Befragten nehmen die BetreuerInnen fachlich (MW_E = 3,8; MW_J= 3,4; $p_{Mediantest}$= 0,3) und auch persönlich (MW_E= 3,8; MW_J= 3,3; $p_{Mediantest}$= 0,2) als hoch kompetent wahr. Dies stärkt die pädagogischen Einflussmöglichkeiten der BetreuerInnen auf die Erziehungsberechtigten und Jugendlichen (Huf 1992: 174). Auch die Kooperation zwischen Internat und Schule bewerten die Befragten überdurchschnittlich gut, so dass sich die Hilfen gegenseitig ergänzen können und ungünstige Dynamiken schneller erkannt werden. Dies kann letztendlich dazu führen, dass die Jugendlichen schneller wieder ein eigenständigeres Leben führen können (vgl. dazu auch Baierl 2014: 113).

3.2 Soziale Stützsysteme

Die Erfassung der *Ausgangsbedingungen*, die zur Aufnahme in das Sozialpädagogische Internat führten, zeigt eine äußerst heterogene Stichprobe, die sich sowohl in psychosozialen Schwierigkeiten der Jugendlichen und deren Herkunftssysteme als auch schulisch zeigen. Schulische Probleme gehen dabei meist mit familiären Problemlagen einher, familiäre Problemlagen müssen bei den Kindern bzw. Jugendlichen dagegen nicht immer zu Schulproblemen führen. Somit können schulische Probleme auch in dieser Stichprobe als guter Prädiktor für familiäre Problemlagen gelten, wie dies auch von Krüger und Stange (2009: 15) festgestellt wurde. Auch in dieser Befragung kann festgestellt werden, dass viele Jugendliche in mehrfacher Hinsicht benachteiligt sind, so dass „schulische Misserfolge, wenig aussichtsreiche Perspektiven auf einem zunehmend höhere

Anforderungen stellenden Ausbildungsmarkt, familiäre Belastungssituationen und weitere Faktoren [... dazu beitragen, ...], dass diese mehrfach benachteiligten jungen Menschen überproportional häufig auch emotionale Störungen wie Ängste und Depressionen sowie Störungen im Sozialverhalten bis hin zu Aggressivität und Gewalttätigkeit entwickeln." (Junge, Freckmann & Dorsch-Beard 2011: 10-11), was sich auch bei der Analyse der Ausgangsbedingungen gezeigt hat.

Subjektive positive als auch negative Lernerfahrungen, die durch das *Zusammenleben mit anderen Kindern und Jugendlichen* entstehen, werden von den meisten Erziehungsberechtigten und Jugendlichen berichtet. Nur wenige geben an, nichts vom Zusammenleben mit den Anderen gelernt zu haben. Die berichteten positiven als auch negativen Lernerfahrungen entsprechen den von Ortner und Dreher (2002: 310) beschriebenen funktionalen Auswirkungen.

Ebenso entsprechen sie den von Rohr und Strauß (2013) dargelegten Entwicklungsgefährdungen. So bot das Zusammenleben emotionale Geborgenheit und Orientierung, Freiraum für die Erprobung neuer Möglichkeiten im Sozialverhalten und ließ Formen von sozialen Aktivitäten zu, die sich die Jugendlichen alleine nicht zugetraut hätten und trug teilweise zu einer funktionalen Identitätsfindung bei. Gleichzeitig erwarben die Kinder und Jugendlichen durch riskantes Modellverhalten ihrer Peergroup im stationären Setting, das mitunter nachgeahmt wird, neue dysfunktionale Verhaltensweisen wie Alkoholkonsum und vor allem verbale Gewaltbereitschaft. Dies geschieht vor allem deshalb, da Konformität mit der Peergroup in dieser Zeit für Jugendliche sehr wichtig ist. Solche gruppenkonforme, riskanten Verhaltensweisen stellen für sie häufig einen Weg dar, von der jeweiligen Bezugsgruppe akzeptiert zu werden und eine Identität innerhalb der jugendlichen Subkultur aufzubauen (vgl. Limbourg, 1996). Insgesamt werden mehr positive als negative Lernerfahrungen von den Befragten berichtet.

BetreuerInnen fördern nach Angaben der Befragten die funktionalen Beziehungen unter den Kindern und intervenieren angemessen bei interaktionellen Problemen und Konflikten. Wenige, vor allem introvertiertere Kinder und Jugendliche hätten hier individuellere Unterstützung und Schutz benötigt, besonders an den Wochenenden. Problematisch wird es vor allem dann, wenn die Beteiligten nicht in der Lage sind, den BetreuerInnen belastende/bedrohliche Situationen zu berichten. Insgesamt werden von den Befragten Bedrohungsszenarien deutlich seltener berichtet als Schutzszenarien. Das *Freizeitangebot* und die in der stationären Einrichtung durchgeführten Projektwochen werden von den Befragten (MW$_E$= 3,4; MW$_J$= 3,2; p$_{Mediantest}$= 0,3) als überwiegend gut bis sehr gut bewertet. Aus den Aussagen kann festgestellt werden, dass durch die angebotenen Freizeitaktivitäten die grundlegenden Freizeitmotive der Jugendlichen nach Wetzstein et al. (2005: 122f.), wie Kontakt zu Gleichaltrigen, Anerkennung, Spaß und Erleben von Selbstwirksamkeit befriedigt werden. Einige Befragte wünschen sich insgesamt mehr Beteiligung und selbstbestimmte Freizeitmöglichkeiten.

3.3 Schulisches Angebot

Die Erfahrungen, die Kinder und Jugendliche in der *Schule* gemacht haben, werden überwiegend als positiv angegeben. Es kann aus den Angaben der Befragten gezeigt werden, dass die Schule der Einrichtung alle von Hofmann (2000: 11f) aufgeführten Funktionen von Schule für die meisten Befragten erfüllt. Hierzu zählt insbesondere die Vermittlung von Qualifikationen, dass Schulabschlüsse erreicht werden können und die SchülerInnen sich weiter entwickeln.

Die Befragten berichten, dass diese Funktionen durch kleine Klassen mit mehreren Lehrkräften und einer individuellen Förderung der SchülerInnen erreicht werden. Die Werkstätten- und Zusatzangebote sowie die intensive pädagogische Unterstützung haben nach ihrer Einschätzung ebenfalls zu den schulischen Erfolgen beigetragen.

Neben diesen eher leistungsorientierten Erfolgen werden auch explizit Veränderungen im Verhalten und in der Selbstkompetenz der Kinder und Jugendlichen, wie verbesserte Leistungsmotivation und gestiegener Selbstwert, berichtet und als Erfolg der Schule der Einrichtung gewertet. Diese Persönlichkeitsentwicklung wird auf den wertschätzenden, auf das Kind zugeschnittenen, Umgang der Lehrenden zurückgeführt. Lehrenden sei auch meist dann ein förderlicher Umgang gelungen, wenn die SchülerInnen sich destruktiv verhalten hätten.

Nur wenige Befragte berichten *negative Aspekte aus dem Bereich Schule*, sie betreffen vor allem das schulische Leistungsniveau und den Umgang zwischen LehrerInnen und SchülerInnen. Zum einen wird ein zu niederes Leistungsniveau bemängelt, das dazu führe, dass der Übergang in die Regelschule schwierig sei. Zum anderen wird von manchen ein wenig wertschätzender Umgang geschildert, der beide Kommunikationsrichtungen betrifft – von Lehrkraft zu SchülerInnen und umgekehrt.

Bis auf eine Person berichten alle Befragte, dass sich entweder ihre *Einstellung zur Schule* verbessert hatte oder nicht änderte. Nur ein/e Jugendliche/r berichtet von einer verschlechterten Einstellung zur Schule aufgrund der dort gemachten Erfahrungen. Geringe Kontrollüberzeugung und niedere Selbstwirksamkeitserwartungen im schulischen Setting sprechen aus zwei Aussagen von Jugendlichen, was eine instabile psychische Robustheit nahelegt. Beide Selbstkonzepte zählen neben adaptiven Attributionen und rationalen Denkmustern zu den wesentlichen kognitiven Strategien zur Förderung von Resilienz, die auch in Schulen gefördert werden sollte (Roos & Grünke 2011: 417).

Die *Werkstattangebote* sind von den meisten Befragten positiv bewertet worden (MW_E= 3,51; MW_J= 3,44; $p_{Mediantest}$= 0,3). Manche empfanden einzelne Werkstattangebote als wenig ansprechend und wenige Jugendliche als zu arbeitsintensiv. Dies verdeutlicht die Abhängigkeit dieser Jugendlichen von intrinsisch motivierten Tätigkeiten. Gleichwohl berichten alle von positiven Lernerfahrungen, die sie zumindest während einiger Werkstattangebote machen konnten. Die pädagogische Flexibilität und ein besonderes Bemühen, Fähigkeiten und Fertigkeiten der Jugendlichen zu fördern, kann hierbei besonders positiv aufgeführt werden. Dies zeigt sich dadurch, dass außergewöhnliche Begabungen, wie musikalisches Talent, speziell gefördert wurden, auch wenn dies ungewöhnliche und evtl. bisher nicht vorgesehene Herangehensweisen erfordert.

Negative Lernerfahrungen werden keine berichtet. Für manche Jugendlichen hängt die Attraktivität eines Angebots sehr mit den dort tätigen Betreuenden und den mit ihnen gemachten Beziehungserfahrungen ab.

Überwiegend wird der *Übergang in den Beruf* bzw. in die Berufsausbildung von den Befragten positiv eingeschätzt. Hervorgehoben werden eine allgemein gelungene Unterstützung durch die stationäre Einrichtung in Form von Übungsmöglichkeiten durch Lernmaterialien aus der Regelschule und Einführung von Hausaufgaben, Unterstützung bei der Berufsfindung und (Lehr-) Stellensuche, Möglichkeit der Teilnahme am Bewerbungstraining, kompetente Ansprechpersonen und die Unterstützung beim Erreichen des Schulabschlusses. Diese beschriebenen Unterstützungen, die sowohl von der stationären Einrichtung als auch deren Schule geleistet wurden, entsprechen den von Junge et al. (2011: 16ff) geforderten Kompetenzbereichen, die professionelle Beratende zur Unterstützung von Jugendlichen beim Übergang in den Beruf, benötigen. Als Hürde, vor allem beim Einstieg in eine Berufsausbildung, wird die negative Bewertung des Abschlusszeugnisses der Schule der Einrichtung durch manche Unternehmen benannt, da diese Schule bei diesen Betrieben mit Vorurteilen besetzt sei. Einige Jugendliche würden auch über den stationären Aufenthalt hinausgehende weitere Unterstützung und Begleitung benötigen, was vor allem von den Erziehungsberechtigten gewünscht wird.

3.4 Bewältigung von Entwicklungsaufgaben

Die Befragten sind mit ihrer bzw. mit der *aktuellen Lebenssituation* ihrer Kinder in den Bereichen Arbeit/Schule, Freundeskreis und Herkunftsfamilie im Mittel zufrieden bis sehr zufrieden. Bis auf die Bewertung des Freundeskreises (MW_E=

3,0; MW_J= 3,8; $p_{Mediantest}$= 0,03) werden die Zufriedenheitsbereiche von Erziehungsberechtigten und Jugendlichen gleich bewertet. Erziehungsberechtigte berichten ablehnend vor allem von negativen Einflüssen durch den Freundeskreis auf ihre Kinder. Jugendliche und Erziehungsberechtigte berichten insgesamt überwiegend positive Aspekte aus der aktuellen Lebenssituation, gleichzeitig geben Erziehungsberechtigte mehr negative Aspekte an als Jugendliche.

Zum Zeitpunkt der Befragung kann von einer positiven Bewältigung der *Entwicklung der beruflichen Orientierung* nach König et al. (2011) durch viele Befragte gesprochen werden, da die meisten Jugendlichen sich weiter in einer Schulausbildung oder in einem Ausbildungsverhältnis bzw. Arbeit befinden und sich dort auch sehr wohl fühlen. Manche berichten, den Lehrabschluss erfolgreich gemeistert zu haben. Sieben Befragte geben an, aktuell in keinem Beschäftigungsverhältnis zu stehen oder dass sie Schwierigkeiten am Arbeitsplatz haben.

Somit gelingt vielen der Übergang in die Regelschule bzw. in eine Berufsausbildung, für manche ist dies allerdings mit Übergangsproblemen verbunden.

Die meisten Befragten berichten von positiven *Kontakten zur Herkunftsfamilie*, die sich vielfach durch den Aufenthalt im Sozialpädagogischen Internat deutlich verbessert haben. Nur wenige Befragte berichten weiterhin von schwierigen und unbefriedigenden Beziehungen zur Herkunftsfamilie.

Die Befragten geben gleichermaßen gute physische (MW_E= 3,5; MW_J= 3,45; $p_{Mediantest}$= 0,3) als auch psychische *Gesundheit* (MW_E= 3,3; MW_J= 3,5; $p_{Mediantest}$= 0,3) an, wobei die psychische Gesundheit ihrer Kinder von Erziehungsberechtigten im Mittel etwas weniger gut bewertet wird, was statistisch allerdings keine Signifikanz erreicht. Zwei Jugendliche berichten von körperlichen Problemen, die sich auch in der Arbeit negativ auswirken.

4. Diskussion

Vor dem Hintergrund einer steigenden Anzahl an Kindern und Jugendlichen, die professionelle Hilfsangebote in Anspruch nehmen, wie Inobhutnahmen (Statistisches Bundesamt 2014: 37f) oder stationäre Aufenthalte in der Kinder- und Jugendpsychiatrie (Statistisches Bundesamt 2013: 24f), die mit vermehrten massiven Multiproblemlagen belastet sind und entsprechend intensiver Unterstützung bedürfen, zeigt diese Untersuchung Möglichkeiten der erfolgreichen Unterstützung solcher jungen Menschen auf.

Auch im schulischen Bereich können durch angewandte pädagogische Konzepte vielversprechende Ergebnisse erzielt werden, die dem aktuellen Forschungsstand entsprechen. Gerade durch offenen Unterricht werden vor allem nicht leistungsbezogene Kriterien wie soziale Anpassung, Einstellung gegenüber

Schule und LehrerInnen, Kooperationsfähigkeit, Kreativität und Selbständigkeit besonders gefördert (Lüders & Rauin 2008: 736f), die für eine gelingende Entwicklung gerade von gefährdeten Kindern- und Jugendlichen besonders wichtig erscheinen. Gleichzeitig zeigen sich weitere Notwendigkeiten einer intensiveren und individuelleren Betreuung und Unterstützung.

Literatur

Baierl, Martin (2014): Herausforderung Alltag. Praxishandbuch für die pädagogische Arbeit mit psychisch gestörten Jugendlichen. Göttingen: Vandenhoeck & Ruprecht.

Bericht der Bundesanstalt für Straßenwesen (Hrsg.) (1996): Junge Fahrerinnen und Fahrer (Heft M 52). Bergisch Gladbach: Bundesanstalt für Straßenwesen.

Dresing, Thorsten & Pehl, Thorsten (2012): Praxisbuch Interview & Transkription. Regelsysteme und Anleitungen für qualitative ForscherInnen (4. Auflage). Marburg: Eigenverlag.

Grawe, Klaus, Donati, Ruth & Bernauer, Friederike (1994): Psychotherapie im Wandel. Von der Konfession zur Profession. Göttingen: Hogrefe.

Helsper, Werner & Böhme, Jeanette (Hrsg.) (2008): Handbuch der Schulforschung (2., durchgesehene u. erw. Auflage). Wiesbaden: VS.

Henschel, Angelika; Krüger, Rolf; Schmitt, Christof & Stange, Waldemar (Hrsg.) (2009): Jugendhilfe und Schule. Handbuch für eine gelingende Kooperation (2. Auflage). Wiesbaden: VS.

Hofmann, Hubert (2000): Sozialisationsinstanz Schule: Zwischen Erziehungsauftrag und Wissensvermittlung. In: Schweer (2000): 9-36.

Huf, Andrea (1992): Psychotherapeutische Wirkfaktoren. Weinheim: PVU.

Junge, Annette, Freckmann, Brigitta & Dorsch-Beard, Karin (2011): Prozessbegleitung im Übergang Schule - Beruf. Bielefeld: Bertelsmann.

Kleining, Gerhard (1995): Lehrbuch entdeckende Sozialforschung. Band I: Von der Hermeneutik zur qualitativen Heuristik. Weinheim: PVU.

König, Johannes, Wagner, Christine & Valtin, Renate (2011): Jugend - Schule - Zukunft. Psychosoziale Bedingungen der Persönlichkeitsentwicklung. Ergebnisse der Längsschnittstudie AIDA. Münster: Waxmann.

Krüger, Rolf & Stange, Waldemar (2009): Kooperation von Schule und Jugendhilfe: die Gesamtstruktur. In: Henschel et al. (2009): 13 - 22.

Lamnek, Siegfried (2005): Qualitative Sozialforschung (4., vollst. überarb. Aufl.). Weinheim: Beltz.

Landesarbeitsgemeinschaft der Jugendsozialarbeit Niedersachen (Hrsg) (2013): Themenheft: Welche Chancen bietet der Peer- Ansatz in der Jugendberufshilfe? URL: http://nord.jugendsozialarbeit.de/file admin/Bilder/2013_Themenhefte/Themenheft_3_2013__Peers.pdf; download am 22.5.2014.

Limbourg, Maria (1996): Entwicklungspsychologische Grundlagen der Beeinflussung des Verhaltens von Jugendlichen. In: Bericht der Bundesanstalt für Straßenwesen (1996): 164-168.

Lüders, Manfred & Rauin, Udo (2008): Unterrichts- und Lehr-Lern-Forschung. In Helsper & Böhme (2008): 717-745.

Mayring, Phillip (2007): Qualitative Inhaltsanalyse: Grundlagen und Techniken. Weinheim: Beltz.

Oerter, Rolf & Dreher, Eva (2002): Jugendalter. In Oerter & Montada (2002): 258-318.

Oerter, Rolf & Montada, Leo (Hrsg.) (2002): Entwicklungspsychologie. Weinheim: Beltz.

Rohr, Dirk & Strauß, Sarah (2013): Der Peer-Ansatz in der Gewaltprävention. In: Landesarbeitsgemeinschaft der Jugendsozialarbeit Niedersachen (2013): 14-19.

Roos, Stefanie & Grünke, Matthias (2011): Auf dem Weg zur „resilienten" Schule – Resilienz in Förderschulen. In Zander (2011): 407-433.

Schweer, Martin K.W. (Hrsg.) (2000): Lehrer-Schüler-Interaktion. Pädagogisch-psychologische Aspekte des Lehrens und Lernens in der Schule. Opladen: Leske & Budrich.

Statistisches Bundesamt (2014): Statistiken der Kinder- und Jugendhilfe: Vorläufige Schutzmaßnahmen 2013. Wiesbaden: Statistisches Bundesamt; URL: https://www.destatis.de /DE/Publikationen/Thematisch/Soziales/KinderJugendhilfe/VorlaeufigeSchutzmassnahmen5 225203137004.pdf?__blob=publicationFile; download am 22.5.2014.

Statistisches Bundesamt (2013): Statistiken der Kinder- und Jugendhilfe: Vorläufige Schutzmaßnahmen 2013. Wiesbaden: Statistisches Bundesamt; URL: https://www.destatis. de/DE/Publikationen/Thematisch/Gesundheit/Krankenhaeuser/GrunddatenKrankenhaeuser2 120611137004.pdf;jsessionid=DA84E1773A26FDD4562E5A622FDA9266.cae1?__blob=p ublicationFile; download am 22.5.2014.

Warschburger, Petra (2009): Beratungsprozess. In Warschburger (2009): 37-79.

Warschburger, Petra (Hrsg). (2009): Beratungspsychologie. Heidelberg: Springer.

Wetzstein, Thomas, Erbeldinger, Patrica I., Hilgers, Judith & Eckert, Roland (2005): Jugendliche Cliquen. Zur Bedeutung der Cliquen und ihrer Herkunfts- und Freizeitwelten. Wiesbaden: Springer VS.

Widulle, Wolfgang (2011): Gesprächsführung in der Sozialen Arbeit. Grundlagen und Gestaltungshilfen. Wiesbaden: Springer VS.

Zander, Margherita (Hrsg.) (2011): Handbuch Resilienzförderung. Wiesbaden: Springer VS.

Ambulante lebensweltorientierte Betreuung

Daniela Lorünser

1. Soziale Aufgabenstellung und Forschungsfrage

Die regional größte Einrichtung für Kinder- und Jugendhilfe, das Vorarlberger Kinderdorf, steht für Kinderschutz und Kinderrechte. Beziehungsangebote im Fall der Gefährdung des Kindeswohls empfangen dort über 2.200 Kinder- und Jugendliche sowie deren Eltern (vgl. Vorarlberger Kinderdorf 2015). Im Kinderdorf suchen sozialpädagogische Expertinnen und Experten für unüberwindbar scheinende Schulprobleme und/oder familiäre Beziehungsprobleme alternative Lösungen im stationären wie im ambulanten lebensweltorientierten Setting.

Eine Tiroler Grundlagenstudie zum Thema verdeutlicht die Sicht von Kindern und Jugendlichen in Einrichtungen der Jugendwohlfahrt (Drexler 2012). Es wurden 14 Kinder- und Jugendliche im Alter zwischen 10 und 21 Jahren in zwei Runden zu denselben Themen qualitativ interviewt. Die Einrichtungen sollten aus der Lebenswelt der Zielgruppe beschrieben werden, wobei das Erkenntnisinteresse folgende Dimensionen fokussierte: den Weg in die Einrichtung, die Tagesstruktur, das Leben in der Gruppe, die Privatsphäre, soziale Beziehungen, Gewalterfahrung und empfangene Unterstützung.

Um nur einen sensiblen Punkt aus den Ergebnissen zu filtern: Für viele der befragten Kinder und Jugendlichen zeigte sich ein „belastender" Zugang in die Einrichtung. Den Angaben zufolge erhielten die Kinder und Jugendlichen nur selten Mitspracherecht bei der Entscheidung für die Fremdunterbringung. Als Folge steigen bei ihnen emotionale Belastungen während der Einzugsphase. Generell bietet zwar die Fremdunterbringung eine sichere Alltagsstruktur, nicht immer erweist sie sich jedoch als optimale Lösung. Sobald nach Einschätzung von Expertinnen und Experten das Familiensystem ausreichend stabil und noch nicht derart geschädigt ist, dass das Kindswohl in ihm gefährdet erscheint, stellen ambulante Stützmaßnahmen ein probates Mittel der Familienhilfe dar. Inwiefern diese die gewünschte Wirkung entfalten, ist für den deutschen Sprachraum empirisch nicht eindeutig evident (Frey 2008: 60):

„Wie auch in der Evaluationsforschung fehlen in der Wirkungsforschung für den Bereich der Hilfen zur Erziehung wissenschaftliche Verfahren und methodische Zugänge. ... In Deutschland gibt es keine Tradition in der Wirkungsforschung in den Hilfen zur Erziehung. Es gibt zu wenig Studien, die aussagekräftige Ergebnisse liefern."

Dennoch bieten einige deutsch- und englischsprachige empirische Studien Hinweise auf ein Modell „guter Praxis" für den Bereich ambulanter Jugendhilfe. Auf der Ebene der betroffenen Kinder und deren Eltern scheinen ambulante Hilfsmaßnahmen erfolgreich zu sein, wenn Kinder noch keine fehlenden Schulabschlüsse, Ausbildungsabbrüche, Drogenkonsum, Delinquenz, Schulden oder Obdachlosigkeit vorweisen (Permien & Hoops 2003), wenn sie positive frühe Beziehungserfahrungen gemacht haben (Körner 2006) und bei vorliegenden Problemlagen möglichst frühzeitig in jüngerem Alter ambulant betreut werden (Rücker u.a. 2009; Albus u.a. 2010). Seitens der Eltern wird gute Praxis ambulanter Jugendhilfe wirksam, wenn Eltern soziale Unterstützungen annehmen können, um deprivierte Lagen zu mildern (Murphy u.a. 1998), wenn sie bei der Hilfeplanung integriert werden und sich an lösungsorientierter Elternarbeit beteiligen (Ellinger 2002a und b,) und wenn sie es vermögen, untereinander konstruktive Beziehungen, eine gute familiäre Stimmung, emotionale Bindungen und Vertrauen zu entwickeln (Hofer & Lienhart 2008).

Im Jahr 2014 setzte der Forschungsbereich Sozial- und Wirtschaftswissenschaften eine qualitative Studie zum ambulanten Bereich „lebensweltorientierte Betreuung" (LOB) des Vorarlberger Kinderdorfs um, einer ambulanten schulischen Maßnahme für Kinder und Jugendliche, die aus verschiedenen Gründen keine Regelschule (mehr) besuchen (können). Richtziel war es, bei ehemaligen LOB-Jugendlichen und deren Eltern retrospektiv zu erkunden, wie sich die Maßnahme aus ihrer Sicht auf ihr Leben ausgewirkt hat.

2. Methodik

In 2013 führten Forscher/innen der FH Vorarlberg gemeinsam mit dem Vorarlberger Kinderdorf einen Workshop zur Evaluation der stationären und ambulanten Betreuung durch. Basis bildete das vorab definierte übergreifende Erkenntnisinteresse. Es beleuchtete zwei Perspektiven, nämlich die Sichtweise ehemals betreuter Jugendlicher und deren Eltern oder Erziehungsberechtigten. Ziel des Workshops war es, relevante Themen zu definieren, um daraus einen lebensweltbezogenen Interviewleitfaden zu entwickeln. Der anschließend iterativ entwickelte und vollendete Leitfaden wurde für den ambulanten (wie auch für den stationären) Bereich bei beiden genannten Zielgruppen eingesetzt – bezogen auf die LOB-Maßnahme bei fünf Jugendlichen und acht Erziehungsberechtigten.

Folgende Dimensionen wurden dabei abgedeckt: die Vorgeschichte zur Aufnahme einer ambulanten Betreuung, die Bewertung der Lebensweltorientierten Betreuung in Bezug auf Passgenauigkeit, Bewertung der Betreuungspersonen, Bewertung des damaligen Freizeitangebots, Bewertung damaliger Projektwochen, Erfahrungen mit Unterstützungen zur Berufsbildung, Erfahrung mit dem damaligen Schulsetting, mit Aspekten von Schulangst und Schulverweigerung, Schilderung der heutigen Lebenssituation (allgemeine Zufriedenheit, Gesundheitsstatus, Freundeskreis, Verhältnis zur Herkunftsfamilie) und Einstellungsveränderungen gegenüber Schule und Familie.

Da während der Projektumsetzung trotz intensiver und vielseitiger Kontaktaufnahmen nur wenige Interviewpartnerinnen und -partner gewonnen werden konnten – immerhin handelt es sich um eine Zielgruppe, die in der Literatur als „hard to reach" bezeichnet wird (vgl. z.b. Sacher 2008: 225) – wurde die Studie um eine dritte Perspektive erweitert. Sie umfasst die Sichtweise regionaler Expertinnen und Experten der Kinder und Jugendhilfe. Anhand eines zusätzlichen Leitfadens gaben fünf professionelle Helfer eine fachliches Urteil zum ambulanten und stationären Setting des Vorarlberger Kinderdorfes ab. Ihre Perspektive repräsentiert die Schnittstelle in der Zusammenarbeit aller Beteiligten.

Alle Interviews wurden vollständig und anonym transkribiert. Ehemalige Kinder bzw. Jugendliche und deren Elternteile wurden getrennt von den Expertinnen-/Experteninterviews ausgewertet. Die Auswertung erfolgte nach dem Ansatz der qualitativen Inhaltsanalyse (Mayring 2008).

3. Zentrale Ergebnisse

Die vorliegende Studie vermag es, einige konstruktive Effekte aufzuzeigen, die von der Lebensweltorientierten Betreuung des Vorarlberger Kinderdorfs aus Sicht ehemals betroffener Jugendlicher und deren Eltern ausgehen. Im Sinne des qualitativen sozialwissenschaftlichen Vorgehens bringt sie alltägliche, subjektive Erlebens- und Deutungsmuster hervor, die den Erkenntnisraum umreißen und Lebenswelten veranschaulichen (vgl. Breuer 2010: 38-45).

3.1 Ergebnisse zur ambulanten Betreuung aus Betroffenensicht

Über alle abgefragten Aspekte hinweg entsteht ein überwiegend positives Bild der ambulanten Lebensweltorientierten Betreuung des Vorarlberger Kinderdorfs. Erste positive Rückmeldungen der Befragten beziehen sich auf den Eintritt von Jugendlichen in die Expositur der Lebensweltorientierten Betreuung. Eltern erkennen danach rasch eine, teilweise spontan, verbesserte Beziehung zu ihren

Kindern, weil sie durch die ambulante Betreuung in der Bezihungsgestaltung unterstützt werden. Vermutlich ist dieses Entlastungsphänomen auf stark konfliktgeladene Vorgeschichten in der Regelschule zurückzuführen, die Beteiligte in Stress versetzen und Copingstrategien des Familiensystems verhindern. Denn in allen untersuchten Fällen wurde vorab der ambulanten Betreuung ein „Problemkind" der Regelschule verwiesen – einer Regelschule, die traditionell nicht über angemessene Ressourcen für sozialpädagogische Alternativen im Lernbetrieb verfügt. Somit bekommt ambulante Familienbetreuung eine sekundärpräventive Funktion vorab einer stärker ins Familiensystem eingreifenden Internatseinweisung.

Schulisches Fehlverhalten von Jugendlichen und dessen destruktive Folgen für die jugendliche Biografie treffen auf die hier befragten Jugendlichen in hohem Maße zu. Evident sind: hohe Wiederholungsquoten bei schulischen Prüfungen, Prüfungsängste, Verhaltensstörungen und Häufung von Fehlzeiten bis hin zu Schulverweigerungen. Extrinsische Faktoren wie Lernschwächen und gravierende Erkrankungen können weitere Gründe für Verhaltensstörungen, Lern- und Leistungsausfälle sein. Im Unterschied zur Regelschule gelingt es der ambulanten schulischen Betreuung mit alternativen Settings, alternativer Didaktik und wertschätzender, intensiver und auf persönliche Beziehung setzender Fürsorge, kontraproduktive Einstellungen und Verhaltensweisen von Jugendlichen zu verändern. Die Zielgruppe konnte schulisch integriert und Beziehungen zu den Eltern oder Erziehungsberechtigten konnten verbessert werden.

Lebensweltorientierte Betreuung ist mit der von Eltern und Jugendlichen mitgetragenen Zielorientierung auf den Schulabschluss und den gelebten salutogenetischen Werten – das heißt, an Stärken und Geschwindigkeiten der Jugendlichen ausgerichteten Vermittlungsformen – in der Lage, lernschwache, sozial ausgegrenzte, erkrankte und „nicht beschulbare" Jugendliche zu fördern. Diesen Effekt schildern die befragten Jugendlichen trotz unterschiedlicher persönlicher Problemlage positiv. Neben zwangsweisen Überstellungen überwiegt bei den befragten Jugendlichen der freiwillige Übergang in die Expositur der Lebensweltorientierten Betreuung. Dies gilt vor allem dann, wenn sich betroffene Familiensysteme in einem unüberwindbaren schulisch-familiären Dilemma befinden und dieses selbstkritisch erkennen.

Obwohl die Expositur der ambulanten Betreuung prinzipiell als eine gute Erfahrung geschildert wird, stellt sich einigen Eltern auch im Nachhinein noch die Frage, wie sie einen Verweis aus der Regelschule hätten verhindern können. Lebensweltorientierte Betreuung stellt damit nicht die so genannte „erste Wahl" im Fall gravierender schulischer Probleme dar, zeigt sich aber, retrospektiv betrachtet, besser als ihr Ruf, der Eltern entweder unbekannt ist oder von ihnen aufgrund vormaliger Erfahrung mit einer Internatseinweisung gleichgesetzt wird.

44

Da diese Perspektive ebenfalls in der allgemeinen Bevölkerung verbreitet sein dürfte, ergeben sich hieraus – so es opportun erscheint – Anregungen für eine verstärkte Öffentlichkeitsarbeit.

Zusammenfassend kann aus den Reflektionen von Eltern und Jugendlichen der Erfahrungsraum mit der Expositur der Lebensweltorientierten Betreuung folgendermaßen umrissen werden: Ihre Ausstattung gilt als angemessen. Sie verfügt über genügend Räumlichkeiten in ansprechendem Zustand. Eine positive Atmosphäre bei den für die Beziehungsarbeit wichtigen Einzelgesprächen wird durch die Rückzugsmöglichkeit in geschützte Räume verstärkt. Den Schüler/innen kommt es zugute, dass ihnen Schulzubehör gestellt wird und sie dieses vor Ort deponieren können. Durch die Schulzeit der Lebensweltorientierten Betreuung kann der „Spaß am Lernen" neu entdeckt werden. Wertschätzung, ambulante Betreuung und konstruktive Kritiklösungen fördern eine entspannte Lernatmosphäre zwischen Schüler/innen und Lehrer/innen. Dabei werden Misserfolge in eine salutogenetische Perspektive gerückt und als unvermeidbarer Bestandteil des Lernens erfolgreich vermittelt.

Als besonders hilfreiche Faktoren, um Lernängste und -schwächen zu überwinden, haben sich drei didaktische Elemente herausgestellt: auf das individuelle Lerntempo ausgerichteter Einzelunterricht, Team-Teaching und der Verzicht auf Hausaufgaben, die außerhalb des Settings angefertigt werden müssen. Werden diese jedoch innerhalb des Settings aufgegeben und gelöst, ist die Akzeptanz der Jugendlichen sogar größer. Somit bleibt zu überlegen, das Label „Hausaufgabe" zu redefinieren und derartige Übungen/Wiederholungen im Setting der Lebensweltorientierten Betreuung anzubieten und zu betreuen.

Als besonders störende Faktoren im Unterricht werden Unruhen genannt, die von anderen Schülern ausgehen. Mit Bezug zu den Äußerungen einiger Jugendlicher, sie seien schulisch unterfordert gewesen, lässt dieser Aspekt auf lern- wie sozialisationsspezifisch heterogene Zusammensetzungen der Gruppen schließen. Sollte das der Fall sein (was schulpsychologisch zu prüfen wäre), könnten Formen der schulischen Binnendifferenzierung und des Team-Teachings verstärkt dazu beitragen, spezifische Schülergruppen homogener zusammenzusetzen und gemäß individueller Voraussetzungen zu fördern.

Eltern und Jugendliche bewerteten das ambulante Setting als passend, weil damit das Familiensystem erhalten bleiben konnte. Dadurch fiel es Eltern leichter „loszulassen" und trotzdem guten Kontakt zu ihren Kindern halten zu können. Eltern fühlen sich in ihren Erziehungsaufgaben unterstützt und gut betreut. Entlastete Familienstrukturen tragen dann zu verbesserten familiären Beziehungen und positiveren psycho-sozialen Lebenswelten bei. Die ambulante Betreuung förderte die Eltern, erzieherisches Handlungsrepertoire zu erweitern und zu stärken. Erziehungsaufgaben konnten damit elaborierter ausgeübt werden.

Die Zeit in der Lebensweltorientierten Betreuung trägt aus Sicht beider Befragtengruppen zur Persönlichkeitsentwicklung der Jugendlichen bei. Jugendliche durchleben einen inneren Prozess, der Werte, Interessen, Wahrnehmungs- und Verhaltenstendenzen positiv beeinflussen kann. Praktisches Lernen in den Werkstätten fördert persönliche Erfolgserlebnisse und Selbstkompetenz. Insgesamt unterstützt die ambulante Betreuung Jugendliche, persönliche und soziale Kompetenzen zu stärken; diesen Umstand führen Befragte retrospektiv in diversen Zusammenhängen an. Er bezieht sich auf verbesserte Lern- und Leistungsfähigkeiten ebenso wie auf erhöhte Selbständigkeit, erweiterte allgemeine Interessen und soziale Beziehungen.

Der Projektwoche wird in diesem Zusammenhang ebenfalls eine positive Bedeutung für die Persönlichkeitsentwicklung zugesprochen. Wie auch die offensichtlichen schulischen Erfolgsfaktoren (bessere Noten, weniger Verhaltensauffälligkeiten) kann der Kompetenzzuwachs der Jugendlichen als wesentliches Erfolgskriterium der ambulanten Betreuung angesehen werden.

Problematiken von Sucht und Abhängigkeit stellen jedoch eine gravierende Hürde für nachhaltige Persönlichkeitsentwicklung auch der hier befragten jugendlichen Zielgruppe dar. So sie sich nicht von Suchtmittel einnehmenden Peers lösen können, verstärken sich nach der Zeit ambulanter Betreuung suchttypische Verhaltensmuster. Wenngleich Suchtprävention keine zentrale Aufgabe der ambulanten Betreuung ist, und die Zeit nach deren Ende per Definition nicht mehr in den Aufgabenbereich fällt, bleibt dennoch zu diskutieren, inwiefern suchtpräventive Maßnahmen (z.B. verstärkte Kooperation mit regionalen Organisationen der Suchtprophylaxe) expliziter Teil des Konzepts der Lebensweltorientierten Betreuung werden könnten.

In der ambulanten Betreuung erleben sich Jugendliche untereinander als eine Gruppe, die auch in schwierigen Situationen zusammenhält. Jugendliche unterscheiden jedoch zwischen Bekanntschaften aus der Betreuung und engeren Freundschaften, die sie außerhalb pflegen. Aus diesem Grund verzichten sie eher auf die (durchaus gut bewerteten) Freizeitmöglichkeiten im betreuten Rahmen und bevorzugen es, freie Zeit mit Freunden außerhalb des Settings zu verbringen. Selbst, wenn durch Gemeinsamkeiten vereinzelt intensiverer Kontakt zu Mitschüler/innen entsteht, bildet sich nur in seltenen Fällen eine über die gemeinsame betreute Zeit hinausreichende Freundschaft.

Aus Sicht der Eltern meiden Jugendliche eher den Kontakt zu ihren Mitschülerinnen und Mitschülern, suchen aber gleichzeitig eine freundschaftliche Basis zu Betreuungspersonen und Lehrkräften. Eltern erkennen das professionelle Handeln der Betreuungspersonen und machen daran den Erfolg ihrer Jugendlichen fest. Wesentliches und vordergründiges Erfolgskriterium sind in dem Kontext verbesserte Schulnoten. Eltern hatten gut bis sehr gut mit den Betreuerinnen und Betreuern zusammengearbeitet, sich von ihnen in ihrer damaligen Situation ernst genommen gefühlt, ihren geduldigen Umgang geschätzt und ihnen vertraut. Eltern würden sich bei Bedarf auch im Nachhinein an sie wenden.

Das Schulsetting der Lebensweltorientierten Betreuung, sowohl in Form von Einzel- als auch von Gruppenunterricht, steigert die Lernbereitschaft der Jugendlichen. Durch individuelle Lernhilfen unter Berücksichtigung von Stärken und Schwächen gelingt es ihnen, sich besser auf den Lernstoff zu konzentrieren. Im betreuten Schulsetting erfahren sie weniger Druck als zuvor in der Regelschule, was positiv veränderte Einstellungen gegenüber Schule und Lernen bewirkt. Dass der gesamte Lernstoff in der Schulzeit bewältigt werden kann und es keine Hausaufgaben gibt, unterstützt die von Eltern und Jugendlichen getroffene Einteilung in Schule und Freizeit und damit die für das soziale Klima wichtige Rekreation im Familiensystem. Es wird von Schulkonflikten entlastet, Jugendliche finden dadurch zur „inneren Ruhe". Jugendliche sagen mehrheitlich retrospektiv aus, die ambulante Betreuung sei für sie nützlich gewesen. Insgesamt gesehen, sprechen die Befragten damit der Maßnahme einen hohen Stellenwert für die eigene Entwicklung zu.

Die Ablösung aus dem geschützten Rahmen der Lebensweltorientierten Betreuung stellt allerdings einen kritischen biografischen Übergang dar. Es setzt eine Phase der Neuorientierung ein, und nicht immer ist ein fließender Übergang in eine weiterführende Schule oder in den Beruf gegeben. Teilweise wird das Ablösen von der Lebensweltorientierten Betreuung als „abrupt" beschrieben. Ohne entsprechende Begleitung sind (besonders in Fällen von stofflichen wie nichtstofflichen Abhängigkeiten) Rückfälle und Fehlverhalten in höherem Ausmaß wahrscheinlich. Doch Familien gelingt es, in dieser kritischen biografischen Phase mit Bezug zu den durch die lebensweltorientierte Betreuung vermittelten Kompetenzen gemeinsam daran zu arbeiten und Lösungen für den Jugendlichen zu finden.

Jugendliche sind nach Ende der Lebensweltorientierten Betreuung verstärkt in der Lage, Schule selbständig zu bewältigen, ohne auf extrinsische Motivatoren angewiesen zu sein. Eltern können ihre Kinder verstärkt freigeben und sie ihre neue Selbständigkeit leben lassen. Positive schulische Erlebnisse fördern wiederum das Selbstbewusstsein der Jugendlichen und tragen sogar dazu bei, außerschulische Interessen zu entwickeln. Insgesamt sprechen diese Rückmeldungen für eine gewisse Nachhaltigkeit jener Sozialisationseffekte, die in der bzw. durch die Lebensweltorientierte(n) Betreuung entstehen.

Die Hilfe der Lebensweltorientierten Betreuung bei der Suche nach Arbeit für ehemalige Jugendliche wird kontrovers bewertet. Teilweise sehen sie die Befragten als gut, teilweise als gerade ausreichend an. Manche Eltern hätten sich diesbezüglich mehr Hilfe erwartet. Ein Computertest zur Berufsfindung war aus

Sicht der Jugendlichen eher wenig hilfreich. Entweder hatte er keinen konkreten Berufswunsch ergeben, oder der dargestellte Wunsch ließ sich aufgrund der Marktsituation nicht verwirklichen. Eltern berichten, dass ihre Kinder bei der Suche nach Arbeit oder Ausbildung eher von Bekannten oder vom nahen Umfeld durch aktuelle Angebote beeinflusst wurden.

Die Zufriedenheit mit der aktuellen Lebenssituation fällt dagegen überwiegend positiv und nur in seltenen Fällen negativ aus. Aber auch, wenn es nach dem Abschluss der Lebensweltorientierten Betreuung zu negativen Lebensveränderungen kommt, schreiben die Befragten diese nicht der Lebensweltorientierten Betreuung zu. Das verweist darauf, dass Eltern wie Jugendliche Möglichkeiten und Grenzen der Lebensweltorientierten Betreuung erkennen und den zusätzlichen Einfluss weiterer Sozialisationseffekte realistisch einschätzen können.

3.2 Ergebnisse aus Sicht der Kinder- und Jugendhilfe

Insgesamt liegen positive Rückmeldungen und Anerkennungen der Kooperation mit der stationären (Sozialpädagogisches Internat) und ambulanten Betreuung (Lebensweltorientierten Betreuung) des Vorarlberger Kinderdorfs vor: Befragte Expertinnen und Experten schätzen die gute Zusammenarbeit mit den Kontaktpersonen. Es besteht ein ständiger Austausch, der für alle Beteiligte vorteilhaft ist. Das gilt auch, wenn Fachmeinungen voneinander abweichen. Fallbeteiligte des Vorarlberger Kinderdorfs sind nach Ansicht der Befragten verlässlich und telefonisch gut erreichbar. Ihnen gelingt es, betreuten Jugendlichen den Sinn am Lernen und die Freude daran zu vermitteln. Bei individuellem Bedarf ist auch ein intensiverer Kontakt zwischen der Kinder- und Jugendhilfe und den Betreuenden des Vorarlberger Kinderdorfs möglich. Die Berichte über den stationären Bereich sind ausführlich und hilfreich. Als besonders hilfreich für die Zusammenarbeit erweist sich die individuelle Hilfsbereitschaft der Mitarbeiter/innen des Vorarlberger Kinderdorfs. In beiden Maßnahmen – dem Sozialpädagogischen Internat und der Lebensweltorientierten Betreuung – wird aus externer Expertensicht des Jugendamtes eine sehr gute Betreuungskultur gelebt.

4. Diskussion

Alle von den befragten Jugendlichen und Eltern genannten Aspekte sprechen insgesamt für die hohe Akzeptanz der ambulanten schulischen Betreuung bei den primären Zielgruppen. Beide empfehlen sie aktiv weiter. Die Jugendlichen sprechen dabei den Lehrkräften eine nicht nur vermittelnde, sondern auch betreuende Rolle zu. Sie setzen sie mit Betreuer/innen gleich und profitieren auch in außerschulischen Belangen von ihnen. Die sozialisatorische Funktion der Lehrkräfte beinhaltet damit mehr als nur Aspekte der Bildung und Wissensvermittlung. In Kooperation mit den Erzieherinnen und Erziehern der ambulanten Betreuung geht der Einsatz deutlich über Funktionen hinaus, die Lehrende in Regelschulen ausüben können. Aufgrund der geringen Beteiligung bleibt jedoch offen, inwiefern sich bei dem Sampling ein positiver Verzerrungseffekt ergeben hat, das heißt, inwiefern ausschließlich jene Personen gesprächsbereit waren, die eher konstruktive Erfahrungen mit der ambulanten Schulbetreuung gemacht hatten. Unabhängig davon unterstreicht das positive Bild der Lebensweltorientierten Betreuung deren Bedeutung. Denn mit Blick auf einige evidente Ergebnisse internationaler Studien lassen sich durchaus Indikatoren definieren, wann ambulante Jugend- und Familienbetreuung eher wirksam ist und wann nicht. Unsere qualitativen Ergebnisse verweisen darauf, *dass* sie wirksam sein kann.

Weniger harmvolle Eingriffe in die Familienstruktur sind in Fällen mit potentiell positivem Verlauf auf jeden Fall aus ethischen Gründen zu bevorzugen. Allerdings gilt es, während des Prozesses Entwicklungen von Jugendlichen und ihrem Familiensystem zu beobachten und zu entscheiden, wann Überstellungen in den stationären Bereich sinnvoll und notwendig und Rückführungen in die Regelschule angebracht sind. Die sehr gute Kooperation mit dem regionalen Jugendamt dürfte diese Entscheidung vereinfachen.

Literatur

Albus, Stefanie u.a. (2010): Wirkungsorientierte Jugendhilfe. Abschlußbericht der Evaluation des Bundesmodellprogramms „Qualifizierung der Hilfen zur Erziehung durch wirkungsorientierte Ausgestaltung der Leistungs-, Entgelt- und Qualitätsvereinbarungen nach §§ 78a ff SGB III". Münster: ISA Planung und Entwicklung GmbH.
Arbeitsgemeinschaft für Kinder- und Jugendhilfe – AGJ (2015): Alternativen zur Unterbringung von Kindern und Jugendlichen außerhalb der Herkunftsfamilien – Strategien, Ansätze und Herausforderungen im internationalen Vergleich. Berlin. URL: https://www.agj.de/Artikel. 178.0.html?&tx_ttnews[tt_news]=235&cHash=e3f280b914d8def36ac5d2df3ff77e5a&print= 1&no_cache=1); download am 2.5.2015.
Breuer, Franz (2010): Wissenschaftstheoretische Grundlagen qualitativer Methodik in der Psychologie. In: Mey, Günter & Mruck, Katja (Hrsg.) (2010): Handbuch Qualitativer Forschung in der Psychologie. VS Verlag für Sozialwissenschaften. Wiesbaden: 35-49.
Drexler, Arthur u.a. (2012): Die Lebenswelt von Kindern und Jugendlichen in Tiroler Einrichtungen. Eine Grundlagenstudie. Projektbericht. Institut für Psychosoziale Intervention und Kommunikationsforschung der Universität Innsbruck. URL: https://www.tirol.gv.at/fileadmin/ themen/gesellschaft-soziales/kinder-und-jugendliche/jugendwohlfahrt/downloads/ Grundlagenstudie.pdf; download am 2.5.2015.
Ellinger, Stephan (2002 a): Lösungsorientierte Elternarbeit in der Ganztagsschule: Formen und Effekte kompetenzstärkender Erziehungsbegleitung im Rahmen einer innovativen Betreuungsform. In: Zeitschrift für Heilpädagogik 12/2002: 486-493.

Ellinger, Stephan (2002 b): Risikokinder in der Ganztagsschule: Modellversuch zur Kooperation von Jugendhilfe und Schule für Erziehungshilfe. Zwischenergebnisse. In: Vierteljahresschrift für Heilpädagogik und ihre Nachbargebiete 3/2002: 173-184.

Hofer, Bettina & Lienhart, Christina (2008): Evaluation Ambulante Familienarbeit Tirol. Ergebnisbericht. Sozialpädagogisches Institut. Innsbruck.

Körner, Jürgen (2006): Wirksamkeit ambulanter Arbeit mit delinquenten Jugendlichen: Erste Ergebnisse einer vergleichenden Studie. In: Zeitschrift für Jugendkriminalrecht und Jugendhilfe 17(3)/2006: 267-275.

Mayring, Philipp (2008): Qualitative Inhaltsanalyse. Grundlagen und Techniken (10., neu ausgestattete Aufl., erste Auflage 1983). Beltz. Weinheim und Basel.

Murphy, J. Michael u.a. (1998): The family APGAR and psychosocial problems in children: A report from ASPN and PROS. In: The Journal of Family Practice 46(1)/1998: 54-64.

Permien, Hanna & Hoops, Sabrina (2003): Empowerment auf dem Prüfstand - das neue Jugendhilfeangebot AIB aus der Sicht der Evaluation. In: Forum Erziehungshilfen 2/03.

Rücker, Stefan; Petermann, Ulrike; Büttner, Peter & Petermann, Franz (2009): Zur Wirksamkeit ambulanter und teilstationärer Jugendhilfemaßnahmen. In: Zeitschrift für Kinder- und Jugendpsychiatrie und Psychotherapie 37(6)/2009: 551-558.

Sacher, Werner (2008): Elternarbeit. Gestaltungsmöglichkeiten und Grundlagen für alle Schularten. Klinkhardt. Bad Heilbrunn.

Vorarlberger Kinderdorf (2015): Vorarlberger Kinderdorf aktuell. URL: http://www.vorarlbergerkinderdorf.at/; download am 2.5.2015.

European Research Institute for Social Work (ERIS)

Doris Böhler

1. Soziale Aufgabenstellung und Forschungsfrage

Die junge, und in noch nicht allen europäischen Staaten gut etablierte, akademische Disziplin der Sozialen Arbeit blickt auf eine außerordentlich lange und intensive Geschichte der internationalen Kooperation zurück. Pionierinnen wie Alice Salomon oder auch Ilse Arlt organisierten ihre vor allem auch politische Arbeit, indem sie über Nationalgrenzen und Kontinente hinweg zusammenarbeiteten (weitere intensive Ausführungen dazu u.a. Cox & Pawar 2006; Borrmann u.a. 2007). Auf globaler Ebene hat diese frühe Zusammenarbeit auch zur Gründung und aktiven Fortsetzung der drei Organisationen Internationaler Sozialer Arbeit geführt: die „International Association of Schools of Social Work" (kurz: IASSW), die „International Federation of Social Workers" (kurz: IFSW) und der „International Council on Social Welfare" (kurz: ICSW). Diese bereits über 100 Jahre alte Tradition findet in jüngster Zeit u.a. auch auf europäischer Ebene intensiv in Form von Netzwerken statt und bringt verstärkt Erträge für die Etablierung Sozialer Arbeit als Disziplin in den unterschiedlichen Ländern Europas. Ein solches Forschungsnetzwerk ist das „European Research Institute for Social Work" (in Folge kurz: ERIS [1]), welches einführend vorgestellt wird.

Zunächst folgt ein kurzer Überblick zur Geschichte, Entwicklung und den bei der Gründung definierten Zielen. ERIS wurde im Jahr 2008 durch sieben Hochschulen bzw. Universitäten gegründet: University of Ostrava (CZ), Katholische Universität Eichstätt-Ingolstadt (D), University of Hertfordshire (GB), Catholic University of Lille (F), ehem. University of Kuopio (FIN) – jetzt University of Eastern Finland (FIN), Trnava University (SK) und Katholische Hochschule Nordrhein-Westfalen Westphalia (D).

Durch eine Statutenänderung im Jahr 2010 (ERIS Statutes, Schedule no.1) konnte die Gruppe um neue Mitglieder, die den Status der „Affiliated Members" erhielten, erweitert und auf 14 Partnerhochschulen ausgeweitet werden. Darunter

---

1 siehe: http://eris.osu.eu; download am 15.03.2015

befindet sich auch die Fachhochschule Vorarlberg (FHV), vertreten durch die Verfasserin. Mit dieser Mitgliedschaft konnte die FHV – mit 1.200 Studierenden eine im internationalen Vergleich eher kleine Fachhochschule – Aktivitäten der Internationalen Sozialen Arbeit mitgestalten.

Aus der Perspektive eines aktiv mitarbeitenden Mitglieds führt dieser Aufsatz folgende Fragestellungen näher aus, beruhend auf der Analyse spezifischer Beispiele der bestehenden Kooperationsarbeit innerhalb des ERIS Netzwerks:

- Welche Aktivitäten hat das Netzwerk seit seiner Gründung betrieben?
- Was kann daraus für die Etablierung der Sozialen Arbeit als Profession und Disziplin auf europäischer Ebene gefolgert werden?

In einem Nebenaspekt wird auch der lokale Bezug diskutiert:

- Worin liegen mögliche Chancen und auch entsprechende Herausforderungen der aktiven Kooperation in einem europäischen Netzwerk der Sozialarbeitsforschung aus Sicht der FHV und insbesondere des Forschungsbereichs Sozial- und Wirtschaftswissenschaften?

Dieser Artikel greift insbesondere auf Healys breite Definition der internationalen Sozialen Arbeit zurück: „Internationale Soziale Arbeit definiert sich als internationale professionelle Praxis und die Fähigkeit zu internationalen Aktivitäten durch die Profession der Sozialen Arbeit und ihren Mitgliedern." (Healy 2008: 10, Übersetzung der Verfasserin). Besonders relevant ist die Spezifizierung der von Healy vorgeschlagenen Tätigkeiten in folgenden vier Dimensionen:

- von internationalen Faktoren beeinflusste lokale Praxis und Vermittlung,
- professioneller Austausch,
- internationale Praxis und
- internationale Entwicklung und Beratung (vgl. Healy 2008: 10).

Gemäß Healys Definition Internationaler Sozialer Arbeit fällt ERIS bei den Hauptaktivitäten meist in den Fokus der zweiten Dimension, den professionellen Austausch auf internationaler Ebene. Im Rahmen einer ausführlichen Dokumentenanalyse können jedoch weitere Bereiche der internationalen Sozialen Arbeit identifiziert werden (s.u.).

Die bei der Gründung von ERIS definierten Ziele lauten wie folgt:

- "to undertake scientific research and systematic review in all relevant fields
- to build up a database of information based on systematic inquiry
- to facilitate the professional development of research students and academic staff
- to offer expertise across Europe to politicians and agencies
- to provide knowledge for developing best practice across Europe
- to offer knowledge and skills development for management and practitioners" (ERIS Statutes 2008).

Diese Zielformulierungen stehen klar im Rahmen der Disziplinentwicklung und folgen innerhalb der Tätigkeitsbereiche der Definition Internationaler Sozialer Arbeit. Sie stehen gleichzeitig aber auch im Zentrum der Aktivitäten des Forschungsbereichs Sozial- und Wirtschaftswissenschaften der FHV. So kann bereits zu Beginn festgestellt werden, dass in der Sozialarbeitswissenschaft die Verbindung von Regionalität bei Forschungsaktivitäten die gleichzeitige Verknüpfung und Einbeziehung globaler Aspekte berücksichtigt.

2. Methodik

Dieser Artikel liefert anhand einer Dokumentenanalyse von ERIS-Aktivitäten einen ersten Überblick zu den o.g. Fragestellungen. In einem zweiten Schritt kann er als Basis dazu dienen, die Fragestellungen über Befragung einzelner Mitglieder zu vertiefen. Durch den ausschließlichen Zugang zu öffentlich erhältlichen Daten seitens ERIS wird insbesondere die bewusste Darstellung von ERIS-Aktivitäten für die Öffentlichkeit analysiert. Flick verweist bei der Dokumentenanalyse explizit darauf, den Kontext ihrer Herstellung und Verwendung zu beachten (vgl. Flick: 321-332). In diesem Sinne wurden für die vorliegende Analyse Dokumente, die ausschließlich Mitgliedern zugänglich sind, nicht verwendet (z.B. Sitzungsprotokolle).

Die Dokumentenrecherche bezieht sich auf offizielle ERIS-Berichte der Jahre 2008 bis 2014. Über diese hinaus sind auf der Webpage von ERIS zahlreiche Informationen öffentlich zugänglich. Darunter befinden sich Angaben zu Statuten, zu Mitgliedern inklusive Detailinformationen zu aktiven Personen im Netzwerk und auch etliche weiterführende Informationen zu unterschiedlichen Aktivitäten. Die Verfasserin nahm mit ERIS erstmalig während der ERIS-Fachkonferenz in Köln 2010 Kontakt auf und ist als Vertreterin der FHV seit 2011 ,Affiliated Member'. Ab dem Jahr 2015 wurde um eine Statusänderung und die Aufnahme als vollwertiges Mitglied angesucht.

3. Zentrale Ergebnisse

Aus den im Internet veröffentlichten Jahresberichten von ERIS (siehe: ERIS Webpage) stellt das folgende Schaubild einen Überblick zu ausgewählten Aktivitäten innerhalb der letzten Jahre dar.

Tab. 1: ERIS-Aktivitäten 2008 bis 2014 – Quelle: eigene Darstellung

Jahr	Eris Spring School - Ostrava	ERIS Fach-Konferenz (Herbst)	ERIS Publikationen	ERIS Web Journal
2008	37 TN	Research in Social Work (Trnava, SK)		
2009	42 TN	Social Work in between Privatization and the Public Sector (Trnava, SK)		Entwurf und Planung des Web Journals
2010	31 TN	Social Work and Diversity (Köln, D)	Peter Erath, Brian Littlechild (Eds.): Social Work across Europe, Accounts from 16 Countries	Social Work and Youth (01/2010), Social Work and Social Policy (02/2010)
2011	41 TN	Transnational Convergence, Diffusion and Transfer in Social Policy and Social Work (Eichstätt, D)		Child Welfare (01/2011), Social Work in Different Countries around the World (02/2011)
2012	56 TN	Constructing European Social Welfare and Social Work in the Midst of Diverse Traditions, Policies and Practices (Kuopio, FIN)	Hämäläinen, Juha (Eds.): Evolution of child protection and child welfare policies in selected European countries	Social Work and Diversity (1/2012), Open Issue (02/2012)
2013	67 TN	"Social Work Identity in Europe - An Academic and Professional Debate" (Trnava, SK)		Social Work and Social Space (01/2013), Open Issue (02/2013)
2014	53 TN	Research and Social Work Practice - Mutually Beneficial Endeavour or Uneasy Bedfellows (Hertfordshire, UK)	Juha Hämäläinen et. al (Eds.): Social Work Research across Europe: Methodological Positions and Research Practice,	Welfare states and social work in Middle and Eastern Europe (1/2014)

Das Herzstück der internationalen Bildungstätigkeiten ist die Frühlingsblockwoche (ERIS Spring School) für Master- und PHD-Studierende in Ostrava. Wie Tabelle 1 zeigt, steigt die Anzahl der Teilnehmenden von 37 Personen im Jahr 2008 auf 67 im Jahr 2014. Diese langsame aber stetig gesteigerte Gesamtzahl an Teilnehmenden mit jeweils einem beachtlich hohen Anteil an ProfessorInnen aus diversen Kooperationsländern von ERIS ermöglicht in kleinerem Rahmen auch intensiveren Austausch, Rückmeldungen und inhaltliche Diskussionen für alle Studierenden. Insbesondere für den noch neueren akademischen Nachwuchs ist das eine Möglichkeit, wichtige Fertigkeiten für die akademische Laufbahn zu erwerben und sich in fördernder Umgebung zu vernetzen. Ein weiterer Aspekt des Kompetenzerwerbs ist hierbei das Vortragen in englischer Sprache als gemeinsame Brückensprache und gleichzeitig wichtigste Publikationssprache der Disziplin.

Des Weiteren belegt Tabelle 1, dass auf Kontinuität in den geplanten Bereichen gesetzt wurde. So ist insbesondere der Rhythmus der jährlichen stattfindenden Spring School für Master- und PHD-Studierende im Frühling in Ostrava (CZ) und der jeweils im Herbst stattfindenden, an den Standorten der internationalen KooperationspartnerInnen rotierenden, inhaltlichen Fachkonferenz gegeben. Dabei werden Ziele nach innen sowie nach außen erreicht. Nach innen wird der regelmäßige Austausch auf fachlicher Ebene ermöglicht und weiterentwickelt. Aber auch organisatorische Dinge, die im internationalen Kontext persönlichen Kontakt und Beziehungspflege benötigen, können innerhalb der jeweils vorangestellten Vorstandssitzung zweimal jährlich durchgeführt werden. Dieser Aspekt erscheint vor allem für den intensiven Austausch, die Organisation und Weiterentwicklung des Netzwerkes als wichtig. Nach außen hin wird es für KooperationspartnerInnen und generell Interessierte aus der Scientific Community planbar, dass jeweils an diesen zwei Terminen eine gemeinsame Aktivität von ERIS zu erwarten ist.

Sicherlich ein wichtiger Meilenstein konnte mit der ersten ERIS Monographie „Social Work Across Europe – Accounts form 16 Countries" (Erath & Littlechild 2010) gelegt werden. Dabei wurde insbesondere das Ziel erreicht, aktuelle und geeignete Unterrichtsmaterialen für die Lehre im Studiengang Soziale Arbeit zu entwickeln. Der intensive Einblick und Überblick zu relevanten Bereichen der Profession und Disziplin Sozialer Arbeit in diversen europäischen Ländern ist überdies positiv zu werten, da aufgrund der Internationalisierung der Studiengänge durch die Bologna-Reform erhöhte Mobilität der Studierenden und Dozierenden gegeben ist. Dies schlägt sich auch in der Ausweitung von Lehrveranstaltungen in der englischen Sprache nieder – beispielhaft kann hier das internationale Semester im 4. Semester des Bachelorstudienganges der FHV genannt werden.[2] Auf Seite der akademischen Teilnehmenden wurde zudem jedes Jahr darauf geachtet, untereinander einen regen Austausch in der Lehre zu pflegen und mittels der ERASMUS-Dozierenden-Mobilität an unterschiedlichen europäischen Ausbildungsstätten zu lehren. Das ist ein klarer Gewinn sowohl für Studierende als auch Lehrende, denn auf diese Weise kommunizieren sie regelmäßig über nationale Grenzen hinweg und lernen voneinander.

Die beiden 2014 folgenden Publikationen mit dem Titel „Social Work Research Across Europe: Methodological Positions and Research Practice, Part I. und Part II" (Hämäläinen, Littlechild & Špiláčková 2014) fokussieren die sozialarbeitswissenschaftliche Forschung in unterschiedlichen europäischen Ländern und tragen dazu bei, geeignete Unterrichtsmaterialien zu erstellen.

Bemerkenswert dabei ist, dass hier das Ziel verfolgt wird, die Disziplin der Sozialen Arbeit besser zu etablieren und vor allem mittels intensiven Fachaustauschs über diverse Forschungsbereiche der Sozialen Arbeit herauszuarbeiten, was, wo, mit wem und mit welchen Methoden erforscht werden kann. Dieses Vorhaben ermöglicht somit innerhalb Europas einen gegenseitigen Lernprozess. Es kann als ein notwendiger Schritt zur Etablierung der Profession gewertet werden, der vor allem auch einen kritischen Diskurs auf Diskussions- und Problembereiche beinhaltet wie beispielsweise die Ökonomisierung des Sozialen, die Fokussierung auf evidenzbasierte Praxis, vergleichende Sozialforschung oder auch den Ethik- und Wertebereich (vgl. ebd.: 5-13).

Die Entwicklung und Umsetzung des zweimal jährlich erscheinenden, peer-reviewed online-Journals von ERIS stellt die letzte Spalte in Tabelle 1 dar. Auch hier ist Kontinuität erkennbar – inhaltlich zeichnen sich jeweils eine themenspezifische und eine themenoffene Ausgabe pro Jahr ab. Themenausgaben behandelten bisher Jugendarbeit, Sozialpolitik, Kinder- und Jugendhilfe, Sozialarbeit in Europa, Diversität, Sozialer Raum, Wohlfahrtstaat in Mittel- und Osteuropa und (zum Redaktionsschluss aktuell) Migration in Europa. Inhaltlich decken die Beiträge ein weites Spektrum innerhalb der Sozialarbeitswissenschaft ab, das oft die Ebene der Sozialpolitik aber auch den Bereich der praxis- und theorierelevanten Forschung widerspiegelt. Positiv ist zudem, dass trotz der englischen Publikationssprache ausgewogene Anteile aus unterschiedlichen europäischen Ländern enthalten sind. Keinesfalls ist eine Überzahl an Artikeln aus Großbritannien erkennbar.

---

2 Siehe hierzu: http://www.fhv.at/studium/soziales/soziale-arbeit-vollzeit; download am 15.03.2015

4. Diskussion

Zurückgehend auf die der Analyse der zugrundeliegenden Fragestellungen kann klar zusammengefasst werden, dass das ERIS Netzwerk eine weitere Etablierung der Sozialen Arbeit als Profession und Disziplin auf europäischer Ebene unterstützt. Bereits der hier beschriebene Ausschnitt bisheriger Aktivitäten zeugt einerseits von der Zielerreichung innerhalb ERIS. Andererseits belegt er, dass das Netzwerk einen aktiven Austausch über die Definition Internationaler Sozialer Arbeit in wesentlichen Teilbereichen fördert. Alleinige Konferenztätigkeiten würden ohne das Netzwerk den professionellen Austausch niemals in dieser Breite und Tiefe fördern. Wichtig für den Erfolg von ERIS ist das im regelmäßigen Austausch stattfindende Zusammenspiel einer relativ konstanten Gruppe bezogen auf vielseitige wissenschaftliche Engagements: Konferenzen planen und durchführen, Studierende bilden, forschen, regelmäßig publizieren u.v.a.m.

Chancen und entsprechende Herausforderungen der aktiven Kooperation in einem europäischen Netzwerk der Sozialarbeitsforschung aus Sicht der FHV und insbesondere des Forschungsbereichs Sozial- und Wirtschaftswissenschaften liegen in mehreren Bereichen der analysierten Aktivitäten. Ausgebaut werden könnte zusätzlich die aktive Einbindung von Master-Studierenden der FHV. Auch den bereits geplanten Ausbau der Möglichkeiten für PHD-Studierende innerhalb der Sozialen Arbeit wäre wichtig, da innerhalb Österreichs kein universitärer Lehrstuhl der Sozialen Arbeit existiert und in naher Zukunft auch nicht damit zu rechnen ist, dass die Fachhochschulen in Österreich das Promotionsrecht erhalten werden.[3] Somit ist die internationale Kooperation in diesem Bereich in den nächsten Jahren von großer Wichtigkeit.

In Zeiten zunehmend schwieriger zu akquirierender Fördergelder könnte auch für die FHV die aktive Teilnahme an Forschungsanträgen bei großen europäischen Förderbereichen wie „Horizon 2020" bedeutsam sein. Ein Beispiel eines solchen Antragsprozess innerhalb ERIS war der im Jahr 2014 bei der EU eingereichte Antrag „SOLID©ITY – Towards a SOLidary, Innovative, Dynamic and Cohesive CITY. Identifying, measuring and analyzing innovative policies and practices in different European countries" (ausführlichere Darstellung bei Erath 2014). Hier erhöhen die bereits auf Jahre zurückgehende Erfahrung in der Kooperation und sich ergänzende Kompetenzbereiche der Mitglieder deutlich die Chancen für eine erfolgreiche Drittmittelakquise.

Mit kritischer Perspektive auf das ERIS Netzwerk geblickt, kann angemerkt werden, dass das Engagement der Beteiligten Personen hoch ist. Dadurch kommt

---

3 Siehe hierzu: http://www.wissenschaftsrat.ac.at, http://www.ogsa.at/ags/promotionsfoerderung; download am 15.03.2015

es deutlich auf die Ressourcen, Unterstützung und Anstellungsbedingungen der ProfessorInnen an den einzelnen Hochschulen an, in welchem zeitlichen Ausmaß sich ERIS weiterhin entwickeln kann. Zusätzlich sind viele der Mitglieder in mehreren Netzwerken (IASSW, IFSW, ESRA, u.a.) aktiv.

Während die PionierInnen der Sozialen Arbeit einen starken Fokus auf internationale Vernetzung und Austausch insbesondere über Themenbereiche wie Armutsbekämpfung, Soziale Gerechtigkeit oder Migration legten, kann im Rahmen der zunehmenden Professionalisierung und Institutionalisierung der Sozialen Arbeit beobachtet werden, dass diese Aspekte zusehends weniger berücksichtigt werden. Wallimann beschreibt den Aspekt wie folgt: „With increased professionalisation and the emergence and development of the welfare state, however, the transnational perspective seemed to have lost ground. The more social workers were trained to be certified professional, the more the social work perspective became 'nationalised'" (Wallimann 2014: 23).

In Hinblick auf die in diesem Artikel erfolgte Analyse kann festgestellt werden, dass europäische Netzwerke wie ERIS dieser Tendenz erfolgreich entgegenarbeiten. Es bleibt lediglich zu hoffen, vermehrt auch notwendige Finanzierung für Forschungs- und Lehr-Lern-Aktivitäten zu lukrieren, um zunehmende Anstrengungen der wichtigen internationalen Sozialen Arbeit zu ermöglichen.

Zudem wäre es wünschenswert, mögliche, sinnvolle und erreichbare Ziele der Weiterentwicklung zu erforschen und in einem zweiten Schritt unter Einbezug der KooperationspartnerInnen die hier aufgeworfene Fragestellung vertieft zu analysieren. Der Forschungsaspekt innerhalb der Disziplin Sozialer Arbeit sollte dabei auf europäischem Niveau gestärkt werden ohne eine Vereinheitlichung anzustreben. Malcom Payne bringt dies auf den Punkt, indem er konstatiert: „Social work in Europe does not need to defend an identity, it needs to work to create a range of identities relevant to the social circumstances that we face, and social work education and research is needed to contribute to that work." (Payne 2014: 13). ERIS leistet dazu einen wichtigen Beitrag.

Literatur

Borrmann, Stefan; Klassen, Michael; Spatscheck, Christian (eds.) (2007): International Social Work Social Problems, Cultural Issues and Social Work Education. Opladen (u.a.): BudrichCox.

David Ray & Pawar, Manohar S. (2006): International Social Work Issues, Strategies, and Programs. Thousand Oaks, Calif. (u.a.): Sage Publ.

Erath Peter (2014): SOLID©ITY – Towards a SOLidary, Innovative, Dynamic and Cohesive CITY. Identifying, measuring and analyzing innovative policies and practices in different European countries; IN: ERIS Web Journal, Volume 5, Issue 2, 2014, ISSN 1804-0454; http://periodika.osu.cz/eris , p. 49-50.

Erath, Peter & Littlechild, Brian (eds.) (2010): Social work across Europe: accounts from 16 countries. 1st ed. Ostrava: University of Ostrava, ERIS with Albert Publisher (ERIS monographs)

European Research Institute for Social Work. University of Ostrava. Online im Internet: http://eris.osu.eu (Zugriff am: 12.03.2015), (Statuten, Ziele, Jahresberichte, etc.).

Flick, Uwe (2011): Qualitative Sozialforschung Eine Einführung. Vollst. überarb und erw. Neuausg., Orig.-Ausg., 4. Aufl. Reinbek bei Hamburg: Rowohlt-Taschenbuch-Verl (rororo).

Hämäläinen, Juha (ed.) (2012): Evolution of child protection and child welfare policies in selected European countries. 1st ed. Ostrava: University of Ostrava - ERIS with Albert (ERIS monographs).

Hämäläinen, Juha; Littlechild, Brian & Špiláčková, Marie (eds.) (2014): Social work research across Europe: methodological positions and research practice. 1st ed. Ostrava: University of Ostrava, European Research Institute for Social Work (ERIS monographs), Part. I. und Part II.

Healy, Lynne M (2008): International Social Work Professional Action in an Interdependent World. 2. ed. Oxford (u.a.): Oxford Univ. Press.

Payne, Malcolm (2014): European social work and their identities, In: ERIS Web Journal, Volume 5, Issue 2, 2014, ISSN 18040454, http://periodika.osu.cz/eris, p. 2-14.

Wallimann, Isidor (2014): Transnational social work: a new paradigm with perspectives, In: Noble, Carilyn; Strauss, Helle & Littlechild, Brian (eds.): (2014): Global social work crossing borders, blurring boundaries. 1. publ. Sydney: Sydney Univ. Press, S. 15-26.

Forschungsschwerpunkt
Gesundheit

Lebensweltorientierte Alkoholprävention für Jugendliche

Frederic Fredersdorf, Pascale Roux

1. Soziale Aufgabenstellung und Forschungsfrage

Alkoholkonsum war und ist unter Jugendlichen in Europa – und nicht nur dort – weit verbreitet. Aktuelle repräsentative Prävalenzdaten belegen für deutsche Jugendliche zwischen zwölf und siebzehn Jahren eine Lebenszeitprävalenz von knapp 70%. Die Alkoholprävalenz der letzten zwölf Monate beträgt bei dieser Zielgruppe etwas über 60%, wobei Mädchen nur geringfügig, das heißt mit 2,7% beziehungsweise 1,1%, hinter Jungen liegen (BZgA 2014: 19f). Laut der internationalen Vergleichsstudie "Health Behaviour in School-aged Children" der WHO ist zwar der Alkoholkonsum 15-Jähriger seit 1994 bei Jungen rückläufig und bei Mädchen konstant. In Österreich trinken jedoch in dieser Altersgruppe 28% der Mädchen und 37% der Jungen mindestens einmal wöchentlich alkoholhaltige Getränke, womit Österreichs Fünfzehnjährige hinter Tschechien, Griechenland, der Ukraine und Kroatien den fünfthöchsten Konsum unter Gleichaltrigen aus 38 Nationen vorweisen. Deutschland mit 15% der Mädchen und 28% der Jungen sowie die Schweiz mit 13% der Mädchen und 26% der Jungen liegen vergleichsweise auf Rang 18 und Rang 22 (WHO 2012: 155).

Studien zum Alkoholkonsum Jugendlicher deuten zumindest drei allgemeine Trends an: das sich angleichende Konsummuster der Geschlechter, den Einfluss des höheren Alters und den Einfluss relevanter Peer-Groups. Die WHO weist nach, dass sich der „Gender-Gap" seit 1998 europaweit schließt. Mädchen nähern sich dem exzessiveren Trinkverhalten der Jungen an (ebd.: 161). Gemäß deutscher Analysen ist sowohl beim „regelmäßigen" als auch beim „riskanten" Alkoholkonsum junger Zielgruppen ein deutlicher Alterszusammenhang auszumachen: Je älter Jugendliche sind, desto häufiger sprechen sie dem Alkohol zu (BZgA 2014: 21f).

Drittens sind Peer-Effekte für den fortgesetzten Alkoholkonsum im Jugendalter belegt; stets interagieren sie mit weiteren moderierenden Einflussgrößen:

Wie eine retrospektive Studie an über 3.800 (1991) und über 3.000 Jugendlichen (1996) darstellt, hängen frühe Alkoholerfahrungen von drei Prädiktoren ab: von einer früh einsetzenden Pubertät, einer positiven Einstellung relevanter Peers gegenüber dem Alkohol und von Eltern, die das Verhalten ihrer Kinder wenig beachten (Pinquart & Masche 1999). Eine Trenddatenstudie im Kontrollgruppendesign bestätigt den moderierenden Peer-Effekt. Die Gefahr, sich als Jugendlicher mit Alkohol zu vergiften, steigt, wenn die Zielgruppe wahllos Alkohol konsumiert, aus Ein-Eltern-Familien stammt, mit psychischen Problemen belastet und in einen alkoholkonsumierenden Freundeskreis eingebunden ist (Reis, Pape & Häßler 2009). Das „Health Technology Assessment", eine Synopse empirischer Studien über die Prävention des Alkoholmissbrauchs von Kindern, Jugendlichen und jungen Erwachsenen, konstatiert bezüglich der Peer-Effekte: *„Nachgewiesen sind Zusammenhänge zwischen dem (exzessiven) Alkoholkonsum sowie dem Rauschtrinken junger Erwachsener und dem Trinkverhalten ihrer besten Freunde. Die Mitgliedschaft in Gruppen, in denen die meisten Teilnehmer oft exzessiv Alkohol konsumieren, führt zu Imitationsverhalten."* (Korczak, Steinhauser & Dietl 2011: 23).

Die weltweit erste und größte Panel-Studie zur Frage der Suchtentstehung im Kindes- und Jugendalter, IMAGEN, bei der an 692 Kindern über vierzig Einflussgrößen auf das Suchtverhalten junger Zielgruppen untersucht wurden, belegt neben sozialisatorischen und konsumspezifischen auch psychische Risikofaktoren für eine spätere Alkoholabhängigkeit, nämlich: ein frühes Einstiegsalter vor dem vierzehnten Lebensjahr, die Konsumhäufigkeit, traumatische Lebensereignisse und als psychosoziale Faktoren Sensationslust und Zügellosigkeit (IMAGEN-Consortium 2014). Es ist anzunehmen, dass die ersten beiden Variablen durch Lebenswelten alkoholkonsumierender Peer-Groups beeinflusst werden.

Peer-Effekte sind jedoch nicht nur pathologisch, sondern auch salutogenetisch wirksam. Gleichaltrigengruppen stärken das Selbstwertgefühl und beeinflussen das noch indifferente Selbst der Heranwachsenden. Dass sich dies in der Lebensphase des Grübelns und der Identitätssuche gerade auch auf das Gesundheitsverhalten von Kindern und Jugendlichen auswirkt, ist durch die Gesundheits- und Suchtforschung breit belegt. Soziale und ökologische Gesundheitsverhältnisse wirken stark auf die „(...) Muster des Gesundheitsverhaltens und die hierdurch mit bedingten Ausprägungen von Gesundheitsstörungen und Krankheiten (...)" (Hurrelmann 2006: 55). Zwischen gelungener Entwicklung und Fehlanpassung von Jugendlichen bilden sich fließende Übergänge.

Dabei besteht die generelle Entwicklungsaufgabe von Jugendlichen darin, eigenständige Kompetenzen der Lebensbewältigung zu erlangen, was in modernen Gesellschaften mit medialen und konsumspezifischen Überangeboten und pluralen Lebenskonzepten eine starke Herausforderung darstellt (vgl. Fend 2003: 161).

Diese entwicklungspsychologische Erkenntnis verweist auf die Sensibilität jugendlicher Entwicklung, auf ihre Beeinflussbarkeit und auf die besondere Chance gesundheitsspezifischer Peer-Intervention. An jugendlichen Lebenswelten orientierte Prävention ist unter gewissen Rahmenbedingungen möglich, sinnvoll und effektiv, wie die folgenden Beispiele zeigen.

Gemäß einer qualitativen Studie an 42 Jugendlichen im Schweizer Kanton Zug können junge Zielgruppen in primäre und sekundäre Alkoholprävention erfolgreich eingebunden werden. Vor allem konkrete Projekte zum Thema Alkohol, die Mitwirkung in einer Fachgruppe für Alkoholprävention und die Ausbildung zum „Peerleader" erweisen sich als erfolgversprechend. Dies vor allem, wenn derartige Initiativen einen hohen Partizipationsgrad vorweisen (Schmid, Storni & Meyer 2008).

Peer-Berater/innen in Kooperation mit Suchtfachkräften im öffentlichen Raum in den Lebenswelten Jugendlicher (alkohol)präventiv einzusetzen, ist Kennzeichen aktueller Präventionsprojekte. Preisgekrönte Positivbeispiele liefert etwa die Stadt Freiburg i.B., bei der Peers in alkohol- und gewaltspezifischen lokalen Brennpunkten mit Hilfe von Quizfragen Gespräche zu Jugendlichen aufnehmen. Ein weiteres Beispiel: Im Bayerischen Landkreis Ansbach nehmen junge Erwachsene anlässlich von Festen Kontakt zu jugendlichen Zielgruppen auf und setzen eine alkoholspezifische Selbstreflexion in Gang (vgl. Böhme, Diekelmann & Reimann 2013: 57f; 77f).

Welche Rahmenbedingungen eine erfolgreiche außerschulische Präventionsarbeit fördern, erkundet die Expertise zur Suchtprävention der Bundeszentrale für gesundheitliche Aufklärung. Dabei handelt es sich um eine Meta-Analyse internationaler empirischer Präventionsstudien in Handlungsfeldern zwischen Schule, Familie, Freizeit, Kommune und Gesundheitsversorgung (Bühler & Trul 2013). Die AutorInnen fassen die Erkenntnisse zum Handlungsfeld „Freizeit" wie folgt zusammen: *„Außerschulische Programme zur Förderung der personalen und sozialen Kompetenz haben präventive Effekte auf den Substanzkonsum, wenn sie qualitativ hochwertig durchgeführt werden. Qualitativ hochwertige außerschulische Programme gehen schrittweise beim Lernen vor, setzen interaktive Methoden ein, sehen ausreichend Zeit und Raum für das Erlernen der Fertigkeit vor und geben spezifische Lernziele und Ergebnisparameter vor."* (ebd.: 54). Aufgrund der unterschiedlichen Forschungslage können Präventionsprojekte in Zusammenarbeit mit kommunalen Schlüsselpersonen zumindest potentiell als suchtpräventiv eingeschätzt werden (ebd.: 64).

Eine weitere Trendstudie liefert diesbezüglich eindeutigere Ergebnisse. Demnach sank innerhalb eines festgelegten einjährigen Untersuchungszeitraums die Zahl der Alkoholvergiftungen unter Jugendlichen in einer Präventionsregion, die ein gemeindezentriertes Präventionsprojekt realisierte, um 20%. In der Kontrollregion stieg sie demgegenüber um 33% an (Reis, Pape & Häßler 2009).

Das Land Vorarlberg setzt seit Jahren auf systemische, gemeinde- und lebensweltnahe Alkoholprävention für Jugendliche. Unter dem Begriff „Kennidi" [1] realisiert die Werkstatt für Suchtprophylaxe der Stiftung Maria Ebene (Supro) seit 2008 ein gemeindenahes Präventionsprojekt mit Peer-Ansatz. Das Projekt wurde vom Fonds Gesundes Österreich gefördert.

Es führt bestimmte Erkenntnisse des zwischen 2004 und 2008 realisierten systemischen Präventionsprojekts „Mehr Spaß mit Maß" fort, wie etwa die Gemeindeorientierung und den Einsatz einer alkoholfreien Cocktail-Bar (vgl. Fredersdorf & Heckmann 2010: 154-165; 200-209). Ein mit den Jahren sich aufgrund des Älterwerdens langsam veränderndes Kernteam von Jugendlichen und jungen Erwachsenen zwischen 16 und 21 Jahren wird von der Supro suchtpräventiv geschult und in das Mixen alkoholfreier Cocktails eingeführt. Dieses Team – die so genannten primären Peers – leitet wiederum vor Ort lebende Jugendliche – die so genannten sekundären Peers – in das Betreiben der Bar ein und verbreitet über diesen Aufhänger eigene Kenntnisse und Werte in lokalen Jugendwelten. MultiplikatorInnen in Gemeinden wirken für das Projekt und werben für die Dienste des Kennidi-Teams im Rahmen von Festen aller Art. Veranstalter können die Peers samt ihrer mobilen Bar buchen und damit ein Zeichen für eine alternative, weil alkoholfreie, Trinkkultur unter Jugendlichen setzen, beziehungsweise mithelfen, diese zu verbreiten.

Zwischen 2008 und 2012 erhielt die Fachhochschule Vorarlberg, Forschungsbereich Sozial- und Wirtschaftswissenschaften, den Auftrag, dieses Projekt wissenschaftlich zu begleiten. Die wissenschaftliche Begleitforschung verfolgte drei Ziele: erstens Kompetenzen von Mitarbeiterinnen und Mitarbeiter der Supro in Bezug auf die Umsetzung eigenständiger, interner Evaluation zu fördern, zweitens zu erkunden, wie die verhältnispräventiven Ziele des Projekts auf Gemeindeebene umgesetzt werden und drittens, inwiefern der Peer-Ansatz des Projekts erfolgreich ist.

---

1 Der Name für das Projekt entstand aus einem speziell dafür inszenierten Wettbewerb. „Kennidi" klingt lautmalerisch wie: „Kenn i di?", was auf hochdeutsch bedeutet: „Kenne ich dich?" Damit wurde nicht nur das Projekt selbst, sondern auch zusätzlich ein mit Mineralwasser gemischter Mangosaft benannt und in etlichen Gaststätten Vorarlbergs erfolgreich als preiswerter nichtalkoholischer Drink eingeführt. Vorab war oftmals Bier das preisgünstigste Getränk, was sich mit Einführung des „Kennidi" änderte.

2. Methodik

Mit Bezug auf die drei unterschiedlichen Evaluationsziele wurden drei unterschiedliche Evaluationsmethoden für die Mitarbeiterentwicklung und die Datenerhebung eingesetzt. Das Konzept basierte auf dem Ansatz der Handlungsforschung, d.h. projektinterne Ziele, Fragestellungen und Umsetzungen wurden in Abstimmung mit den Fachleuten der Supro definiert und festgelegt.

Die Begleitforschung führte erstens mit dem Supro-Team acht individuelle und paarweise Coachings durch. Sie zielten darauf ab, Kompetenzen von Projektarbeit und Selbstevaluation am konkreten Fallbeispiel zu vermitteln. Die Coachees entwickelten spezifische Teilziele für ihren Projektteil und verfolgten diese über den Projektverlauf.

Zweitens interviewten wir zwischen Oktober 2010 und Juni 2012 18 präventionsrelevante Vertreterinnen und Vertreter beteiligter Gemeinden qualitativ (je neun Frauen und Männer). Personen, die in einer Gemeinde das Projekt Kennidi betreuen und eine präventionsrelevante Funktion ausüben – Projektleitungen, Vereinsvorstände, Gemeinderatsmitglieder etc. – gaben vielseitig Auskunft. Sie berichteten über die Umsetzung von Kennidi in der Region und bewerteten die Zusammenarbeit mit der Supro sowie die Kompetenz ihrer Gemeinde bezüglich Alkoholprävention. Sie reflektierten, inwiefern die Präventionsstrategie von Kennidi auf andere Themenfelder übertragbar wäre, und welche neuen Präventionsangebote für Jugendliche aufgelegt werden könnten. Nicht zuletzt bewerteten sie die allgemeine Relevanz von Alkoholprävention für das Land Vorarlberg. Durchschnittlich waren die befragten Frauen 45 und die Männer 46,8 Jahre alt. Um ein breites qualitatives Bild zu erhalten, stammten die Interviewpartner/innen aus Vorarlberger Regionen, in denen Kennidi mit allen Projektphasen umgesetzt wurde: Feldkirch, Kleinwalsertal, Kummenberg, Laiblachtal und Vorderland. 13 Befragte waren bei der Gemeinde tätig, drei stammen von außerhalb der Gemeinde; zwei Personen gaben hierzu nichts an. Die Interviewten sind beruflich vor allem in sozialen oder wirtschaftlichen Bereichen tätig.

Drittens wurden die primären und sekundären Peers standardisiert schriftlich befragt. Zur Gruppe der primären Peers zählen 16 Jugendliche, die durch die Supro im Gebrauch der alkoholfreien, transportablen Bar geschult und bei der Umsetzung begleitet wurden. Zu den sekundären zählt eine unbestimmte Zahl weiterer Jugendlicher, die durch die primären Peers vor Ort für Dorffeste aller Art in den Betrieb der alkoholfreien Kennidi-Bar unterwiesen wurden. Deren Grundgesamtheit kann aufgrund von Fluktuationen nicht bestimmt werden. Mit annähernd demselben standardisierten Instrument wurden a) die primären Peers zu zwei Zeitpunkten im Zuge der Kennidi-Schulung im Abstand von etwa einem Jahr (16 und 13) und b) 27 sekundäre Peers einmalig befragt.

Das Design entspricht einer quasi-experimentelle Studie mit zwei Experimentalgruppen und einer Messwiederholung bei der ersten Experimentalgruppe. Da aufgrund immanenter Rahmenbedingungen bei den primären Peers kein echtes Prä-Post-Design realisiert werden konnte, dient die Studie trotz quantitativer Vergleichsanalysen der zwei Zeitpunkte vornehmlich dazu, Hypothesen für eine Theorie mittlerer Reichweite über den Wert von Peer-Schulungen im Kontext alkoholpräventiver Projekte zu generieren.

Dimensionen der Umfrage waren: Bewertung der Schulung und Betreuung durch die Supro, eigener Umgang mit Alkohol vor der ersten Schulung (bzw. der Schulung durch die primären Peers), Bewertung der alkoholfreien Bar und ihres Ansehens bei Jugendlichen und Erwachsenen, eigener Umgang mit Alkohol in den letzten 30 Tagen, Bewertung von Abstinenz und Binge-Drinking sowie ein Screening zu vier Aspekten der Persönlichkeitsentwicklung und soziodemographische Merkmale.

Das Instrument setzt sich aus validierten und selbstentwickelten Items zusammen:

• Zum Alkoholkonsum: Elemente des European Addiction Severity Index (Gsellhofer u.a. 1999) und der europäischen Schülerstudie ESPAD zu Alkohol und anderen Drogen (Kraus, Pabst & Steiner 2008).

• Zum Screening persönlichkeitsspezifischer Merkmale: die Rosenberg-Skala zum Selbstwert (Ferring & Filipp, 1996) / zur Stressresistenz, emotionalen Stabilität und Frustrationstoleranz: Gleichnamige Skalen aus dem Fragebogen „Fit für den Lehrerberuf" (Herlt & Schaarschmidt 2007).

• Items zu Aspekten des Kennidi-Projekts wurden gemeinsam mit der Supro entwickelt und in einem Pre-Test geschärft.

3. Zentrale Ergebnisse

3.1 Zu den qualitativen Interviews mit MultiplikatorInnen

Insgesamt führte das Kennidi-Projekt 18 verschiedene Maßnahmen in den befragten Gemeinden durch, wozu sich alle Interviewpartner äußerten. Elf Befragte gaben an, dass die alkoholfreie Bar, zum Teil öfter, in ihrer Gemeinde eingesetzt wurde. Unternehmen aus Gastronomie und Handel konnten zum Mitmachen gewonnen werden. Neun Befragte berichteten von der Mitwirkung von Vereinen und Schulen, fünf von spezifischen Interventionen der Supro innerhalb ihrer Gemeinde, wie Filmvorführungen, Fachvorträge oder Kreativwettbewerbe.

Nach den erfolgskritischen Aspekten des Projekts befragt, erwähnten die befragten MultiplikatorInnen 19 Erfolgs- und 14 hinderliche Faktoren. Dreizehn Befragte sehen vor allem das Marketing als wesentlichen Erfolgsfaktor an, jeweils neun Personen drei weitere Aspekte: das Material über Kennidi (Broschüren etc.), die Unterstützung durch lokale Projektpartner sowie den Aufbau des Projekts und dessen Verlauf. Als hauptsächliche Hemmnisse für diese Form der lokalen Peer-Arbeit identifizieren jeweils zehn Personen mangelnde Partizipation und mangelnde strukturelle Einbindung im Außenfeld.

Die gemeinnützige „RADIX Schweizerische Gesundheitsstiftung" beauftragte Anfang des Jahrtausends eine Evaluation des auf Männer ausgerichteten Gesundheitsprojekts „Timeout statt bur-nout, AusZeit+KräfteManagement für Führungskräfte und Mitarbeiter" (IES Integrative Evaluationen 2005). Die Schweizer Evaluation konnte 21 Schlüsselfaktoren identifizieren, die zum Gelingen gesundheitsbezogener Projekte beitragen. In unseren qualitativen Interviews stellten wir das Kennidi-Projekt aus Sicht der Radix-Faktoren auf den Prüfstand. Unsere Interviewpartnerinnen und -partner wurden gebeten zu beurteilen, welche (maximal fünf) Faktoren für sie bei der Projektumsetzung am bedeutsamsten sind, und inwiefern diese in der Gemeinde vorhanden sind oder nicht. Folgende fünf Erfolgsfaktoren bewertet die Zielgruppe der alkoholpräventiven MultiplikatorInnen als wesentlich:

- eine verantwortliche Schlüsselperson in der Gemeinde verbindlich festzulegen,
- eine Gemeindekultur zu implementieren, die Alkoholprävention ermöglicht,
- mit lokalen und anderen Kooperationspartnern konstruktiv zusammenzuarbeiten,
- für ein lokales Engagement bereit zu sein und
- ein Bewusstsein zu entwickeln, dass die Gesundheitsinitiative der Gemeinde nützt.

Bis auf drei Ausnahmen sahen die Befragten alle fünf Faktoren in ihrer Gemeinde als gegeben an. In wieweit die genannten Faktoren für das Gelingen des Kennidi-Projekts notwendig waren, bewerteten die Befragten mittels einer vierstufigen Likertskala (1 = nicht notwendig / 4 = absolut notwendig). Alle 21 Schlüsselfaktoren erzielten arithmetische Mittelwerte zwischen 3 und 4, was einer hohen Bedeutung für das hier evaluierte Präventionsprojekt entspricht (Schlüsselperson: 3,88 / Gemeindekultur: 3,75 / Zusammenarbeit: 3,5 / Engagement: 3,83 / Gemeindenutzen: 3,43).

Nach der Zusammenarbeit mit der Supro gefragt, berichteten die Interviewpartner von 79 unterschiedlichen positiven Aspekten und 37 Verbesserungsvorschlägen. Mehrheitlich habe die Zusammenarbeit gut funktioniert, was überwiegend auf eine sehr hohe Zufriedenheit mit der Kontaktperson und gute Auskünfte wie Informationsmaterialien zurückzuführen sei. Seltener genannte Verbesserungsvorschläge bezogen sich in erster Linie ebenfalls auf Aspekte der Kommunikation und Information. Dieses Ergebnis verweist darauf, dass entweder unterschiedliche Kommunikationsformen oder Kontaktpersonen eingesetzt oder gleiche Kommunikationsformen oder Kontaktpersonen unterschiedlich wahrgenommen wurden.

Eine Frage erhob, in wie weit sich die Steuerungsgruppe der Gemeinde vorstellen kann, gemeinsam mit Jugendlichen weitere Angebote im Sinne des Peer-Learnings zu entwickeln und umzusetzen. Dreizehn Befragte konnten sich ein solches Vorgehen auch in Bezug auf andere Themen vorstellen, fünf sagten dazu nichts aus. Niemand sprach sich explizit gegen Peer-Learning aus. Vor allem vier Themenbereiche bieten sich aus Sicht der Expertinnen und Experten dafür an, nämlich Prävention von Gewalt, Vandalismus und Littering (das ist die Vermüllung öffentlicher Plätze) sowie Gesundheitsfürsorge.

Bei zwölf MultiplikatorInnen veränderte sich während der Projektlaufzeit die Gemeindevertretung aufgrund von Wahlen (drei gaben dazu nichts an, und bei drei weiteren blieb die Gemeindevertretung während des Kennidi-Projekts konstant). Von den zwölf Befragten mit neuer Gemeindevertretung erkannten acht *keine* Auswirkungen auf das Kennidi-Projekt. Zwei Befragte gaben an, dass sich der Wechsel in der Gemeindevertretung positiv ausgewirkt habe, eine Person stellte negative Veränderungen fest.

3.2 Zu den quantitativen Peer-Befragungen

Von der Fülle beschreibender und vergleichender Analysen werden aus Platzgründen nachstehend nur jene Ergebnisse berichtet, die sich auf Aspekte des Alkoholkonsums, Gesundheitsbewusstseins und des Persönlichkeits-Screenings beziehen. Signifikante Unterschiede zwischen primären und sekundären Peers gelten im Sinne einer explorativen quantitativen Studie als Hypothesenspender.

Insgesamt bewerten die primären Peers die Supro-Schulung positiv. Verhaltensbezogene Statements zu diversen Schulungseffekten befürworten die 16 primären Peers voll und ganz bzw. eher. Dasselbe gilt in leicht abgeschwächtem Maße auch für die sekundären Peers, also für die Schulung, an welcher sie im Rahmen des Peer-Learnings teilgenommen hatten. Einige signifikante Unterschiede sind dabei zu den primären Peers auszumachen:

Der größere Teil der sekundären Peers stand vor der Schulung *nicht* hinter der Idee von Kennidi. Zudem bejaht etwa ein Drittel der sekundären Peers, sich in der Freizeit nicht für alkoholfreie Cocktails zu interessieren – dagegen äußert sich niemand aus der Primärgruppe derart. Primäre Peers bejahen dagegen häufiger das Statement, durch die Schulung gelernt zu haben, wie Kennidi den Besuchern nahegebracht werden kann und wie mit anderen Jugendlichen über Missbrauchsfolgen zu diskutieren ist. Sie stehen seit der Schulung auch signifikant stärker hinter der Idee von Kennidi als die Vergleichsgruppe. Im explorativen Sinn lassen sich daraus folgende Hypothesen ableiten: Die Peer-Education (Supro-Schulung) hinterlässt bei primären Peers eine größere Identifikation mit dem Präventionsprojekt als es das Peer-Learning bei der sekundären Zielgruppe zu bewirken vermag. Sekundäre Peers sind weder vor noch nach der Schulung Kennidi im gleichstarken Ausmaß verbunden wie primäre.

Bei Statements zum Alkoholkonsum vor der Supro-Schulung ergeben sich einige signifikante Unterschiede sowie Hinweise auf potentielle Unterschiede, die in einer umfassenderen Folgestudie tiefergehend ergründet werden könnten. Primäre Peers konnten vor der Schulung eher schlechter einschätzen, ob sie jemals zu viel getrunken hatten als die Vergleichsgruppe. Eine Teilgruppe der sekundären Peers hatte Alkohol zuvor noch nie missbräuchlich konsumiert und noch nie einen Rausch davon erlebt. Sekundäre Peers sind an den Rändern der Verteilung zum Alkoholkonsum stärker ausgeprägt als primäre. Das heißt, auf einige sekundäre Peers trifft Alkoholkonsum nicht zu – andere konsumieren ihn zum Teil seit fünf bis sechs Jahren. Beide Bereiche treffen auf die primären Peers nicht zu. Eine Überprüfung des Durchschnittsalters zeigt, dass dies eine Frage der Altersverteilung sein kann: Sekundäre Peers sind trotz eines Ausreißers mit 21 Jahren signifikant jünger als primäre, nämlich durchschnittlich 15,5 Jahre (ohne Extremwert = 15,3 Jahre) gegenüber 16,9 Jahren. [2]

Im explorativen Sinn lassen sich daraus folgende Hypothesen ableiten: Primäre Peers im Projekt Kennidi weisen eher geringere Erfahrung im Umgang mit Alkohol vor – jedoch nur im Vergleich zu einer älteren Teilgruppe der sekundären Peers. Vermutlich spricht die Peer-Education von Kennidi zwei verschiedene Gruppen Jugendlicher an: in der Supro-Schulung eher jüngere Jugendliche mit geringer Alkoholerfahrung und im Handlungsfeld sowohl ältere Jugendliche mit mehr Alkoholerfahrung als die primären Peers als auch jüngere Jugendliche ohne Alkoholerfahrung.

Theoretische Vorüberlegungen zum Aspekt „Bewertung von Abstinenz und Binge-Drinking" gingen von einem moderaten Präventionsansatz aus.

---

2 p=0,027

Demnach werden beide Verhaltensweisen weder glorifiziert noch verteufelt, sondern als Merkmale spezifischer biographischer Entwicklungsszenarien angesehen werden. Diesen Ansatz bringt die Supro ihren Zielgruppen nahe. Daher erkundeten wir über beide Peer-Gruppen hinweg, inwiefern sich die auf Moderation ausgerichtete Prävention in der Bewertung primärer und sekundärer Peers widerspiegelt. Erfasst wurde das Konstrukt durch zwei Polaritätsprofile (Bewertungen von acht selbstentwickelten Adjektivpaaren) [3] bezogen auf Abstinenz und Binge-Drinking. Im Unterschied zu ansonsten verwendeten vierstufigen Skalen wurden fünfstufige angeboten, weil sie eine auf Moderation ausgerichtete, das heißt zwischen den Polen befindliche, Antwort ermöglichen. Ergebnis zum Thema Abstinenz: Vier Polaritätsbewertungen liegen nahe dem zentralen Maß „3", zwei über „4" und zwei nahe „2". Die Zuschreibungen der vier von der Mitte abweichenden Bewertungen gehen in Richtung des positiv formulierten Pols. Ergebnis zum Thema Binge-Drinking: Fünf Polaritätsbewertungen liegen über „4" und drei nahe an „1". Die Zuschreibungen gehen über alle Items stark in Richtung des negativ formulierten Pols. Wir leiten daraus folgende Hypothesen ab: Die Peer-Education und das Peer-Learning bewirken tendenziell eine maßvolle Bewertung von Abstinenz. Die Peer-Education und das Peer-Learning bewirken keine moderate sondern eine negative Bewertung von Binge-Drinking.

In Bezug auf vier verschiedene Aspekte der Persönlichkeitsentwicklung deuten sich zunächst keine starken Unterschiede zwischen primären und sekundären Peers an. Es ist evident, dass sich beide Zielgruppen nur in zwei von sechzehn Items unterscheiden: Sekundäre Peers sehen sich eher als unempfindlich gegenüber Vorwürfen und Angriffen an und können Enttäuschungen eher verarbeiten als primäre. Werden die 13- und 14-Jährigen ausgeklammert, weil sie (wie oben gesehen) in Bezug auf Konsummuster das Bild verzerren und sich, entwicklungspsychologisch betrachtet, in einer anderen Lebensphase befinden als 15- bis 21-Jährige, treten bei den nun annähernd gleichaltrigen Teilgruppen drei signifikante Unterschiede und ein trendhafter hervor. Sekundäre Peers

- können signifikant besser Kränkungen wegstecken,
- können besser Enttäuschungen verkraften,
- und sie reagieren signifikant unempfindlicher auf persönliche Angriffe und Vorwürfe als primäre Peers. [4]
- Zudem geraten sie trendhaft geringer in Panik, wenn auf sie großer Druck ausgeübt wird. [5]

---

3 gut-schlecht / sinnvoll-sinnlos / krank-gesund / gefährlich-ungefährlich / modern-unmodern / in-out / cool-uncool / übertrieben-untertrieben
4 Chi^2-Tests mit dichotomisierten abhängigen Variablen: $0,003 \leq p \leq 0,039$
5 $p = 0,075$

Inwiefern derartige Unterschiede ein Untersuchungsartefakt darstellen, sollte durch Zusatzanalysen vertiefend untersucht werden. Denn zum einen betrifft das Ergebnis nur vier von sechzehn geprüften Persönlichkeitsaspekten, zum anderen widerspricht es der Annahme, alkoholpräventive Peer-Education wirke allgemein kompetenzfördernd. Ist das Ergebnis eventuell auf unterschiedliche sozio-demografische Zusammensetzungen der beiden Peer-Gruppen zurückzuführen?

Zusatzanalysen zeigen, dass sich unter den primären Peers hochsignifikant mehr weibliche Jugendliche befinden als in der Vergleichsgruppe. Auch besuchen primäre Peers zum Zeitpunkt der Befragung häufiger eine Schule und weisen höhere Schulbildungen vor als sekundäre Peers. [6] Werden 13- und 14-Jährige ausgeklammert, erweisen sich Unterschiede der beiden Peer-Gruppen in den Merkmalen „höchster Schulabschluss" und „derzeitiger Schulbesuch" immer noch als signifikant. [7] Sollte es sich also bei den unterschiedlichen Aspekten der Persönlichkeitsentwicklung zwischen primären und sekundären Peers um Scheinkorrelationen handeln, müssten die Variablen Geschlecht, Schulabschluss und derzeitiger Schulbesuch mittels partieller Korrelation kontrolliert werden. Aufgrund der geringen Fallzahl ist das mit diesem Datensatz allerdings nicht möglich. Stattdessen kann der Einfluss des Geschlechts und der beiden Schulvariablen auf die sechs unterschiedlichen Elemente des Persönlichkeits-Screenings gesondert getestet werden.

Ergebnis: Die beiden Variablen über den aktuellen und höchsten Schulbesuch üben keinen signifikanten Einfluss auf die sechs genannten Aspekte der Persönlichkeitsentwicklung aus, in denen sich primäre und sekundäre Peers unterscheiden. [8] Indes differenziert die Geschlechtervariable drei der sechs Persönlichkeitsvariablen hochsignifikant. [9]

- Peer-Mädchen geraten gegenüber Peer-Jungen bei großem Druck signifikant leichter in Panik.
- Zudem können Peer-Mädchen Enttäuschungen schlechter verkraften,
- und sie reagieren empfindlicher auf persönliche Vorwürfe und Angriffe als Peer-Jungen.

---

6 MWU-Tests: $0{,}000 \leq p \leq 0{,}05$
7 $0{,}004 \leq p \leq 0{,}016$
8 $0{,}806 \geq p \geq 0{,}224$
9 Chi^2-Tests mit dichotomisierten abhängigen Variablen: $0{,}004 \leq p \leq 0{,}008$

4. Diskussion

Insgesamt gesehen, kann dem Projekt ein gewisses Maß an alkoholpräventiver Wirkung und Nachhaltigkeit zugesprochen werden. Trotz sich verändernder politischer – speziell personeller – Rahmenbedingungen stehen dafür in erster Linie Aussagen lokaler Expertinnen und Experten. Ihre Innensicht bestätigt zentrale Erfolgsfaktoren für gemeindenahe Peer-Education in der Alkoholprävention, deren wesentliche Elemente in einer systemischen Verantwortlichkeit liegen. Sie benötigt eine generelle Wertehaltung der Alkoholprävention auf Gemeindeebene, Akzeptanz und Mitwirkung im gemeindenahen Umfeld und nicht zuletzt Menschen, die alkoholpräventive Ziele verantwortlich verfolgen und in Kooperation mit lokalen Organisationen umsetzen.

Alkoholpräventive Peer-Education und Peer-Learning wird von jungen Menschen positiv wahrgenommen. Einige Ergebnisse deuten an, dass primäre Peers, also jene Jugendlichen, die in direktem Kontakt mit der professionellen Einrichtung für Suchtprävention stehen, einen stärkeren Bezug zum Präventionsthema vorweisen als sekundäre Peers. Das ist insofern erklärbar, als jene Jugendlichen, die von den primären Peers vor Ort in die Nutzung der alkoholfreien Bar eingewiesen werden, keine präventionsspezifische Schulung im engeren Sinn erhielten. Auch bewirkt vermutlich das freie Setting im Handlungsfeld andere Effekte als eine Schulung in den Räumen der Präventionsstelle. Letztlich dürften Präventionseffekte auch eine Frage der Vermittlungsintensität sein, denn sekundäre Peers sind in geringerem Zeitausmaß und geringerem Engagement mit dem Thema verbunden als primäre.

Alkoholpräventive Peer-Education und Peer-Learning gelingt es vermutlich, den Jugendlichen ein differenziertes Bild von Abstinenz und Binge-Drinking zu vermitteln. Wenngleich aufgrund der Rahmenbedingungen keine Prä-Post-Studie umgesetzt werden konnte, darf begründet vermutet werden, dass gegenüber der Abstinenz eine eher moderate Werthaltung ausgeprägt wird, wohingegen die geschulten Jugendlichen Komasaufen als negativ und gesundheitsschädlich einschätzen. Prävalenzanalysen deuten an, dass Alkoholkonsum – quantitativ wie qualitativ – stets eine Frage jugendlichen Lebensalters ist. Jungen Menschen einen aufgeklärten und gemäßigten Umgang mit dem Alkohol nahezubringen sowie ihnen hierzu alkoholfreie und in ihrer Lebenswelt akzeptierbare Alternativen aufzuzeigen, erweist sich daher als zentrales Axiom der Alkoholprävention.

Konsumbezogene und soziodemografische Ergebnisse zu den primären und sekundären Peers legen letztlich eine allgemeine genderspezifische Hypothese nahe: Alkoholpräventive Peer-Education scheint eher ungeeignet zu sein, um geschlechtsspezifische Sozialisationsunterschiede im Selbstwert Jugendlicher auszugleichen – seien sie real oder subjektiv empfunden.

Literatur

Böhme, Christa; Diekelmann, Patrick & Reimann, Bettina (2013): Alkoholprävention im öffentlichen Raum. 6. Bundeswettbewerb „Vorbildliche Strategien kommunaler Suchtprävention" der Bundeszentrale für gesundheitliche Aufklärung, betreut durch das Deutsche Institut für Urbanistik. URL: http://www.kommunale-suchtpraevention.de/files/2012/dokumente/doku mentation_6_wettbewerb.pdf; download am 09.03.2015.

Bühler, Anneke & Trul, Johannes (2013): Expertise zur Suchtprävention. Bundeszentrale für gesundheitliche Aufklärung. Köln.

Bundeszentrale für gesundheitliche Aufklärung (2014): Der Alkoholkonsum Jugendlicher und junger Erwachsener in Deutschland 2012. Ergebnisse einer aktuellen Repräsentativbefragung und Trends. Bundeszentrale für gesundheitliche Aufklärung. Köln.

Fend, Helmut (2003): Entwicklungspsychologie des Jugendalters: Ein Lehrbuch für pädagogische und psychologische Berufe. VS Verlag für Sozialwissenschaften. Wiesbaden.

Ferring, Dieter & Filipp, Sigrun-Heide (1996): Messung des Selbstwertgefühls: Befunde zu Reliabilität, Validität und Stabilität der Rosenberg-Skala. In: Diagnostica 3/1996: 284-292.

Fredersdorf, Frederic & Heckmann, Wolfgang (2010): Der T-Faktor. Mäßigungskonzepte in der Sozialen Arbeit. VS Verlag für Sozialwissenschaften. Wiesbaden.

Gsellhofer, Brigitte u.a. (1999): European Addiction Severity Index. EuropASI. Schneider. Hohengehren.

Herlt, Susanne & Schaarschmidt, Uwe (2007): Fit für den Lehrerberuf. In: Schaarschmidt, Uwe & Kieschke, Ulf (Hrsg.): Gerüstet für den Schulalltag. Psychologische Unterstützungsangebote für Lehrerinnen und Lehrer. Beltz. Weinheim: 157-187.

Hurrelmann, Klaus (2006): Gesundheitssoziologie: Eine Einführung in sozialwissenschaftliche Theorien von Krankheitsprävention und Gesundheitsförderung. Juventa. Weinheim.

IES – Integrative Evaluationen (2005): Evaluation der Durchführung von: „Timeout statt burnout". Schlussbericht. URL: http://www.gesunde-maenner.ch/data/data_174.pdf; download am 22.03.2015.

IMAGEN-Consortium: Whelan, Robert; Watts, Richard; Orr, Catherine u.a. (2014): Neuropsychosocial profiles of current and future adolescent alcohol misusers. In: Nature 512 2014: 185.

Korczak, Dieter; Steinhauser, Gerlinde & Dietl, Markus (2011): Prävention des Alkoholmissbrauchs von Kindern, Jugendlichen und jungen Erwachsenen. Deutsches Institut für Medizinische Dokumentation und Information. Köln.

Kraus, Ludwig , Pabst, Alexander & Steiner, Susanne (2008): Die Europäische Schülerstudie zu Alkohol und anderen Drogen (ESPAD): Befragung von Schülerinnen und Schülern der 9. und 10. Klasse in Bayern, Berlin, Brandenburg, Hessen, Mecklenburg-Vorpommern und Thüringen. Institut für Therapieforschung. IFT- Bericht 141. München.

Pinquart, Martin & Masche, Gowert (1999): Die Initiation in den Alkoholgebrauch in den alten und neuen Bundesländern - Zeitpunkt und Korrelate. In: Sucht 45 / 2014: 406-411.

Reis, Olaf; Pape, Manuela & Häßler, Frank (2009): Ergebnisse eines Projektes zur kombinierten Prävention jugendlichen Rauschtrinkens. In: Sucht 55 / 2009: 347-356.

Schmid, Martin; Storni, Marco & Meyer, Matthias (2008): Partizipative Ansätze mit Jugendlichen in der Alkoholprävention - Neue Formen und Möglichkeiten. In: Abhängigkeiten 14 / 2008: 56-66.

WHO – World Health Organization (2012): Social determinants of health and well-being among young people. WHO Regional Office for Europe. Kopenhagen.

Suchtprävention für Eltern mit türkischem Migrationshintergrund

Pascale Roux

1. Soziale Aufgabenstellung und Forschungsfrage

Wie in anderen europäischen Ländern, so besteht auch in Österreich / Vorarlberg eine kulturelle Vielfalt, 17,8% der Bevölkerung weisen einen Migrationshintergrund vor (Statistik Austria 2013: 266), wobei MigrantInnen aus der Türkei nach deutschen Einwanderern die zweitgrößte Gruppe ausmachen (ebd.: 281). Die Vielfalt der Vorarlberger/innen aus über 60 Ländern prägt vielfältige und differenzierte soziokulturelle Milieus und unterschiedliche Lebensstile. Dies hat für das psychosoziale Beratungs- und Unterstützungssystem entsprechende Konsequenzen, da mit türkischen MigrantInnen eine neue Zielgruppe hinzu gekommen ist, die sich in ihrem Selbstverständnis, ihrem Verhalten und ihrer kulturellen Herkunft von den KlientInnen der Mehrheitsgesellschaft unterscheidet (Salman 2008: 1). Allerdings liegen bis heute keine repräsentativen Daten zur Prävalenz von psychischen Störungen, Suchterkrankungen und Suchtverhalten unter MigrantInnen für Österreich vor (vgl. Holzer & Stompe 2011: 1).

Angebote und Strukturen der Suchthilfe bieten z.B. akzeptierende Drogenarbeit, Substitutionsbehandlung, Drogenkonsumräume, Beratung, ambulante wie stationäre abstinenzorientierte Therapie und Aufklärung an, sind aber meist auf Mitglieder der Mehrheitsgesellschaft ausgerichtet. Angebote der Suchthilfe sind in den meisten Herkunftsgesellschaften der größten Migrantengruppen Vorarlbergs eher unbekannt und werden als Unterstützungsmöglichkeiten häufig abgelehnt, da sie oft als fremd und bedrohlich wahrgenommen werden. Kulturelle Unterschiede zeigen sich auch in unterschiedlichen Krankheitsmodellen, in der Art Beschwerden zu äußern, im Hilfesuchverhalten, aber auch in unterschiedlichen Wertvorstellungen und religiösen Besonderheiten, auf die in der psychosozialen Versorgung und Prävention sensibel und offen eingegangen werden muss (Brähler, Petermann & Rief 2010: 161).

Aus kulturellen Differenzen heraus nehmen gefährdete MigrantInnen und deren Angehörige viele Angebote der Suchthilfe häufig nicht an (Domenig 2001). Daher ist diese Zielgruppe im Suchthilfesystem unterversorgt, obwohl gleichzeitig die Anzahl der Betroffenen und ein entsprechender Bedarf bei deren Angehörigen wächst (Boos-Nünning et al. 2002). Neben den beschriebenen Hürden behindern auch Gründe wie Unkenntnis, Informationsmängel und fehlende Transparenz das Hilfesucheverhalten von MigrantInnen (Salman 2008: 1).

1.1 Herausforderungen primärer Präventionsforschung

Untersuchungen primärer Präventionseffekte sind vor allem aufgrund methodischer Anforderungen schwierig, da die spezifische Ätiologie psychischer Störungen nur ansatzweise bekannt ist, weshalb die Wahl angemessener Beobachtungsintervalle nur vermutet werden kann. Zudem ist es wichtig, weitere Einflussvariablen zu kontrollieren. Dies erfordert methodisch ein komplexes, multifaktorielles Untersuchungsdesign, das sehr viele mögliche Einflussfaktoren gleichzeitig prüft. Neben diesen methodischen Herausforderungen müssen forschungspraktische Probleme, im Sinne von ökonomischen Limitierungen berücksichtigt werden, da große Stichproben benötigt werden um komplexe interventionsbedingte Modifikationen nachzuweisen (Mittag & Jerusalem 1997: 607). Deshalb werden oft allgemeine Veränderungen von psychischen Komponenten angestrebt, die entweder Zielstörungen selbst oder Prädiktoren bzw. Risikofaktoren für Zielstörungen zu beeinflussen suchen.

Unabhängig von der Reduktion möglicher Risikofaktoren kann sich Primärprävention auch auf protektive Faktoren fokussieren, beispielsweise auf personale Ressourcen und Kompetenzen oder soziale Einflussfaktoren. Wenn primärpräventive Intervention gezielt protektive Einflussbedingungen zu verändern sucht, entsteht ein inhaltlicher Wechsel zu Interventionen im Rahmen der Gesundheitsförderung (Becker 1997: 519).

1.2 Das Präventionsprogramm Anababa

Suchtverhalten kann auch bei MigrantInnen als destruktive Copingstrategie verstanden werden. Häufig stellt es eine Reaktion auf besonders große Belastungen der Migration dar, auch innerhalb der zweiten Generation (Salman 2008: 4). Deshalb sollen im Projekt Anababa im Sinne einer Psychoedukation Eltern mit türkischem Migrationshintergrund über Möglichkeiten der familiären Gesundheitsförderung und Suchtprävention geschult werden. Da sich der Input mittels

Theaterszenen aufgrund des hohen Aufwands nicht eignet, um eine Vielzahl von Veranstaltungen zu gewährleisten, zielte das zwischen 2008 und 2010 realisierte Projekt darauf ab, eine DVD für türkischsprachige Eltern zu erstellen. Diese DVD sollte wichtige Botschaften für die Förderung von Schutzfaktoren bzw. Risikowahrnehmung zu Suchtverhalten in einer für Eltern mit türkischem Migrationshintergrund interessanten und akzeptablen Form aufbereiten. Aus der Praxis der Vorarlberger Werkstatt für Suchtprophylaxe (Supro) war bekannt, dass Information, Reflexion und schlussendlich der Transfer in den eigenen (Erziehungs-)Alltag am besten gelingen, wenn Zielgruppen konkrete Situationen und Ereignisse diskutieren und reflektieren. Aus diesem Grund sollte die DVD nicht nur Information zu Risiko- und Schutzfaktoren vermitteln, sondern auch Möglichkeiten für eine Umsetzung in die Praxis aufzeigen. Die DVD einschließlich eines Booklets und einer Infobroschüre wurden in Form eines Workshops von in der türkischen Community akzeptierten Mitgliedern bei diversen Veranstaltungen für unterschiedlichen sozioökonomische türkische Gruppierungen (Vereine, Moscheen, Teenachmittage für Frauen usw.) entwickelt und gezeigt, woraufhin die Beteiligten Möglichkeiten der praktischen Umsetzung diskutierten bzw. beispielhaft erprobten. Anschließend wurde die DVD den anwesenden Eltern als Information mitgegeben.

Besondere Bedeutung bekam in diesem Projekt die partizipative und setting-orientierte Herstellung der DVD und deren Implementierung mithilfe von Mitgliedern der türkischen Gemeinde, wie dies auch von ExpertInnen gefordert wird (Borde 2008: 28). Die DVD, im emotionalen Format ähnlich einer Sit-Com konzipiert, beinhaltet u.a. folgende Themenbereiche: Selbstvertrauen fördern, Grenzen setzen, Konsequenz leben, Wertschätzung entgegenbringen, Verantwortung übertragen, Gesundheitsbewusstsein entwickeln.

1.3 Fragestellung

Im Rahmen einer Prozessevaluation sollten kurz- und längerfristige Effekte der spezifischen Präventionsmaßnahme bei einer Gruppe von Eltern mit türkischem Migrationshintergrund untersucht werden. Erstens war es Ziel einer quantitativen Untersuchung zu prüfen, inwieweit es in den Präventionsworkshop für türkischstämmige Bevölkerungsteile gelingt, der Zielgruppe explizites Erklärungswissen zum Thema „Suchtprävention" in Bezug auf mögliche Ursachen und Präventionsmöglichkeiten zu vermitteln. Zudem sollte im Sinne der Prozessevaluation die Akzeptanz des Workshops seitens der Zielgruppe erkundet werden.

Zweitens wurde eine qualitative Follow-Up-Erhebung realisiert. Sie entwickelte Thesen über längerfristige Effekte, nämlich darüber, ob und wie es der Zielgruppe gelingt, nach dem Workshop präventive Maßnahmen in der alltäglichen Erziehungspraxis umzusetzen. Weiterhin wurde erkundet, in wie weit sich migrantische Eltern mit türkischem Kulturhintergrund nach dem Workshop mit dem Thema Suchtprävention auseinander gesetzt hatten. Außerdem wurden ein Gesamturteil zum Workshop und Verbesserungsvorschläge erhoben.

2. Methodik

2.1 Untersuchungsdesign

Um sowohl kurzfristige als auch längerfristige Effekte der Präventionsmaßnahme zu benennen, wurde ein prä-post Studiendesign realisiert. Der Präventionsworkshop erfolgte im Rahmen gemeindenaher Veranstaltungen der türkischen Community (Vereine, Moscheen, Teenachmittage für Frauen usw.). Insgesamt dauerte er etwa vier Stunden. Jeweils davor und danach beantworteten die Teilnehmenden einen standardisierten Fragebogen in ihrer Muttersprache. Die workshopbezogene Prä-Post-Studie war darauf ausgerichtet, erweitertes kognitives Wissen in Bezug auf Suchtprävention zu beobachten und zu messen. Insgesamt führte die Supro ca. 30 Workshops mit ca. 30-40 Teilnehmenden durch, was einer Grundgesamtheit von ca. 1.000 Personen entspricht.

Die Evaluierung beinhaltete ein Follow-Up nach zwölf Monaten in Form von 22 qualitativen Interviews, um Thesen über längerfristige Transfereffekte zu entwickeln. Diese Befragung wurde von einem Mitarbeiter der Supro mit türkischem Migrationshintergrund durchgeführt, denn es sollten sprachliche und sozial-kulturelle Hindernisse minimiert, der Rücklauf dagegen maximiert und möglichst valide Angaben erzielt werden (vgl. Brode 2008: 28).

2.2 Befragungsinstrumente

Neben soziodemographischen Variablen erfasst der selbstkonstruierte Fragebogen über das *explizite Wissen aus dem Workshop* in leicht verständlicher Form ätiologisches Wissen zu vier verschiedenen Suchtformen (Alkohol, Drogen, Nikotin und Glücksspiel). Dieses wird durch Items operationalisiert, die danach fragen, wer Verantwortung bei der Suchtentstehung hat und wer diese am besten verhindern kann. Im Rahmen der zweiten quantitativen Befragung bewerteten

80

die Teilnehmenden den Workshop, dessen Realitätsnähe und gaben Auskunft über den persönlichen Bezug zur Thematik. Die *Transferanalyse* erfolgte in Form eines qualitativen Leitfadeninterviews mit 12 Fragen zu Themenbereichen der Workshops. Inhaltlich wurden die Fragen sieben Themengebieten zugeordnet: Erinnerung an die Veranstaltung und persönlicher Nutzen, Verbesserungsvorschläge und Weiterempfehlungen, Möglichkeit der Erreichbarkeit migrantischer Eltern, berichtete Verhaltensänderungen, Nutzung der erhaltenen Medien, Auseinandersetzung mit den Inhalten des Workshops, soziodemographische Variablen (Alter, Geschlecht, Kinderzahl).

2.3 Stichprobe

Die Erfassung des Migrationshintergrund der TeilnehmerInnen orientierte sich am Mindestindikatorensatz von Schenk et al. (2006: 857f). Auf Österreich übertragen, gehören demnach zur Gruppe der MigrantInnen jene, bei denen mindestens ein Elternteil nicht in Österreich geboren wurde. Zudem umfasst die Definition Personen, die nicht seit ihrer Geburt in Österreich leben sowie Personen, deren Muttersprache nicht Deutsch ist.

Insgesamt wurden Teilnehmende von 30 Workshops standardisiert befragt (N=1.051). An den Befragungen vor und nach den Workshops nahmen insgesamt 135 Personen teil: zum vor dem Workshop 92 (8,7% Rücklauf in Bezug auf die Grundgesamtheit) und nach dem Workshop 43 TeilnehmerInnen (46,7% Rücklauf in Bezug auf die TeilnehmerInnen der Untersuchung der ersten Befragung). Zu beiden Befragungszeitpunkten nahmen insgesamt wesentlich mehr Frauen (64,4%) als Männer teil, wobei 17 Personen Geschlechtsangaben verweigert hatten. Im Zuge der qualitativen Befragung zur Transferanalyse wurden sieben Frauen (32%) und 15 Männer (68%) interviewt. Im Mittel waren die TeilnehmerInnen der ersten Befragung 40,6 (SD=8,4) Jahre und die der zweiten Befragung nach dem Workshop 39,6 (SD=5,5) Jahre alt. Zum dritten Befragungszeitpunkt waren die TeilnehmerInnen im Mittel 41 (SD=8,0) Jahre alt.

Die TeilnehmerInnen der ersten Befragung verfügten im Mittel über 8,0 Jahre Schulzeit, sie hatten im Schnitt 2,7 Kinder und lebten durchschnittlich seit 20,8 Jahren in Österreich. Zum zweiten Befragungszeitpunkt wiesen die TeilnehmerInnen eine durchschnittliche Schulzeit von 7,8 Jahren, im Schnitt 3 Kinder und eine durchschnittliche Aufenthaltsdauer in Österreich von 18,2 Jahren vor. TeilnehmerInnen der dritten Befragung besaßen durchschnittlich 2,4 Kinder, wobei die meisten Befragten angaben, zwei Kinder zu haben. Nur eine Person war bei der qualitativen Nachbefragung kinderlos. Eine Prüfung auf Unterschiede (Chi-Quadrat-Tests und einfaktorielle Varianzanalysen) zwischen den drei

Befragungszeitpunkten in Bezug auf die soziodemographischen Variablen ergibt bis auf einen Geschlechtsunterschied keine Unterschiede zwischen den TeilnehmerInnen. Einzig an der dritten Befragung hatten signifikant mehr Männer teilgenommen (p=0,013).

2.4 Auswertung

Für die Auswertung werden die im Fragebogen aufgeführten Personen/Institutionen zu vier Gruppen zusammengefasst: 1. (staatliche) Institutionen: Staat, Polizei/ Gesetze, Schule/LehrerInnen, Kindergarten; 2. Freundeskreis: Freunde, Bekannte; 3. Familie: ältere Schwester, älterer Bruder, Verwandte; 4. Eltern: Mutter, Vater. Die resultierenden Gruppenwerte bilden dabei die Zustimmung in Prozent ab. Ergebnisse sind nachfolgend deskriptiv dargestellt. Unterschiede zwischen erster und zweiter Befragung und Geschlecht wurden mit zweifaktorieller Varianzanalysen geprüft. Wenn Voraussetzungen zur Berechnung einer Varianzanalyse nicht gegeben sind, wird der Welch-Test verwendet. Der Alpha-Fehler wurde für alle durchgeführten Analysen auf $p \leq 0.05$ festgelegt. Zudem wird die Effektgröße eta^2 angegeben, nach Cohen (1988, zitiert nach Bortz & Döring, 2006, S. 606) beginnt ein kleiner Effekt ab 0,2, ein mittlerer ab 0,5 und ein großer ab 0,8.

Qualitative Fragen wurden durch das einfache Transkriptionsverfahren von Dresing und Pehl (2012) in Textform gebracht und mithilfe der zusammenfassenden Inhaltsanalyse nach Mayring (2007) ausgewertet.

3. Zentrale Ergebnisse

3.1 Kurzfristige Effekte: expliziter Erwerb von Wissen über Erziehungs-Folgewirkungen auf Suchtmittelkonsum

Die am Workshop teilnehmenden Eltern mit türkischen Migrationshintergrund sehen vor allem den Freundes- und Bekanntenkreis (AM_{t1} zwischen 48,7% (Alkohol) und 60,1% (Glücksspiel); AM_{t2} zwischen 44,9% (Drogen) und 52,6% (Alkohol)) und - zu t1 deutlich geringer - sich selbst für die Entstehung von Suchtmittelkonsum verantwortlich (AM_{t1} zwischen 29,1% (Drogen) und 31,6% (44,3 % (Nikotin); AM_{t2} zwischen 47,4 % (Glücksspiel) und 53,9 % (Nikotin)). Am wenigsten Bedeutung haben aus Perspektive der Eltern weitere Familienangehörige (vgl. Tabelle 1).

Insgesamt zeigen sich vier signifikante Effekte im Prä-Post-Vergleich: Teilnehmende Eltern sehen sich nach dem Workshop signifikant stärker mitverantwortlich für das Suchtverhalten ihrer Kinder hinsichtlich des Suchtverhaltens in Bezug auf Drogen (p=0,03; F=4,8; Eta^2=0,04), Alkohol (p=0,004; F=8,4; Eta^2=0,07) und Glücksspiel (p=0,012; F=6,6; Eta^2=0,06). Einzig hinsichtlich der Wahrnehmung der Verantwortlichkeit bei der Entstehung von Alkoholsucht, hat sich die Einstellung, dass staatliche Einrichtungen bedeutsam seien, nach dem Workshop signifikant reduziert (p=0,045; F=4,1; Eta^2=0,4) Bei allen anderen im Fragebogen angeführten Personengruppen zeigt sich keine signifikante Veränderung im Antwortverhalten der Eltern. Die zum Post-Zeitpunkt feststellbaren Effektstärken liegen statistisch im niedrigen Bereich, praktisch zeigen sich allerdings bedeutsame Mittelwertsdifferenzen um 20% bei der Wahrnehmung der Verantwortlichkeit der Eltern für Drogen, Alkohol und Glücksspiel.

Tab. 1: Ergebnisse des Gruppenvergleichs zur *Verantwortlichkeit von Suchtverhalten* für die beiden Messzeitpunkte Prä (t1) und Post (t2) [1]

		Weiblich (MW in %)		Männlich (MW in %)		Gesamt (MW in %)		Zeitpunkt (Z)/ Geschlecht (G)
		t1	t2	t1	t2	t1	t2	p (F/eta^2)*
Drogen	Einrichtungen	2,86	2,96	10,67	13,33	5,82	6,15	G: 0,001 (12,4/0,1)
	Freunde	55,1	46,3	41,67	41,67	50	44,87	
	Familie	1,36	3,7	2,22	2,78	1,69	3,42	
	Eltern	31,63	51,85	25	45,83	29,11	50,1	Z: 0,03 (4,8/0,04)
Alkohol	Einrichtungen	2,45	0	7,33	0	4,3	0	Z: 0,045 (4,1/0,4)
	Freunde	54,08	55,56	40	45,83	48,73	52,56	G: 0,034 (4,6/0,4)
	Familie	4,08	3,7	3,33	5,56	3,8	4,27	
	Eltern	30,61	42,59	35	75,1	32,28	52,56	Z: 0,004 (8,4/0,07) t1<t2
Nikotin	Einrichtungen	2,86	0,77	6,67	3,33	4,3	1,58	
	Freunde	57,14	46,15	48,33	50	53,8	47,37	
	Familie	2,72	3,85	5,56	5,56	3,8	4,39	
	Eltern	41,84	46,15	48,33	70,83	44,3	53,95	
Glücksspiel	Einrichtungen	2,5	4,44	10,71	6,67	5,53	5,13	
	Freunde	60,42	48,15	44,64	45,83	54,61	47,44	
	Familie	4,86	3,7	4,76	2,78	4,82	3,42	
	Eltern	27,08	44,44	26,79	54,17	26,97	47,44	Z: 0,012 (6,6/0,06)

1 Bei Anwendung der Varianzanalyse wird der F-Wert berichtet, bei Anwendung des Welch-Tests wird die der asymptotisch verteilte F-Wert berichtet was mit einem a in Klammer markiert wird.

Frauen sehen signifikant häufiger den Freundeskreis als Ursache für Alkoholkonsum (p=0,034; F=4,6; Eta^2=0,4) als Männer. Männer attribuieren dagegen Drogenkonsum signifikant häufiger auf staatliche Einrichtungen (p=0,001; F=12,4; Eta^2=0,1). Die Verantwortung für Alkoholkonsum sehen sie dagegen signifikant häufiger bei den Eltern (p=0,04; F=4,3; Eta^2=0,04).

Möglichkeiten der Prävention sehen die teilnehmenden Eltern vor allem bei sich selbst (AM$_{t1}$ zwischen 53,2% (Drogen) und 58,9% (Alkohol); MW$_{t2}$ zwischen 58,1% (Drogen) und 65,4% (Alkohol)) gefolgt vom Freundeskreis und den staatlichen Einrichtungen (AM$_{t1}$ zwischen 12,9% (Nikotin: staatl. Einrichtung) und 20,9% (Alkohol: Freundeskreis); AM$_{t2}$ zwischen 7,9% (Nikotin: staatl. Einrichtung) und 28,2% (Alkohol: Freundeskreis)) (vgl. Tabelle 2). Signifikante Effekte zeigen sich ausschließlich zwischen Frauen und Männern: Frauen schreiben signifikant häufiger staatliche Einrichtungen Möglichkeiten zu, Spielsucht verhindern zu können als Männer. Signifikante Prä-Post-Effekte konnten keine nachgewiesen werden.

Tab 2: Ergebnisse des Gruppenvergleichs zur *Möglichkeit Suchtverhalten zu verhindern* für die beiden Messzeitpunkte Prä (t1) und Post (t2)

		Weiblich (MW in %)		Männlich (MW in %)		Gesamt (MW in %)		Geschlecht
		t1	t2	t1	t2	t1	t2	p (F/Eta^2)
Drogen	Einrichtungen	17,96	10,4	19,33	16,67	18,48	12,43	
	Freunde	22,45	26	15	29,17	19,62	27,03	
	Familie	1,36	2,67	1,11	5,56	1,27	3,6	
	Eltern	53,06	62	53,33	50	53,16	58,11	
Alkohol	Einrichtungen	13,88	8,15	15,33	10	14,43	8,72	
	Freunde	18,37	27,78	25	29,17	20,89	28,21	
	Familie	4,08	3,7	3,33	5,56	3,8	4,27	
	Eltern	59,18	64,81	58,33	66,67	58,86	65,38	
Nikotin	Einrichtungen	11,84	6,92	14,67	10	12,91	7,89	
	Freunde	17,35	21,15	21,67	37,5	18,99	26,32	
	Familie	7,48	3,85	7,78	5,56	7,59	4,39	
	Eltern	56,12	69,23	51,67	54,17	54,43	64,47	
Glücksspiel	Einrichtungen	11,84	8,15	20,0	13,33	14,94	9,74	0,042 (4,2/0,04) F>M
	Freunde	21,43	18,52	13,33	33,33	18,35	23,08	
	Familie	4,76	7,41	6,67	2,78	5,49	5,98	
	Eltern	56,12	68,52	53,33	50	55,06	62,82	

Die Veranstaltung kam bei Eltern mit türkischem Migrationshintergrund insgesamt sehr gut an. Alle abgefragten Kriterien wurden sowohl von den teilnehmenden Frauen als auch den teilnehmenden Männern im Mittel sehr positiv bewertet. Es zeigen sich bei allen Items zur Bewertung der Veranstaltung keine signifikanten Unterschiede zwischen Müttern und Vätern (einfaktorielle Varianzanalysen, alle p>0,15).

Tab 3: Bewertung des Workshops

Items	N	AM	Min	Max
Wie haben Ihnen die Themen der Veranstaltung gefallen?	36	5,61	1	6
Wie sinnvoll war die Veranstaltung?	35	5,34	1	6
Notwendigkeit dieser Veranstaltung	37	5,97	5	6
Hat die Veranstaltung etwas gebracht?	37	5,95	4	6
Weiterempfehlung der Veranstaltung	39	5,85	1	6
Umsetzung der Themen der Veranstaltung zu Hause	38	5,74	1	6

Mütter und Väter mit türkischem Migrationshintergrund stuften die Filmsequenzen als realitätsnah ein (AM= 5,12; Std= 1,6) und gaben an, vergleichbare Szenen vor allem außerhalb der Familie selbst erlebt zu haben (AM= 4,62; Std= 1,8). Etwas weniger TeilnehmerInnen gaben an, ähnliche Situationen auch in der eigenen Familie erlebt zu haben (AM= 3,88; Std= 1,9). Wieder zeigen sich keine signifikanten Geschlechtsunterschiede in der Bewertung der drei Items zur Realitätsnähe des Workshops (einfaktorielle Varianzanalysen, alle p>0,12).

3.2 Ergebnisse zur Transferanalyse: Follow-up Befragung

Bei der Transferanalyse zeigte sich, dass alle TeilnehmerInnen der Veranstaltung sich an relevante Themeninhalte erinnern konnten, wobei sie ausschließlich Inhalte nannten, bei denen Kindererziehung (72,7%) und konkrete Filminhalte thematisiert wurden (31,8%). Die Befragten nannten dagegen keine Inhalte zur Suchtprävention. Der Zusammenhang zwischen Erziehungsverhalten auf der einen Seite und Suchtentstehung – Aufrechterhaltung und Präventionsmöglichkeiten – auf der anderen Seite ist den TeilnehmerInnen nicht präsent geblieben.
Nahezu alle TeilnehmerInnen hatten die Veranstaltung als nützlich und hilfreich erlebt und würden sie an Freunde weiter empfehlen (jeweils 95%). Nach der tatsächlichen Empfehlung gefragt, sagten die Befragten aus, die Veranstaltung Freunden empfohlen zu haben (86,4%), gefolgt von Verwandten (45,5%)

und ArbeitskollegInnen (18,2%). Am seltensten wurde die Veranstaltung anderen Eltern empfohlen (9,1%).

Neben diesem sehr positiven Feedback, benannten 77,3% der befragten Eltern mit türkischen Migrationshintergrund Verbesserungsmöglichkeiten. So empfahlen sie, die Veranstaltung öfter anzubieten (27,3%) und durch weitere Themen zu erweitern (27,3%), z.b. durch mehr konkrete Fallbeispiele zu erweitern und (tolerante) religiöse Erziehungsmöglichkeiten aufzuzeigen. 18,2% der Befragten bedauerten, dass an den Veranstaltungen wenige Eltern teilgenommen hatten und wünschten sich eine höhere Beteiligung der Zielgruppe. Hinsichtlich der didaktischen Darstellung der Inhalte empfahlen zwei Personen, nicht zu viele Information auf einmal vorzustellen. Eine Person empfahl, die Inhalte „simpler und weniger intellektuell" aufzubereiten.

Das Format des Workshops empfanden die Befragten für die Zielgruppe als geeignet (95%). In klassischen Möglichkeiten der Öffentlichkeitsarbeit (59,1%) wie Zeitungsannoncen, Onlinewerbung, Broschüre etc. und indirekte Kontaktaufnahmen (50%) über das Konsulat, Moscheen, Vereine, Orientläden und TürkischlehrerInnen sahen die TeilnehmerInnen die besten Kontaktmöglichkeiten zur Zielgruppe. Deutlich weniger Befragte (27,3%) sahen in einer direkten Kotaktaufnahme zu Eltern eine gute Möglichkeit TeilnehmerInnen zu akquirieren. Eine Person gab zu bedenken, dass es keine weiteren Möglichkeiten gäbe, Eltern mit Migrationshintergrund anzusprechen, da „es die Eltern sind, die das Angebot ignorieren". angeben

Intendiertes Hauptziel der Veranstaltung war, dass TeilnehmerInnen ihr Verhalten und ihre Einstellung reflektieren und gegebenenfalls ändern. Hierbei wurde auf Verhaltensänderungen in Bezug auf den Umgang mit Medien und anderen Konsumgütern und hinsichtlich eines wertschätzenden Erziehungsstils fokussiert. Die überwiegende Mehrheit der TeilnehmerInnen (90,1%) berichtee, das Verhalten in Bezug auf Medienkonsum und Güterkonsum ihrer Kinder reflektiert und gegebenenfalls verändert zu haben. 63,6% der Befragten berichteten ihr Erziehungsverhalten geändert zu haben, sie gaben an besser aufzupassen (18,2%), den Konsum eingeschränkt zu haben (27,3%) und insgesamt einen reflektierten Umgang mit neuen Medien umzusetzen (27,3%). 36,4% der Befragten fühlten sich in ihrem Umgang mit Medien- und Konsumgütern durch den Workshop bestätigt, weshalb sie ihr Verhalten, wie sie es bereits vor den Workshops zeigten, beibehalten hatten.

Insgesamt 59,1% der Befragten gaben an, ihr Verhalten in Bezug auf einen wertschätzenden Erziehungsstil verändert zu haben, 22,7% sahen sich in ihrem bisherigem wertschätzenden Erziehungsverhalten bestätigt und behielten diesen deshalb bei. Am häufigsten gaben die TeilnehmerInnen an, ihren Kindern jetzt mehr zuzuhören (45,5%). Zudem wurden jetzt öfter und bewusster Grenzen gesetzt (27,3%), Argumente abgewogen und gemeinsam diskutiert (18,2%). 9,1% gaben an, ihre Kinder nun mehr zu loben als vor dem Workshop. Nach dem Workshop wurde die DVD (86,4%) von deutlich mehr Befragten angeschaut als die beigelegte Broschüre (36,4%) – mehrheitlich mit anderen Personen aus dem Bekannten- und Familienkreis (54,5%), aber auch mit eigenen Kindern (40,9%) und PartnerInnen (36,4%). Dadurch, dass die DVD meist mit anderen Personen zusammen angeschaut wurde, konnte sie auch noch nach den Workshop eine deutliche Multiplikatorenfunktion einnehmen. Diese Multiplikatorenfunktion wurde noch verstärkt, da sich die Befragten unabhängig von der DVD über die Inhalte des Workshops (81,8%) und etwas weniger auch über wertschätzende Erziehungsmöglichkeiten (59,1%) mit anderen ausgetauscht hatten.

4. Diskussion

In Bezug auf das Ziel der ersten beiden Befragungen vor und nach dem Workshop, explizites Wissen zur Verantwortlichkeit und zu Präventionsmöglichkeiten gegenüber dem Suchtmittelkonsum zu messen, zeigen sich die meisten signifikanten Effekte bei den Bewertungen der Personengruppen „Eltern" und „staatliche Einrichtungen". Dieses Ergebnis legt die Schlussfolgerung nahe, dass der Workshop bei den beteiligten Eltern vorgefasste Einstellungen gegenüber der Entstehung von Suchtmittelkonsum signifikant beeinflussen konnte. Weil die Teilnehmenden die Rolle von Eltern für eine gelingende Suchtprävention nach dem Workshop für bedeutsamer einschätzten als vor dem Workshop, scheint der Workshop geeignet gewesen zu sein, ein Bewusstsein für erzieherische Eigenverantwortung zu stärken. Obwohl die erreichten Effekte nach Cohen als klein eingestuft werden, können sie für diese Untersuchung dennoch als bedeutsam gewertet werden, da sie durch eine einmalige Intervention in Form eines Workshops erreicht wurden.

Hinsichtlich der Präventionsmöglichkeiten zeigen sich keine signifikanten Einstellungsänderungen bei den teilnehmenden Eltern. Allerdings ist bereits das Ausgangsniveau der eigenverantwortlichen Handlungsmöglichkeiten bei den befragten Eltern sehr hoch, zwischen 535% und 58% (vgl. Tabelle 2), weshalb eine weitere Steigerung durch eine einmalige Intervention in Form eines Workshops bei diesem Personenkreis ausschließlich deskriptiv zu beobachten war.

An der dritten Befragung nahmen gegenüber den beiden ersten Befragungen deutlich weniger Frauen als Männer teil. Aufgrund der kleinen Stichprobengröße war eine statistische Unterschiedsprüfung zwischen den Geschlechtern nicht sinnvoll. Deshalb kann nicht beurteilt werden ob sich Frauen und Männer im

Antwortverhalten unterscheiden, und in wie weit die Ergebnisse aufgrund der Ungleichverteilung zwischen Frauen und Männern bei der dritten Befragung verzerrt sind.

Bei der Transferanalyse zeigte sich jedoch, dass sich alle Befragten an relevante Themeninhalte erinnern konnten, es sich dabei allerdings ausschließlich um Inhalte zur Kindererziehung handelte. Inhalte zur Suchtprävention wurden dagegen nicht thematisiert. Der im Workshop vermittelte Kausalzusammenhang zwischen Erziehungsverhalten auf der einen Seite und Suchtentstehung wie - aufrechterhaltung auf der anderen Seite war den Befragten in dieser Art nicht präsent geblieben. Es ist zu empfehlen, diese mangelhafte Nachhaltigkeit der pädagogischen Aufklärung bei weiteren Workshops zu berücksichtigen. Denn, wie die qualitativen Interviews zeigen, geht eine hohe Multiplikatorenfunktion von den Teilnehmenden aus, die über die mitgegebene DVD deutlich verstärkt werden konnte.

Gleichzeitig sollte bei einer kulturspezifischen Präventionsmaßnahme berücksichtigt werden, dass nicht nur der Migrationshintergrund alleine für eine spezifische Intervention bedeutsam ist, sondern auch psychosoziale Faktoren wie das Ausmaß bestehender psychosozialer Probleme, das motivationalen Selbstbild sowie die Schichtzugehörigkeit (vgl. Kobelt et al. 2010). Interkulturelle Suchtprävention sollte deshalb darauf achten, MigrantInnen nicht nur kulturspezifische Verhaltensweisen zuzuschreiben, um einfache Erklärungsmuster für deren Unterrepräsentation in Gesundheitsförderungsmaßnahmen und mögliches Scheitern von Präventionsinitiativen zu finden. Mindestens genauso wichtig ist es deshalb, strukturelle und methodische Aspekte generell zu beachten. Gemeint sind beispielsweise unzulängliche Datenerhebungs- und Gesundheitsförderungsmethoden, die ihrerseits zu einem systematischen Ausschluss bestimmter Bevölkerungsgruppen (nicht nur von Menschen mit Migrationshintergrund) führen können (Borde 2008: 22).

Um einerseits die Effekte von Präventionsmaßnahmen zu verbessern, ist demnach unabhängig vom Migrationsstatus zu empfehlen, persönliche und Umweltfaktoren zusätzlich zu berücksichtigen. Gleichzeitig liegt darin auch die Chance, sekundäre Diskriminierungseffekte zu minimieren.

Literatur

Becker, Peter (1997): Prävention und Gesundheitsförderung. In: Schwarzer, Ralf (Hrsg.) (1997): Gesundheitspsychologie – Ein Lehrbuch (2. Überarbeitete und erweiterte Auflage). Göttingen. Hogrefe: 517-534.

Boos-Nünning, Ursula; Siefen, Rainer Georg; Kirkcaldy, Bruce D.; Otyakmaz, Berrin Özlem & Surall, Daniel (2002): Migration und Sucht. Expertise im Auftrag des Bundesministerium für Gesundheit. Schriftenreihe des Bundesministeriums für Gesundheit, Band 141/II, 141(II). Baden-Baden: Nomos.

Borde, Theda (2008): Migration und Gesundheitsförderung – Hard to reach? Neue Zugangswege für „schwer erreichbare" Gruppen erschließen. In: Bundeszentrale für gesundheitliche Aufklärung (2008): Migration und Gesundheitsförderung – Ergebnisse einer Tagung mit Expertinnen und Experten (Gesundheitsförderung konkret, Band 12). Köln. BZgA: 18-31.

Bortz, Jürgen & Döring, Nicola (2006): Forschungsmethoden und Evaluation für Human- und Sozialwissenschaftler. (4., überarbeitete Auflage). Heidelberg. Springer.

Brähler, Elmar; Petermann, Franz & Rief, Winfried (2010): Psychotherapie und Migration. In: Zeitschrift für Psychiatrie, Psychologie und Psychotherapie, 58 (3): 189–197.

Bundeszentrale für gesundheitliche Aufklärung (2008): Migration und Gesundheitsförderung – Ergebnisse einer Tagung mit Expertinnen und Experten (Gesundheitsförderung konkret, Band 12). Köln. BZgA.

Domenig, Dagmar (2001): Migration, Drogen, transkulturelle Kompetenz. Bern. Huber.

Dresing, Thorsten & Pehl, Thorsten (2012): Praxisbuch Interview & Transkription. Regelsysteme und Anleitungen für qualitative ForscherInnen (4. Auflage). Marburg. Eigenverlag.

Kobelt, Axel; Winkler, Michael; Göbber, Julia; Pfeiffer, Wolfgang & Petermann, Franz (2010): Hängt die subjektive Prognose der Erwerbstätigkeit vom Migrationsstatus ab? In: Zeitschrift für Psychiatrie, Psychologie und Psychotherapie, 58 (3): 189–197.

Mayring, Phillip (2007): Qualitative Inhaltsanalyse: Grundlagen und Techniken. Weinheim. Beltz.

Mittag, Waldemar & Jerusalem, Matthias (1997): Evaluation von Präventionsprogrammen. In: Schwarzer, Ralf (Hrsg.) (1997): Gesundheitspsychologie – Ein Lehrbuch (2. Überarbeitete und erweiterte Auflage). Göttingen. Hogrefe: 595-611.

Salman, Ramazan (2008): Gesunde Integration: Interkulturelle Suchthilfe als Beitrag zur Integration. Vortrag auf der Tagung: ZwischenWelten - Jugend-Tagung - Suchtprävention mit Jugendlichen mit Migrationshintergrund. Linz. Verein I.S.I. und Institut Suchtprävention (8. April 2008). URL: http://www.praevention.at/upload/documentbox/0_2_LINZ_Salman_Tagungstext.pdf; download am 11.04.2015.

Schenk, Liane; Bau, Anne-Marie; Borde, Theda et al. (2006): Mindestindikatorenansatz zur Erfassung des Migrationsstatus. In: Bundesgesundheitsblatt – Gesundheitsforschung – Gesundheitsschutz, 49: 853–860.

Schwarzer, Ralf (Hrsg.) (1997): Gesundheitspsychologie – Ein Lehrbuch (2. Überarbeitete und erweiterte Auflage). Göttingen. Hogrefe.

Statistik Austria (2013): Bevölkerungsstand 2013. Wien. Verlag Österreich. URL: http://www.statistik.at/web_de/statistiken/bevoelkerung/bevoelkerungsstruktur/bevoelkerung_nach_staatsangehoerigkeit_geburtsland/; download am 11.04.2015.

Holzer, David & Stompe, Thomas (2011): Prävalenz psychischer Erkrankungen bei Migranten. In: Spektrum Psychiatrie, 1: 1-4.

Yagdiran, Oktay; Kleinemeier, Eva & Haasen, Christian (2003): Psychische Störungen bei Migranten – Spezifische Stressoren sind bedeutsam. In: Der Neurologe und Psychiater, 10: 32–35.

Klienten- und Teamorientierung in der stationären Altenpflege

Frederic Fredersdorf, Pascale Roux, Fabian Rebitzer

1. Soziale Aufgabenstellung und Forschungsfrage

Unabhängig davon, ob Einrichtungen der stationären Altenpflege als Non-Profit oder Profit-Organisationen geführt werden, verpflichten sie sich einem systematischen und regelmäßigen Qualitätsmanagement. So sind Altenheime in Deutschland seit 2004 nicht nur, wie zuvor, durch einen Versorgungsvertrag legitimiert, sondern zusätzlich durch den Abschluss einer Leistungs- und Qualitätsvereinbarung (vgl. Reschl-Rühling 2002: 140). Als spezifische Gütesiegel im Bereich der Altenpflege sind etwa zu nennen: QAP [1], 2Q, [2] IQP, [3] E-Qalin [4] oder NQZ [5]. Generell betrachtet, rücken derartige QM-Systeme im Rahmen einer intern entwickelten Strategie Qualitätsaspekte in der Pflege, Bedürfnisse der zu Pflegenden, ihrer Angehörigen und nicht zuletzt Bedürfnisse von Pflegekräften in den Fokus (Gerull 2014: 141).

---

1 „Qualität als Prozess", ein für die Altenpflege adaptierter Ansatz nach dem in der Wirtschaft erprobten EFQM-Modell (vgl. Kämmer u.a. 2001: 129-136; Gerull 2014: 42ff).

2 „Qualität und Qualifizierung", ein für die Altenpflege adaptiertes Management-System des Schweizer Volkswirtschaftlers Bruno Frey, das im Unterschied zu ISO und TQM schwerpunktmäßig auf Mitarbeiter/innen ausgerichtet ist (vgl. Gerull a.a.O.: 145-148).

3 „Institut für Qualitätssicherung in der Pflege e.V.", ein deutsches Gütesiegel zur Sicherung der Qualität in der Alten- und Krankenpflege, vgl.: http://www.iqp-ev.de; download am 04.02.2015

4 "European quality-improving, innovative learning in residential care homes for the elderly", ein europaweit verbreitetes QM-System für die Altenpflege, das sich nationalen Gegebenheiten anpasst, vgl. http://www.e-qalin.net/; download am 04.02.2015.

5 „Nationales Qualitätszertifikat für Alten- und Pflegeheime in Österreich", ein „... österreichweit einheitliches branchenspezifisches Fremdbewertungsverfahren zur objektivierten Bewertung der Qualität der Leistungserbringung von Alten- und Pflegeheimen in Österreich ..." (vgl.: http://www.sozialministerium.at/site/Soziales/Seniorinnen_und_Senioren/Lebensqualitaet_und_ Wuerde/Nationales_Qualitaetszertifikat_fuer_Alten_und_Pflegeheime_in_Oesterreich; download am 04.02.2015.

Mit dem Ansatz der „Wahrnehmenden Unternehmenskultur" (WUK) gründete die Vorarlberger Landesregierung über ihre Landesgesellschaft „Connexia" (vormals „Institut für Gesundheits- und Krankenpflege") in Kooperation mit der FH Vorarlberg (FHV) zwischen 2003 und 2005 ein regionales Gütesiegel. Wie auch die obengenannten QM-Ansätze, verfolgt WUK explizit die Qualifizierung und das arbeitsspezifische Wohlergehen der Pflegekräfte, da jene als bedeutsamer Teil des Systems stationärer Altenpflege anzusehen sind (vgl. Fredersdorf 2006: 14). Jeannette Pamminger, fachliche Begründerin des WUK-Ansatzes, argumentiert den radikal mitarbeiterorientierten Anspruch wie folgt (Pamminger 2006: 22f):

> „Nur gestärkte Menschen sind in der Lage, andere zu stärken. Nur motivierte Menschen sind im Stande, andere zu motivieren. Nur optimal geförderte Menschen sind im Stande, andere optimal zu fördern. Nur sich wohl fühlende Menschen sind im Stande, anderen Wohlgefühl zu vermitteln.".

Im Diskurs um Qualität in der Altenpflege wird diese Perspektive seit den 90er Jahren eingenommen, denn Pflegekräfte besitzen Aufgrund ihrer direkten Beziehung zu den ihnen Anvertrauten und deren Netzwerken eine Schlüsselfunktion (Kern 2004: 129):

> „... alle Dienstleistungen werden durch sie im direkten Kontakt mit den Klienten erbracht; die Information und Zusammenarbeit mit Bewohnern, Angehörigen, Ärzten und anderen Personen wird durch sie gewährleistet."

Um in der stationären Altenpflege Machtmissbrauch von Pflegekräften und Bevormundung von Betreuten vorzubeugen – beide Faktoren sind empirisch evident – zielt daher ein mitarbeiterorientiertes Qualitätsmanagement darauf ab, Empathie, Gleichwertigkeit und Gleichrangigkeit zwischen Pflegekraft und ihrer Klientel herzustellen (vgl. Pittius 2009). Ein Anspruch, den die Pflegephilosophie von WUK zentral verfolgt.

Zwischen 2003 und 2014 setzten sechs der zweiundfünfzig Vorarlberger Einrichtungen stationärer Altenpflege diesen Ansatz um. Für alle wertete die FHV Ergebnisse von Belegschaftsbefragungen zu mindestens zwei Zeitpunkten aus: vor Beginn von WUK-Fördermaßnahmen und im Quartal nach deren Ende. Weil sie das Gütesiegel wiederholt beantragt, bzw. an der Pilotstudie teilgenommen hatten, liegen für drei Einrichtungen Daten aus fünf Prä-Post-Erhebungen vor, für zwei weitere aus vier bzw. drei Erhebungen. Durch Zusammenführung der Datenbanken aus 21 unabhängigen Erhebungen konnten insgesamt 1.188 Fälle generiert werden. Obzwar aufgrund immanenter Bedingungen

Kontrollgruppen nicht realisierbar waren, [6] besteht erstmals *organisationsüber-greifendes* Datenmaterial, mit dem eine mitarbeiterorientierte Pflegephilosophie zum Zweck der Theoriebildung standardisiert überprüft werden kann.

2. Methodik

Das Gütesiegel „Wahrnehmende Unternehmenskultur" umfasst eine aufeinander abgestimmte ganzheitliche Organisations- und Personalentwicklung mit dem Ziel, Rahmenbedingungen, innere Einstellungen und gezeigtes Verhalten in stationären Einrichtungen der Altenpflege auf eine mitarbeiter- und bewohnerorientierte Philosophie auszurichten (vgl. Visintainer 2006). Ein forschungsbezogener Teil dieses Ansatzes beinhaltet eine arbeitspsychologische Belegschaftsbefragung in fünf Dimensionen: Belastungen der Arbeit, Ressourcen der Arbeit, personenbezogene Aspekte der Arbeit, Qualität der Pflegedienstleistung und subjektive Pflegetheorien. Die ersten drei Kategorien des Fragebogens sind an validierte Erhebungsinstrumente angelehnt, teilweise aus dem Bereich der Pflegewissenschaft stammend, wie das TAA-KH-S, das COBB, das MBI-D in der deutschen Fassung und das BHD. [7] Die vierte Kategorie folgt einem Bogen des Sozial- und Seniorenwirtschaftszentrums Gelsenkirchen. Die fünfte wurde gemeinsam mit regionalen ExpertInnen aus dem Bereich der Altenpflege erstellt. Im Rahmen einer inhaltsvaliden Batterie von 18 Items thematisiert sie den Anspruch der mitarbeiter- und bewohnerorientierten Pflege von WUK. Diese Pflegedimension ist Gegenstand der folgenden Analysen.

Auf einer sechsstufigen Skala zwischen „1 = trifft nicht zu" und „6 = trifft vollständig zu" nehmen Pflege-, Verwaltungs- und Haushaltskräfte zu folgenden Statements Stellung: Der Bewohner ist selbstbestimmt. Die Lebensgeschichte des Bewohners ist für die Pflege bedeutsam. Im Mittelpunkt steht die Beziehung zum Bewohner. Ich darf dem Bewohner meine Gefühle ihm gegenüber nicht zeigen (negativ gepolt). Pflege orientiert sich an den Fähigkeiten und Ressourcen des Bewohners. Trauer und Traurigkeit haben im Pflegealltag keinen Platz (negativ gepolt). Pflege orientiert sich an den Dokumentationsstandards (negativ gepolt). Demenzerkrankte erhalten eine spezielle Betreuung und Pflege. Angehörige spielen im Pflegeprozess eine eher untergeordnete Rolle (negativ gepolt).

---

6 Eine Anfrage zu einer Prä-Post-Studie mit Kontrollgruppendesign beschied die nationale Ethikkommission abschlägig. Kontrolleinrichtungen bliebe durch ihren Status als Vergleichsgruppe die Chance verwehrt, ebenfalls von diesem mitarbeiterorientierten Ansatz profitieren zu können.

7 „Tätigkeits- und Arbeitsanalyseverfahren für Krankenhäuser" / „Bindung an die Organisation" / „Maslach Burnout Inventory" / „Beanspruchungsscreenig für Humandienstleistungen". Die Zusammensetzung des Instruments ist beschrieben bei Battisti 2006.

Ich erlebe meine Arbeit in der Pflege als sinnvoll. Es gibt wenig Zeit auf den Bewohner einzugehen (negativ gepolt). Die Arbeit in der Pflege ist geprägt von Hierarchien (negativ gepolt). Kontakt der Bewohner zu Freunden und Bekannten spielen eine wichtige Rolle. Ich habe eher weniger Möglichkeiten den Ablauf der Arbeit mitzubestimmen (negativ gepolt). Kommunikation mit den Bewohnern spielt eine eher geringe Rolle (negativ gepolt). Pflege orientiert sich an den aktuellen Bedürfnissen des Bewohners. Strukturen und Handlungsabläufe stehen im Mittelpunkt (negativ gepolt). Die Arbeit in der Pflege ist geprägt von Teamgeist.

Für eine Reliabilitätsanalyse mittels Split-Half-Test wurden die neun negativ gepolten Statements umgekehrt kodiert. Mit Cronbach's Alpha von 0,793, einem Alpha für die erste Hälfte von 0,64 und einem für die zweite von 0,84 kann der Skala passable Reliabilität zugesprochen werden.

Für nachfolgende theoriebildende Analysen wurde die Skala faktorenanalytisch behandelt. In einem ersten Schritt konnten vier Faktoren extrahiert werden, die rund 53,2% der Varianz aufklären. [8] Weil sechs Items annähernd gleich hoch auf zwei Faktoren laden, und somit nicht eindeutig zuzuordnen sind, wurden sie ausgeschlossen. Eine wiederholte Faktorenanalyse ohne die sechs Items ergab drei eindeutig trennbare und gesondert als Variablen gespeicherte Faktoren mit rund 56,9% Varianzaufklärung. Im engeren Sinn des Konzepts stellt speziell der erste Faktor den pflegespezifischen Kern der WUK-Philosophie dar: [9]

- Erster Faktor: Orientierung an der Klientel und dem Team (7 Items, 35,94% Varianzaufklärung, Normalverteilung ist *nicht* gegeben), [10]
- Zweiter Faktor: Rahmenbedingungen der Pflege (3 Items, 12,13% Varianzaufklärung, Normalverteilung ist gegeben), [11]
- Dritter Faktor: Kommunikation mit der Klientel (2 Items, 8,87% Varianzaufklärung, Normalverteilung ist *nicht* gegeben). [12]

---

8 Faktorenanalyse mit Varimax-Rotation. Das KMO-Maß beträgt 0,868, was für eine „recht gute" Eignung des Modells spricht (vgl. Brosius & Brosius 1995: 823); Sphärizität (Bartlett-Test) kann mit einem p = 0,000 ausgeschlossen werden.

9 Faktorenanalyse mit Varimax-Rotation. Das KMO-Maß beträgt 0,886, was für eine „recht gute" Eignung des Modells spricht (vgl. Brosius & Brosius 1995: 823); Sphärizität (Bartlett-Test) kann mit einem p = 0,000 ausgeschlossen werden.

10 Der Bewohner ist selbstbestimmt. Die Lebensgeschichte des Bewohners ist für die Pflege bedeutsam. Im Mittelpunkt steht die Beziehung zum Bewohner. Pflege orientiert sich an den Fähigkeiten und Ressourcen des Bewohners. Demenzerkrankte erhalten eine spezielle Betreuung und Pflege. Pflege orientiert sich an den aktuellen Bedürfnissen des Bewohners. Die Arbeit in der Pflege ist geprägt von Teamgeist.

11 Es gibt wenig Zeit auf den Bewohner einzugehen. Die Arbeit in der Pflege ist geprägt von Hierarchien. Ich habe eher weniger Möglichkeiten den Ablauf der Arbeit mitzubestimmen.

12 Angehörige spielen im Pflegeprozess eine eher untergeordnete Rolle. Kommunikation mit den Bewohnern spielt eine eher geringe Rolle.

Im Kontext weiterführender Analysen fungieren die drei extrahierten Faktoren als abhängige Variablen. Eine grundlegende Frage lautet, wie sich diese WUK-Faktoren über die verschiedenen Erhebungszeitpunkte – das heißt, im Zuge einer umfassenden Organisations- und Personalentwicklung – verändern.

3. Zentrale Ergebnisse

Zentrale Ergebnisse werden nachstehend durch eine Forschungsfrage eingeleitet und durch Ergebnisse von Unterschieds- oder Zusammenhangsanalysen belegt: Führt die Personal- und Organisationsentwicklung von WUK in Einrichtungen der stationären Altenpflege grundsätzlich zu einer stärkeren Ausprägung der WUK-Philosophie (Faktor 1)? Unter Berücksichtigung der oben dargestellten methodischen Grenzen kann diese Frage in Bezug auf die Orientierung an der Klientel und am Team mit „ja" beantwortet werden, wobei sich jedoch zeigt, dass entsprechende Effekte nicht kurzfristig auszumachen sind. Abbildung 1 präsentiert umseitig die Entwicklung der Mittelwerte des ersten Faktors über fünf Erhebungszeitpunkte. Gemäß MWU-Tests ergeben sich signifikante Verbesserungen jedoch erst zwischen der ersten und der vierten Erhebung, [13] obwohl bereits ab der zweiten zumindest visuell eine Aufwärtsentwicklung zu vermerken ist. Evident ist der sinkende Mittelwert zum fünften Erhebungszeitpunkt. Er unterscheidet sich nicht signifikant vom ersten.

Abb. 1: Entwicklung des ersten WUK-Faktors: Orientierung an der Klientel und dem Team

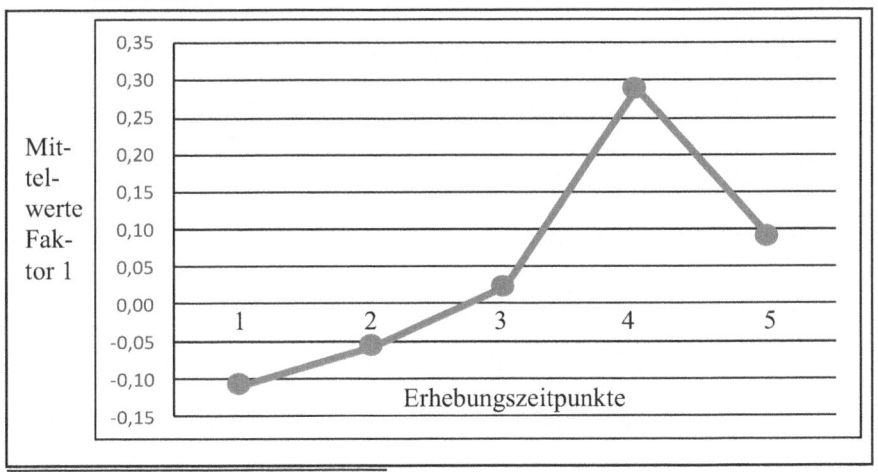

---

13 p = 0,019. Der MWU-Test wurde durchgeführt, weil Faktor 1 nicht normalverteilt vorliegt.

Bilden Pflegekräfte und andere Teile der Belegschaft die Klienten- und Teamorientierung *generell* unterschiedlich aus? Im Rahmen soziodemografischer Daten unterschied die Studie zwischen Pflegekräften, Verwaltungspersonal und Bediensteten der Küche bzw. Hauswirtschaft (ausgenommen waren ehrenamtlich Helfende). Über alle fünf Erhebungszeitpunkte hinweg weisen MWU-Tests *keine* signifikanten Unterschiede zwischen Pflegekräften und den anderen Gruppen nach. [14]

Entwickeln Pflegekräfte die Klienten- und Teamorientierung *im Laufe der Erhebungszeitpunkte* gegenüber der übrigen Belegschaft in unterschiedlichem Ausmaß? Um diese Frage zu prüfen, wurden die Daten wie folgt transformiert: Wegen hoher Datenausfälle bei den Angaben zur Beschäftigung entstand eine dichotome Variable zu den Pflegekräften (Pflegekräfte versus restliche Angestellte). Wegen fehlender Normalverteilung entstand aus dem Faktor 1 eine neue Variable mit vier Perzentilklassen. Ein Chi^2-Test mit Pivot-Kreuztabelle belegt den annähernd linearen und signifikanten WUK-Zuwachs für Pflegekräfte zwischen dem ersten und vierten Erhebungszeitpunkt, jedoch nicht für die Vergleichsgruppe (vgl. Tabelle 1). [15] Die Unterschiedshypothese ist somit vorläufig bestätigt: In den beteiligten Vorarlberger Einrichtungen der stationären Altenpflege entwickeln Pflegekräfte in signifikant stärkerem Ausmaß eine Klienten- und Teamorientierung als andere Beschäftigte.

Tab. 1: WUK-Zuwachs bei Pflegekräften gegenüber sonstigen Beschäftigten

	Faktor 1: Orientierung an der Klientel und am Pflegeteam				
	1. Quartil	2. Quartil	3. Quartil	4. Quartil	Gesamt
	Pflegekräfte				
1. Erhebung	36 23,2%	31 20,0%	47 30,3%	41 26,5%	155 100%
4. Erhebung	7 11,5%	14 23,0%	17 27,9%	23 37,7%	61 100%
	Sonstige Beschäftigte				
1. Erhebung	19 36,5%	12 23,1%	10 19,2%	11 21,2%	52 100%
4. Erhebung	7 21,9%	8 25%	8 25%	9 28,1%	32 100%

---

14 p1=0,796, p2=0,25
15 Linear-Koeffizienten: Pflege = 0,056, Sonstige = 0,187, gesamt = 0,036. 300 gültige Fälle, 0% Zellausfälle.

Welche Aspekte beeinflussen die Ausbildung einer Klienten- und Teamorientierung? In die Gleichung einer Schrittweisen Multiplen Regression ging der erste WUK-Faktor als abhängige Variable ein. Unabhängige Variablen waren: Alter in Jahren, Dauer der Arbeitszeit in der Einrichtung in Jahren, Geschlecht (als Dummy-Variable), Leitungsfunktion im Pflegedienst (als Dummy-Variable), Index „Abteilungsübergreifende Zusammenarbeit" (8 Variablen zum Thema), Index „Überforderung durch Bewohner/innen" (5 Variablen zu bewohnerspezifischen Stressfaktoren), Index „Bewohneraversion" (5 Variablen zur Aversion gegenüber Bewohnerinnen/Bewohnern), Index „Depersonalisation" (5 Variablen zur „déformation professionelle"), Index „Partizipation im Arbeitsalltag" (7 Variablen zur Mitsprache und Transparenz bei der Berufsausübung), Index „Bewohnerorientierte Pflegeplanung" (6 Variablen zur Abstimmung der Pflegeplanung mit der Klientel), Index „Kollegiale Zusammenarbeit" (9 Variablen zur Qualität der Arbeitsbeziehungen im Pflegeteam), Index „Emotionale Erschöpfung" (9 Variablen zur emotionalen Belastung durch die Arbeit), Index „Personale Erfüllung" (7 Variablen zur arbeitsspezifischen Sinngebung.

Von allen geprüften potentiellen Einflussgrößen erweisen sich zwei strukturelle und ein personaler Faktor als Prädiktoren für die Ausprägung einer Klienten- und Teamorientierung in der stationären Altenpflege: Je besser die Befragten abteilungsübergreifend zusammenarbeiten, je höher der Grad der individuellen Erfüllung ausgeprägt ist (also, je mehr Sinn in der Arbeit gesehen wird) und je mehr die Angestellten im Arbeitsalltag an transparenten Entscheidungen beteiligt sind, desto stärker bildet sich die Klienten- und Teamorientierung aus. [16] Weitere analysierte soziodemografische Variablen, wie auch eine Leitungsfunktion oder oben aufgeführte Dimensionen im Umgang mit Bewohnerinnen und Bewohnern, sind demgegenüber bedeutungslos.

Da nun die drei genannten Indizes verschiedene Variablen enthalten, stellt sich eine vertiefende Frage: Welche Aspekte der abteilungsübergreifenden Zusammenarbeit, der individuellen personellen Erfüllung und der Partizipation im Arbeitsalltag sind für die Ausprägung der Klienten- und Teamorientierung besonders bedeutsam? Um dies zu klären, fungieren, jeweils getrennt, die Items der drei Indizes als potentielle Prädiktoren für weitere Multiple Regressionsanalysen. Es folgen die Ergebnisse:

---

16 Das korrigierte R^2 von 0,23 verweist auf eine mäßige Anpassung des Modells. Der Durbin-Watson-Koeffizient schließt mit 1,78 Autokorrelation aus. Toleranzwerte zwischen 0,62 und 0,8 schließen Kollinearität aus. Das Signifikanzniveau des Modells beträgt 0,000, das der drei Effekte 0,000; 0,001 und 0,005. Streudiagramme der drei unabhängigen mit der abhängigen Variablen belegen annähernd lineare Zusammenhänge. Metrische Korrelationsanalysen mit $0,331 \leq r \leq 0,375$ verweisen darauf, dass dieser eher schwach ausgeprägt ist.

Je besser die Zusammenarbeit mit der Verwaltung, den Bewohnerinnen und Bewohnern, der Wäscherei und den assoziierten Ärzten funktioniert, desto stärker prägt sich die Klienten- und Teamorientierung aus. Kooperationen mit Kolleginnen und Kollegen, Vorgesetzten, der Pflegedienstleitung und der Küche üben diesbezüglich keinen Einfluss aus. [17] Je leichter es jemandem fällt, sich geistig in Bewohner/innen zu versetzen, und je stärker das Gefühl ausgeprägt ist, mit der eigenen Arbeit das Leben anderer Menschen positiv zu beeinflussen, desto stärker prägt sich die Klienten- und Teamorientierung aus. Weitere arbeitspsychologische Aspekte sind demgegenüber bedeutungslos. [18] Je bekannter die Zielsetzungen im Pflegebereich sind, je stärker die Mitarbeitenden in die Entscheidung über Pflegeziele und -planung einbezogen werden, und je transparenter die Ziele der eigenen Arbeit sind, desto stärker prägt sich die Klienten- und Teamorientierung aus. Andere Aspekte der Arbeitstätigkeit (wie z.B. Beeinflussung von Dienstplänen, eigene Festlegungen der Arbeitsverrichtung, Umsetzung eigener Vorstellungen) sind dagegen bedeutungslos. [19]

4. Diskussion

Unsere aggregierten Daten belegen einen gewissen Effekt der Personal- und Organisationsentwicklung „Wahrnehmende Unternehmenskultur". Zwar stellt sich dieser erst nach einem längeren Zeitraum ein, dafür bezieht er sich auf den Kern des Altenpflegebereichs, nämlich die Pflegenden und deren positive Haltung gegenüber den ihnen Anvertrauten wie auch gegenüber Kolleginnen und Kollegen. Weil sich Details auf dem mittleren Abstraktionsniveau von Indizes und faktorenanalytisch gebildeten Kategorien ausgleichen können, wird abschließend mittels Einfaktorieller Varianzanalyse geprüft, inwiefern sich jene 18 Variablen der mitarbeiter- und bewohnerorientierten Pflege ab dem ersten Erhebungszeitpunkt speziell bei Pflegenden signifikant verbessern (vgl. Tabelle 2).

---

17 Das korrigierte R^2 von 0,13 verweist auf eine schwache Anpassung des Modells. Der Durbin-Watson-Koeffizient schließt mit 1,734 Autokorrelation aus. Toleranzwerte zwischen 0,566 und 0,668 schließen Kollinearität aus. Das Signifikanzniveau des Modells beträgt 0,000, das der vier Effekte 0,039; 0,044, 0,04 und 0,034.

18 Das korrigierte R^2 von 0,171 verweist auf eine schwache Anpassung des Modells. Der Durbin-Watson-Koeffizient schließt mit 1,76 Autokorrelation aus. Toleranzwerte von 0,879 schließen Kollinearität aus. Das Signifikanzniveau des Modells beträgt 0,000, das der zwei Effekte 0,031 und 0,027.

19 Das korrigierte R^2 von 0,179 verweist auf eine schwache Anpassung des Modells. Der Durbin-Watson-Koeffizient schließt mit 1,8 Autokorrelation aus. Toleranzwerte zwischen 0,692 und 0,864 schließen Kollinearität aus. Das Signifikanzniveau des Modells beträgt 0,000, das der drei Effekte 0,035, 0,024 und 0,044.

Tab. 2: Zuwachs an Klienten- und Teamorientierung bei Pflegefachkräften

Im Sinne der WUK-Philosophie optimierte Variablen der Klienten- und Teamorientierung bei Pflegefachkräften	Signifikante Verbesserungen ab dem ersten Erhebungszeitpunkt [20]				
	1	2	3	4	5
Der Bewohner ist selbstbestimmt.				*	
Ich darf dem Bewohner meine Gefühle ihm gegenüber nicht zeigen.			*	**	
Trauer und Traurigkeit haben im Pflegealltag keinen Platz.		*		**	*
Pflege orientiert sich an den Dokumentationsstandards.				*	*
Angehörige spielen im Pflegeprozess eine eher untergeordnete Rolle.					*
Ich habe eher weniger Möglichkeiten den Ablauf der Arbeit mitzubestimmen.				*	
Kommunikation mit den Bewohnern spielt eine eher geringe Rolle.				*	

Die Detailanalyse bestätigt, dass Personal- und Organisationsentwicklung ein längerfristiger Prozess ist, der bei den sieben relevanten Variablen vor allem ab dem vierten Erhebungszeitpunkt greift. Obengenannte Multiple Regressionen verweisen dabei auf drei moderierende Einflussfaktoren: die abteilungs- und professionsübergreifende Zusammenarbeit, die individuelle Fähigkeit zur Empathie gegenüber Bewohnerinnen und Bewohnern und die Einbindung der operativen Fachkräfte in die Pflegeplanung. Für den Kontext von Entwicklungsmaßnahmen in stationären Einrichtungen der Altenpflege ist daher anzuraten, diese drei Faktoren besonders zu berücksichtigen.

---

20 Es sind Verbesserungen im Sinn der WUK-Philosophie dargestellt – die Umpolung bei negativ formulierten Statements wurde beachtet, ebenso die unterschiedlichen Varianzhomo- und -heterogenitäten bei den Varianzanalysen. / * = 0,05 ≥ p > 0,01 / ** = 0,01 ≥ p > 0,000.

Literatur

Battisti, Martina (2006): Mitarbeiter befragen. In: Fredersdorf, Frederic & Battisti, Martina (Hrsg.): Wahrnehmende Unternehmenskultur: Personal- und Organisationsentwicklung in Vorarlberger Einrichtungen der Altenpflege. Facultas. Wien: 83-105

Brosius, Gerhard & Brosius, Felix (1995): SPSS. Base System und Professional Statistics. Thomson Publishing. Bonn u.a.

Fredersdorf, Frederic (2006): Das Projekt „Wahrnehmende Unternehmenskultur" in Vorarlberg. In: Fredersdorf, Frederic & Battisti, Martina (Hrsg.): Wahrnehmende Unternehmenskultur: Personal- und Organisationsentwicklung in Vorarlberger Einrichtungen der Altenpflege. Facultas. Wien: 11-20.

Gerull, Peter (2014): Management sozialer Dienstleistungsqualität. Grundlagen, Konzepte und Instrumente im Überblick. Disserta. Hamburg.

Kämmer, Karla; Hennecke, Mathias; Trapp, Friedrich & Bruns-Waigand, Wolfgang (2001): Qualitätsverfahren im Überblick. Der Weg zum besten System. Vincentz Network. Hannover.

Kern, Norbert (2004): Qualitätsmanagement. Organisation und Betriebsführung in der Altenpflege. Urban & Fischer. München.

Pamminger, Jeannette (2006): Philosophie und Konzept Wahrnehmender Unternehmenskultur. In: Fredersdorf, Frederic & Battisti, Martina (Hrsg.): Wahrnehmende Unternehmenskultur: Personal- und Organisationsentwicklung in Vorarlberger Einrichtungen der Altenpflege. Facultas. Wien: 21-28.

Pittius, Gisela (2009): Förderung der kommunikativen Kompetenz in der Pflege. Überlegungen im Anschluss an Ingrid Darmann. In: Sahmel, Karl-Heinz (Hrsg.): Pflegerische Kompetenzen fördern. Pflegepädagogische Grundlagen und Konzepte. Kohlhammer. Stuttgart: 76-101.

Reschl-Rühling, Gerda (2002): Personelle und organisatorische Umstrukturierung in Einrichtungen der stationären Altenpflege. Lit. Münster.

Visintainer, Dieter (2006): Umsetzung und Akzeptanz Wahrnehmender Unternehmenskultur. In: Fredersdorf, Frederic & Battisti, Martina (Hrsg.): Wahrnehmende Unternehmenskultur: Personal- und Organisationsentwicklung in Vorarlberger Einrichtungen der Altenpflege. Facultas. Wien: 61-68.

Forschungsschwerpunkt Bildung

Jugendliche mit Migrationshintergrund auf dem Weg in den Arbeitsmarkt: Evaluierung eines arbeitsmarktpolitischen Modellprojekts

Johanna Hefel, Sarah Moser, Irmgard Wetzstein

1. Soziale Aufgabenstellung und Forschungsfrage

Jugendliche und junge Erwachsene ohne beruflichen Ausbildungsabschluss und vorwiegend mit Migrationshintergrund sind in Bezug auf die Arbeitsmarktintegration benachteiligt. Gründe hierfür sind unter anderem geringe Qualifikation (gemessen an niedrigen Schulabschlüssen, Ausbildungsabbrüchen) und geringe Deutschkenntnisse, aber vor allem auch gesellschaftliche Exklusion und Diskriminierung aufgrund des „Fremdseins". Probleme und Defizite schichten sich zudem biografisch auf (Granato & Schittenhelm 2003).

Um die Arbeitsmarktfähigkeit von Jugendlichen und jungen Erwachsenen mit Migrationshintergrund zu verbessern, wurde in Vorarlberg ein vom Europäischen Sozialfonds im Schwerpunkt Migration und Arbeitsmarkt gefördertes Modellprojekt initiiert. In diesem Modellprojekt bildeten Jugendliche, beziehungsweise junge Erwachsene, mit Migrationshintergrund und mehrfachen Schul- oder Ausbildungsabbrüchen im Alter von 17 bis 22 Jahren die Zielgruppe. Im Rahmen der Konzeption des Modellprojekts wurde darauf hingewiesen, dass mindestens 50% der Teilnehmenden weiblich sein sollten, da davon ausgegangen wurde, dass junge Frauen bzw. Mädchen in der Zielgruppe des Angebots besonders benachteiligt sind. Die nachhaltige (Re-) Integration in den Arbeitsmarkt sowie die Persönlichkeitsstärkung der Teilnehmenden waren Hauptziele des Modellprojekts. Im Einzelnen wurden folgende Ziele verfolgt:

- Stärkung des Selbstwertes, der kommunikativen und sozialen Kompetenz;
- Aneignung differenzierter Selbst- und Weltbilder;
- Unterstützung der Mädchen und jungen Frauen, sich von geschlechtsspezifischen Stereotypien und Rollenbildern bezüglich der Arbeits- bzw. Berufswahl zu lösen;

- nachhaltige Vermittlung in eine Lehrausbildung oder in den regulären Arbeitsmarkt;
- Erhöhung der Attraktivität am Arbeitsmarkt, des Selbstwerts und der Lernmotivation durch Angebot von Qualifizierungen mit Prüfungen;
- Gelegenheit für mindestens eine Basisqualifikation mit positivem Abschluss bieten (BPV o.J.).

Das Modellprojekt war in vier sinnvoll zusammenhängende sowie flexibel einsetzbare Phasen gegliedert. Es dauerte zehn Monate und beinhaltete parallele Begleitangebote. Folgende aufeinander folgende Hauptphasen wurden in der Modellprojektkonzeption definiert:

- Einstiegsphase: Einzel- und Familiencoaching als Grundlage für die weitere Teilnahme;
- Teambildung und Biografiearbeit;
- Orientierungsphase mit drei Schwerpunktthemen: Ermitteln und Training der vorhandenen Kompetenzen, Berufsorientierung sowie Bewerbungstraining;
- Qualifizierung: Fachqualifizierung in den Bereichen Gastgewerbe, Verkauf / Handel, Metall, Holz und Lager inklusive Staplerführerschein, sowie kompetenzorientierte Qualifizierungsblöcke zu den Themen Sachkompetenzen, Selbst- und Sozialkompetenzen und Praktika.

Ergänzt wurde das Programm durch folgende parallel durchgeführte Angebote: Deutschkurs; Sozialkompetenztraining und Erlebnispädagogik; frauen- und männerspezifische Themen; Verlaufscoaching (inklusive des Führens eines Zeitausgleichkontos, welches Abwesenheiten ermöglichen sollte, ohne den Anspruch auf Veranstaltungsteilnahme zu verlieren).

Um die nachhaltige Sicherung des Modellprojekts auf qualitativ hohem Niveau gewährleisten sowie die Wirksamkeit des Angebots eruieren zu können und Empfehlungen hinsichtlich einer Weiterführung des Projekts zu erhalten, wurde der Forschungsbereich Sozial- und Wirtschaftswissenschaften der Fachhochschule Vorarlberg mit einer Evaluation beauftragt. Das methodische Konzept der als Begleitforschung angelegten Studie wird im folgenden Kapitel erläutert.

2. Methodik

Ziel der Begleitforschung war die Bewertung der Qualität des Modellprojekts und die Entwicklung entsprechender Empfehlungen. Das Konzept dieser Evaluation sah drei Schwerpunkte vor:

- quantitative Wirkungsforschung über standardisierte Tests (psychologische Diagnostik) der Teilnehmenden zu Beginn und am Ende der Veranstaltung;
- qualitative Analyse von Veränderungsprozessen, Erfassen der Sichtweisen direkt Beteiligter (Teilnehmende und Fachkräfte) am Modellprojekt und die Überprüfung der sozialarbeiterischen Konzeption mittels Leitfadeninterviews;
- gemeinsame Diskussion und Reflexion des Projektprozesses in Workshops mit Fachkräften und Projektverantwortlichen.

In diesem Beitrag wird der Fokus ausschließlich auf den qualitativen Teil der Evaluation (Punkt 2) gesetzt, welcher der Beschreibung von Wirkungsverläufen und dem Nachzeichnen der Handlungs-, Wahrnehmungs- und Deutungsmuster aller Beteiligten, also sowohl Teilnehmenden als auch Fachkräften, fokussierte. Gegenstand war hier demnach das „Wie" des Modellprojekts: Wie werden bzw. wurden die Veranstaltungen im Rahmen des Modellprojekts geplant, gestaltet, wahrgenommen, gedeutet und genutzt?

Die Fragestellung ergab sich aus der Idee, dass Fachkräfte und Beteiligte unterschiedliche Theorien und Sichtweisen über die Wirksamkeit der Angebote haben und im Rahmen ihrer jeweiligen Vorstellungen Ressourcen nutzen beziehungsweise im Sinne ihrer Ziele handeln. Durch den qualitativen Ansatz wurden auch Wechselwirkung des Handelns von Fachkräften und Teilnehmenden erfasst, wodurch wiederum die Wirkungsweise des Projekts und die professionelle Qualität, die sich insbesondere im Zusammenspiel dieser beiden Gruppen widerspiegeln, beleuchtet werden konnten (Flick 2009).

2.1 Sozialarbeitswissenschaftlicher Bezugsrahmen

Das Modellprojekt umfasste unterschiedliche Angebote, welche auf einem sozialarbeitswissenschaftlichen Bezugsrahmen basieren, der sich sowohl in der differenzierten Analyse der Lebensbedingungen der Zielgruppe als auch in der Kombination der Arbeitsweisen zeigt (BPV o.J.). Konkret stellt der handlungstheoretische Ansatz der Sozialen Arbeit von Silvia Staub-Bernasconi die Grundlage für das Modellprojekt wie auch für die entsprechende Begleitforschung dar (Staub-Bernasconi 2007; Geiser 2007).

Der Anspruch auf eine umfassende und wissenschaftlich gestützte Analyse der Lebenssituation der Klientel, und die daraus folgende Wahl angemessener Arbeitsweisen aus einem Pool fachlich anerkannter Methoden, sind sowohl in der Sozialen Arbeit als auch in der Begleitforschung zentrale Beurteilungskriterien.

Soziale Arbeit als Disziplin und Profession erfordert einen ganzheitlichen Blick auf die Zielgruppe, ein breites und wissenschaftlich fundiertes Methodenspektrum, reflektierte und kompetenzorientierte Weiterentwicklung der Fachkräfte in der Arbeit mit der Klientel. Das professionelle Rollenverständnis erfordert die kontinuierliche aktive Auseinandersetzung und Reflexion der eigenen biografisch verfestigten Vorstellungen, Haltungen und blinden Flecken zu Gender und Interkulturalität bei den Fachkräften (Dewe & Otto 2011). Insbesondere diese beiden zentralen Aspekte – Gender und Interkulturalität – sollten in den Fokus gestellt werden, da sie vielfach als bloße so genannte Querschnittsthemen inadäquat und unzureichend behandelt sind, was die gesellschaftliche Stigmatisierung und Marginalisierung verstärkt (Exenberger & Fleischer u.a. 2007).

2.2 Methodische Herangehensweise

Wie erwähnt, standen bei der qualitativen Analyse Wirkungsbedingungen und -verläufe dieses Modellprojekts im Vordergrund, wie sie aus Sicht der Beteiligten – Fachkräfte und Teilnehmenden – wiedergegeben wurden. Durch das Nachzeichnen der Handlungs-, Wahrnehmungs- und Deutungsmuster von Beteiligten entstand ein differenziertes Bild der Erfolgschancen des Modellprojekts.

Da im Rahmen der Begleitforschung davon ausgegangen wurde, dass sich professionelle Qualität durch das Zusammenspiel der involvierten Fachkräfte und Teilnehmenden und ihrer wechselseitigen Orientierungen ergibt, und um Sichtweisen in Bezug auf das Modellprojekt möglichst holistisch und multiperspektivisch zu erfassen, wurden in Vorarlberg in zwei sozialen Institutionen insgesamt 34 leitfadengestützte problemzentrierte Interviews mit teilnehmenden Jugendlichen und jungen Erwachsenen in zwei Interviewwellen zu Beginn und gegen Ende des Modellprojekts sowie einmalig insgesamt 13 ebensolche Interviews mit im Projekt tätigen Fachkräften durchgeführt. Der Aspekt der Problemzentrierung stand im Vordergrund, da sich die Interviews auf ein konkretes Thema konzentrierten und an eine offensichtlich gesellschaftlich relevante Problemstellung anschließen, also konkret das beschriebene Modellprojekt fokussierten, und mit der Integration junger Menschen mit migrantischem Hintergrund in den Arbeitsmarkt befasst waren (Helfferich 2005; Witzel 2000).

Für die Erhebung wurden für Teilnehmende und Fachkräfte jeweils unterschiedliche semi-strukturierte Interviewleitfäden erstellt. Wesentliche Aspekte, mit denen im Rahmen der Interviews jedoch beide Gruppen konfrontiert wurden, bezogen sich auf die Wahrnehmung, Planung, Nutzung bzw. Nutzen und Deutung des Modellprojekts, um eine entsprechende Gegenüberstellung zu ermöglichen.

Der Leitfaden für Teilnehmende beinhaltete folgende Punkte: Konzepte zum Thema „Lernen"; die Bedeutung von Arbeit, Familie sowie Freunden und Freundinnen; Erfolgsdefinitionen im Zusammenhang mit der Veranstaltung bzw. dem Modellprojekt, Erwartungen an sich und die Veranstaltung, Kritikpunkte, Änderungsvorschläge und Wünsche an die Zukunft. Teilnehmende wurden zu Beginn und gegen Ende der Veranstaltung interviewt. Der Leitfaden für das zweite Interview wurde modifiziert, um mit den Befragten einen Rückblick auf die Veranstaltung werfen zu können.

Im Leitfaden für die Fachkräfte wurden folgende Aspekte behandelt: methodisches Vorgehen, Qualifikation und Voraussetzung, Sicht auf die Teilnehmenden, Definition von Erfolg, Ziele der Veranstaltung, Aufgaben und Arbeitsteilung sowie Rahmenbedingungen. Die leitfadengestützten Interviews mit Fachkräften und Teilnehmenden wurden für die Analyse wörtlich transkribiert. Die Auswertung bzw. Ergebnisse werden im folgenden Kapitel präsentiert.

3. Zentrale Ergebnisse

Dieses Kapitel stellt zuerst Vorstellungen dar und gegenüber, die Fachkräfte und Teilnehmende in Hinblick auf die Wirksamkeit der Veranstaltungsangebote äußern. Daran schließt sich die Darstellung der Sicht der Teilnehmenden und die der Sicht der Fachkräfte auf die Teilnehmenden an. In einem weiteren Abschnitt werden die Rahmenbedingungen aus Sicht der Fachkräfte beschrieben.

3.1 Wirkungsmodelle und Wirkungsvorstellungen

Im Sinne der Evaluationsforschung handelt es sich bei diesem Projekt um ein Programm. Programme sind Bündel von Handlungsformen, mit denen ein bestimmtes Ziel erreicht werden soll (Lassnigg u.a. 2000). In diesem Fall handelt es sich um die Arbeitsmarktintegration und Reintegration von jungen Menschen mit migrantischem Hintergrund und ohne Ausbildungsabschluss durch bestimmte Interventionen oder Angebote.

In der Sozialen Arbeit als Handlungswissenschaft ist das Verhältnis von Zielen und Arbeitsweisen zentral. Arbeitsweisen sind einerseits allgemeine Wirkvorstellungen (allgemeine Handlungstheorie) andererseits spezielle Handlungstheorien, die auf bestimmte Dimensionen der Ressourcenausstattung zielen, z.B. die Bewusstseinsbildung. In der Handlungstheorie aus Sicht der Sozialen Arbeit ist die Klientel nicht nur passive Adressatin, sondern wird aktiv in die Gestaltung der Arbeitsweisen einbezogen (Staub-Bernasconi 2007).

In ihrem Handeln greifen Zielgruppen und Fachkräfte bewusst oder unbewusst auf Wirkungsmodelle zurück, das heißt sie beurteilen Angebote orientiert an ihren Vorstellungen zu den Fragen, was notwendig für sie ist, und was in ihrer Situation erfolgreich wirkt. Entsprechend wahrgenommene Wirkungen und Erfahrungen von am Modellprojekt Teilnehmenden und involvierten Fachkräften wurden auch im Rahmen der hier präsentierten qualitativen Forschung identifiziert, wodurch eine Identifizierung zentraler Wirkmodelle für beide Gruppen ermöglicht werden sollte.

Um die Unterschiede und Gemeinsamkeiten der Sichtweisen aller Beteiligten auf die Wirkungsmodelle des Modellprojekts herausarbeiten zu können, wurde die thematische Kodierung als Strategie zur Auswertung der Interviews angewendet (Flick 2010). Der Vorteil dieser Methode liegt darin, Gruppen anhand der thematischen Struktur vergleichen sowie zentrale Gemeinsamkeiten und Unterschiede von Sichtweisen zwischen und innerhalb beider Gruppen identifizieren zu können.

Im Folgenden werden die herausgearbeiteten Wirkungsmodelle der Fachkräfte sowie die Wirkungsvorstellungen der Teilnehmenden präsentiert. Bei den Teilnehmenden wird nicht von Wirkungsmodellen sondern von Wirkungsvorstellungen gesprochen, da aufgrund der unsystematischen Aussagen wider Erwarten keine Wirkungsmodelle rekonstruiert werden konnten.

3.1.1 Wirkungsmodelle der Fachkräfte

Als zentrale Elemente der Wirkung des Modellprojekts konnten anhand der Interviews die übergreifenden Ziele der Persönlichkeitsbildung und der Arbeitsmarktbefähigung identifiziert werden, wobei Persönlichkeitsbildung als vorrangig und Basis für die Arbeitsmarktbefähigung eingegangen wurde. Fachkräfte stellten fest, dass Teilnehmende Orientierung finden müssen, ihre Stärken entdecken, Ziele entwickeln, Selbstvertrauen gewinnen, soziale Kompetenzen für die Arbeitswelt aufbauen sowie sich effektiv selbst organisieren können müssen, um eine Lehr- oder Arbeitsstelle aktiv suchen und nachhaltig einnehmen zu können.

Einige befragte Fachkräfte sehen Erfolg auch in Fortschritten der Teilnehmenden in deren persönlicher Entwicklung, ohne dass es zu einem effektiven Übergang in den Arbeitsmarkt kommen muss. Häufig wurde Persönlichkeitsbildung auch aus sozialarbeiterisch-methodischer Sicht als Weg zur Arbeitsmarktbeteiligung reflektiert. Aber auch umgekehrt wurde ein vorzeitiges Ausscheiden von Teilnehmenden, z.B. zur Arbeitsaufnahme, als Erfolg im Bereich der Persönlichkeitsentwicklung genannt.

Einige Fachkräften legten den Fokus im Bereich Persönlichkeit auf verschiedene Aspekte des Selbstmanagements. Die Ausbildung adäquater Haltungen und Voraussetzungen sehen andere Fachkräften als zentral an, wobei Motivation, Pünktlichkeit und Zuverlässigkeit, Leistungsbereitschaft und längerfristige Perspektiven bei der Verwirklichung der Ziele als wesentliche Aspekte genannt wurden. Soziale Kompetenzen wie Teamfähigkeit oder Umgang mit Rückmeldungen und Konflikten sowie die Entwicklung von Selbstwert, der bei einigen Fachkräften im Sinne der Orientierung an den Stärken und Ressourcen der Teilnehmenden zentral ist, wurden ebenso als wichtige Voraussetzungen thematisiert. Die Ausbildung solcher Haltungen und Fertigkeiten wird aus der Sicht der meisten Fachkräfte durch Angebote wie Teamentwicklung, Biografiearbeit oder Erlebnispädagogik geleistet; vereinzelt wurden auch frauen- bzw. männerspezifische Themen genannt.

Den Aspekt der Arbeitsmarktbefähigung betreffend, wurden relativ durchgängig einschlägige Angebote als Mittel zur Entwicklung der diesbezüglichen Voraussetzungen genannt: Schreiben von Bewerbungen, Bewerbungstraining, Arbeit an Fortschritten im Bewerben, eigene Vermittlungsbemühungen, Fachqualifikationen und Praktika. Einige Fachkräfte wiesen zudem auf die Bedeutung des Erkennens individueller Kompetenzen und Ressourcen der Teilnehmenden zu Beginn der Veranstaltung hin. Verschiedentlich wurde die Schlüsselstellung des Verlaufscoachings hervorgehoben, welches im Einzelsetting Persönlichkeits- und Arbeitsthemen verbindet.

3.1.2 Wirkungsvorstellungen der Teilnehmenden

Anders als die befragten Fachkräfte nannten Teilnehmende Persönlichkeitsbildung und Arbeitsmarktbefähigung nicht als übergreifende Gesichtspunkte. Eher definierten sie die Zusage einer Arbeits- oder Lehrstelle, oder im Fall der baldigen Zielerreichung das frühestmögliche Verlassen des Projekts, als Erfolg der Projektteilnahme. Dennoch lässt sich auch bei den Teilnehmenden ein gewisser Fokus auf den Aspekt der Arbeitsmarktbefähigung erkennen.

Insbesondere die Angebote Bewerbungstraining, Einzelcoaching sowie Schnuppertage und Fachqualifizierungen, welche allesamt als wirksame Methoden zur Zielerreichung thematisiert wurden, bewerteten die Teilnehmenden als unterstützend und zielführend. In Bezug auf das Bewerbungstraining erwarteten Teilnehmende überwiegend Hilfestellung und Beratung bei der Suche nach einer Arbeits- oder Lehrstelle. Neben der Vermittlung von Kontakten zu unterschiedlichen Firmen erwähnten sie zudem die benötigte Unterstützung im Schreiben von Lebensläufen, in der umfassenden Recherche nach freien Stellen, in der Erstellung konkreter Bewerbungsunterlagen und im Üben selbstbewusster Gesprächsführung für bevorstehende Bewerbungsgespräche. Bei den Einzelcoachings hoben sie individuelle Betreuung und Beratung bei der Arbeits- bzw. Lehrstellensuche sowie in privaten Angelegenheiten als positiv und unterstützend hervor. Das Sammeln von praktischen und beruflichen Erfahrungen durch Schnuppertage und Fachqualifizierungen schätzten Teilnehmende als wirksam ein, da dadurch die Möglichkeit besteht, unterschiedliche Berufsbereiche kennenzulernen und abwägen zu können, welcher Beruf nun bevorzugt wird.

Persönlichkeitsbildung, das zweite Hauptziel des Modellprojekts, scheint nur bei wenigen befragten Teilnehmenden eine besondere Bedeutung aufzuweisen. Die persönlichkeitsbildenden Angebote Biografiearbeit, Teambildung und Erlebnispädagogik wurden zwar als wirksam beschrieben, deren Nutzen wird von den Teilnehmenden durchaus unterschiedlich wahrgenommen. Auch wenn sie sich im Rahmen der Interviews nie direkt auf das zentrale Element Persönlichkeitsbildung bezogen, weisen einige ihrer Aussagen dennoch darauf hin, dass die Auseinandersetzung mit persönlichen Stärken und Schwächen, das Einüben korrekter Umgangsformen, Feedback geben und Konflikte lösen für sie wichtige Elemente darstellen.

Biografiearbeit sehen jene Teilnehmenden als adäquate Unterstützung an, die sich noch nicht für einen bestimmten Beruf entscheiden können, da durch die Reflexion individuelle Ressourcen und mögliche Defizite oder Lücken erkannt und daraufhin Stärken- und Ressourcenorientierung ermöglicht werden können. Von der Maßnahme Teambildung bzw. -arbeit erwarteten sich die Teilnehmenden die Fähigkeit, einen wertschätzenden und angemessenen Umgang mit Kolleginnen und Kollegen zu erlernen, denn diese Fähigkeit soll aus ihrer Sicht eine konstruktive und effektive Zusammenarbeit ermöglichen.

Sowohl im Konzept des Modellprojekts als auch in der Evaluationsstudie wird den zentralen Querthematiken – Gender und Interkulturalität – eine besondere Bedeutung zugeschrieben. Allerdings wurden diese von den Teilnehmenden kaum thematisiert. In Bezug auf Gender ist lediglich einmal die Rede von genderspezifischen Rollenzuteilungen bei Berufen, und bezüglich Interkulturalität wurde flüchtig von interessanten Diskussionen über Religion und Migration im Rahmen des Modellprojekts sowie von Diskriminierung von Menschen mit Migrationshintergrund in öffentlichen Stellen gesprochen.

Durch den Vergleich der Wirkungsmodelle und -vorstellungen zeigt sich insgesamt, dass Fachkräfte den Veranstaltungen zur Persönlichkeitsbildung bzw. -entwicklung, Teilnehmende dagegen den einzelnen arbeitsmarktbefähigenden Angeboten im Rahmen des Projekts mehr Bedeutung beimessen und demgemäß das Modellprojekt teilweise auf Basis unterschiedlicher Kriterien evaluieren. So steht das Eintreten in den Arbeitsmarkt als „sichtbarer" praktischer Erfolg des

Modellprojekts der persönlichkeitsorientierten, aber auch kognitiven Vorbereitung auf ein (späteres) Eintreten in den Arbeitsmarkt als Erfolgsdefinition gegenüber.

3.2 Die Sicht der Teilnehmenden und Wahrnehmung der Teilnehmenden durch die Fachkräfte

Im Rahmen der Interviews mit Teilnehmenden und Fachkräften wurden neben Wirkmodellen auch die Sicht der Teilnehmenden sowie der Fachkräfte behandelt bzw. erfragt. Die Auswertung erfolgte sowohl deduktiv anhand definierter Dimensionen als auch induktiv durch die Interviewtranskripte und resultierte schließlich in einer Typologie der Teilnehmenden (nach Mayring 2010) in Bezug auf deren Selbstbilder (Grundorientierungen bzw. -haltungen und Zukunftsvorstellungen), Perspektiven des Kompetenzerwerbs, auf Gender- und Interkulturalitätsaspekte und Reflexionen über persönliche Veränderungen. Die Interviews mit den Fachkräften dienten unter anderem dazu, deren Wahrnehmungen in Bezug auf die Projektteilnehmenden zu erfragen. Im Folgenden werden Ergebnisse zu den Sichtweisen der Teilnehmenden und der Fachkräfte dargelegt.

3.2.1 Die Sicht der Teilnehmenden

Aspekte des Selbstbilds

Bezüglich der Selbstwahrnehmung thematisierten die Teilnehmenden Aspekte, die als Grundhaltungen oder Zukunftsvorstellungen klassifiziert werden können. Als Grundorientierungen werden Aussagen über die Wertigkeit von Aspekten des Projekts definiert, die sich vor allem auf das Verhältnis von Lernen und Arbeiten beziehen, etwa auf die Fragen, was die Befragten für sich als wesentlich im Sinne einer erfolgreichen Teilnahme an der Veranstaltung ansehen, und welche Ressourcen sie aus dem Projekt für den Arbeitsmarkt mitnehmen wollen bzw. erwarten. Anhand der Aussagen der Teilnehmenden konnten vier dominante Grundorientierungstypen identifiziert werden:

Die Lernorientierten: Sie ziehen das Lernen dem Arbeiten aus mehreren Gründen vor. Lernen wird beispielsweise als psychische Leistung wahrgenommen und daher als weniger anstrengend als Arbeit, die überwiegend mit physischer Leistungskraft in Verbindung gebracht wird. Lernen wird als offen, frei, mit weniger Zwängen behaftet bzw. (zeitlich) flexibler gesehen als Arbeit und mit der Möglichkeit, etwas Neues zu machen, verknüpft. Generell wird Lernen mit Schule und kaum mit dem Erwerb sozialer bzw. kommunikativer Kompetenzen und Persönlichkeitsbildung assoziiert. Insbesondere im Rahmen der zweiten Interviewwelle am Ende des Modellprojekts wurde Lernen jedoch auch als Investition in die Zukunft thematisiert.

Die Arbeitsorientierten: Sie assoziieren Arbeit ebenso mit physischer Leistung und betonen, dass sie lieber arbeiten gehen als in Kursen „herumzusitzen". Wichtig ist ihnen, dass die Arbeit freiwillig gemacht wird und Spaß macht. Arbeit dient zwar dem Gelderwerb, wodurch wiederum die Anschaffung von Statussymbolen, wie einem eigenen Auto, möglich ist. Arbeit ohne Spaß bzw. Interesse führt jedoch zu Frustration und Krankheit. Arbeit wird von dieser Gruppe als wesentlicher Weg zu Unabhängigkeit wahrgenommen. Arbeiten bedeutet gebraucht zu werden, und stärkt das Selbstwertgefühl. Die Arbeitsorientierten ziehen Aus- und Weiterbildung bzw. das Absolvieren einer Lehre für sich oft nicht (mehr) in Betracht, beispielsweise, weil sie sich selbst als zu alt wahrnehmen, um noch eine Lehrstelle anzunehmen oder die Matura nachzumachen, wodurch sich dies aus ihrer Sicht zeitlich nicht mehr rentiert. Oftmals wird Lernen, das auch hier überwiegend mit Schule assoziiert wird, aufgrund schlechter Schulerfahrungen bzw. schlechter Schulnoten abgelehnt.

Die Lern- und Arbeitsorientierten: Sie erkennen Vor- und Nachteile in beiden Aspekten und die Notwendigkeit beides zu verbinden. Für sie ist Lernen zwar nicht Selbstzweck, jedoch dann akzeptabel, wenn für die praktische Arbeit dazugelernt wird.

Die Aus- und Weiterbildungsorientierten: Sie legen hohen Wert auf den Abschluss eines Lehrberufs oder der Matura, um später eventuell studieren zu können. Letztendlich wird eine Tätigkeit angestrebt, in der Selbstverwirklichung und Gestaltungsfreiheit im Mittelpunkt stehen.

Aspekte wie Selbstverwirklichung und Gestaltungsfreiheit wurden vorwiegend in der zweiten Interviewwelle, gegen Ende der Veranstaltung, thematisiert.

Neben den identifizierten Grundorientierungen sind Haltungen und Einstellungen zur Zukunft eine wichtige Ressource für das Absolvieren des Modellprojektes; sie stellen eine wesentliche Motivationsgrundlage dar. Während konkrete Ziele und Wünsche für die Zukunft recht vielgestaltig geäußert wurden, lassen sich hinsichtlich der Intensität, mit der die Zukunft in den Blick genommen wird, fünf Typen unterscheiden.

Die Entschiedenen: Sie geben an eigene Wünsche und Zukunftsvorstellungen genau zu kennen. Das bezieht sich vor allem auf berufliche Ziele bzw. Berufsbilder; die Aneignung übergreifender Kompetenzen ist hier im Gegensatz zu konkreten Berufswünschen kaum ein Thema. Aussagen wie: „*Ich will Friseurin werden*", sind demnach weitaus häufiger zu vernehmen als: „*Ich möchte mir den richtigen Umgang mit Kundinnen und Kunden aneignen*".

112

Die Unentschiedenen: Sie wissen nicht, was sie zukünftig tun möchten. Wie die erste Gruppe beschäftigt sich auch dieser Typus vor allem mit konkreten Berufsbildern, wenn es um mögliche berufliche Zukunftsperspektiven geht, auch wenn diese nicht klar fixiert werden können.

Die Änderungsbereiten: Sie haben konkrete Berufsziele, wollen diese aber ändern, sobald sie für sich erkennen, dass sie ihr Ziel nicht erreichen werden. Beispielsweise versuchen sie eine Lehrstelle in ihrem Wunschberuf zu finden, verwerfen dieses Ziel jedoch wieder, wenn es nicht möglich erscheint und erwägen Alternativen, etwa stattdessen die Matura nachzuholen oder direkt Arbeit zu finden. Änderungsbereite sehen ihre Stärken in ihrer Spontaneität, die Dinge auf sich zukommen lassen zu wollen und sich nicht von Beginn an festlegen zu wollen, um etwaige Enttäuschungen zu vermeiden.

Die Entschlossenen: Sie sind demgegenüber davon überzeugt, auch Hindernisse zu überwinden, um an ihr Ziel, beispielsweise eine abgeschlossene Lehre oder die Matura, zu gelangen. Besonders diese Gruppe betont, dass Anstrengung und Motivation notwendig sind, um ihr Ziel, eine Arbeitsstelle zu finden, zu erreichen.

Die Resignierten: Sie gaben vor allem im Rahmen der ersten Interviewwelle zu Beginn des Modellprojekts an, bereits genug getan zu haben, um eine Arbeits- oder Lehrstelle zu finden. Sie verweisen dabei auf Praktika und Qualifizierungen. Sie zeigen sich als ratlos hinsichtlich erneuter Versuche und antizipieren weitere Bemühungen als sinnlos und nicht Erfolg versprechend. Im Rahmen der zweiten Interviewwelle gegen Ende der Veranstaltung gingen die Befragten auch auf ihre Eigenverantwortlichkeit hinsichtlich der Arbeitsstellensuche ein.

Perspektiven des Kompetenzerwerbs

Da Kompetenzerwerb ein zentrales Ziel des Modellprojekts war, wurden in der Begleitforschung auch auf Reflexionen der Teilnehmenden zum Erwerb von Kompetenzen fokussiert. Entsprechende Erkenntnisse beziehen sich auf die Lernumgebung bzw. das Lernen in der Gruppe, die Lerninhalte, die wiederum in die Bereiche Persönlichkeitsbildung und Arbeitsmarktbefähigung differenziert werden können, sowie die Voraussetzungen der Arbeitsmarktintegration.

Die befragten Teilnehmenden stellten durchwegs fest, dass sie in der Gruppe besser lernen können als alleine und hoben vor allem die Notwendigkeit des Eingebundenseins in Form interaktiven Lernens hervor. Die Lerninhalte der Veranstaltung wurden von den Teilnehmenden sowohl betreffend Persönlichkeitsbildung als auch Arbeitsmarktbefähigung großteils positiv beurteilt: Im Bereich der Persönlichkeitsbildung wurden vor allem Biografiearbeit und Teambildung, im Bereich Arbeitsmarktbefähigung Bewerbungstraining, Fachqualifizierungen, aber auch der Deutschunterricht positiv erwähnt. Jedoch wurde auch kritisiert, dass etwa zu lange und zu oft zum Thema Feedback und Teamarbeit gearbeitet wurde. Einige Teilnehmende erwähnten im Zuge der Interviews, sich statt Deutsch- eher Englisch- und EDV-Unterricht zu wünschen. Dies wurde mit entsprechend fehlenden Kenntnissen für das spätere Berufsleben begründet bzw. damit, dass die meisten Teilnehmenden ohnehin Deutsch können. In Bezug auf ihre Persönlichkeitsbildung äußerten sich Teilnehmende im Rahmen der zweiten Interviewwelle mehrfach in Bezug auf die Stärkung ihres Selbstbewusstseins durch die Teilnahme an der Veranstaltung. Das Begleitangebot „frauen- und männerspezifische Themen" wurde von den Befragten kaum angesprochen und nie in Bezug zum zukünftigen Leben oder einer zukünftigen Arbeitsstelle gesetzt. Diese Aspekte wurden – falls überhaupt – als Abwechslung und als von anderen Kursinhalten abgekoppelt beschrieben.

Gender- und Interkulturalitätsaspekte

Grundlegend in der Konzeption des Projekts ist die Überzeugung, dass Themen der Persönlichkeitsbildung und der Arbeitsmarktintegration soziokulturell eingebettet sind. Daher können sie nicht unabhängig von Aspekten wie dem sozialen Geschlecht (Gender) und Interkulturalität behandelt werden. Gender- und interkulturelle Kompetenz sind daher als wesentliche und zentrale Qualifikationen der Fachkräfte anzusehen (Fleischer 2007).

In Bezug auf Genderaspekte wurden unabhängig vom Geschlecht eine gesicherte Arbeitsstelle vor der etwaigen Familiengründung als unumgänglich beschrieben. Einige weibliche Teilnehmende gaben an, eine Vollzeitarbeitsstelle mit einer eigenen Familie für unvereinbar zu halten. In Bezug auf die Berufswahl gaben beide Geschlechter vorwiegend genderstereotype Wünsche und Vorstellungen an. So überwiegt bei männlichen Teilnehmenden der Wunsch, handwerkliche Berufe auszuüben, während weibliche Teilnehmende etwa den Friseurinnenberuf anstreben.

Interkulturalität wurde von den Befragten in beiden Interviewwellen behandelt, jedoch kaum auf die Arbeitswelt bezogen, sondern auf die Angebote im Rahmen des Projekts. Zudem wurde dieses Thema vorwiegend aus der Perspektive der eigenen Migrationsgeschichte dargestellt. Befragte nannten hierbei beispielsweise Niveauunterschiede in der Beherrschung der deutschen Sprache als maßgeblich hindernd, um im Kurs weiterzukommen. Daher plädierten sie für eine Aufteilung der Gruppe basierend auf den Vorkenntnissen der deutschen Sprache. Positiv wurde erwähnt, dass die meisten Teilnehmenden einen Migrationshintergrund haben, wodurch aus Sicht mancher Teilnehmenden alle gleichberechtigt waren und niemand diskriminiert wurde.

Reflexionen über persönliche Veränderungen

Im Rahmen der zweiten Interviewwelle reflektierten die befragten Teilnehmenden ihre persönliche Entwicklung im Rahmen des Projekts vor allem insofern, als sie sich der Bedeutung guter schulischer Leistungen für eine positive Zukunft zuvor nicht bewusst waren. Zudem hielten die Befragten oftmals fest, dass die Arbeitslosigkeit ihr Selbstwertgefühl vermindert hat und erwähnten, dass das Gebrauchtwerden im Rahmen der Arbeit das Selbstvertrauen stärkt. Auch im Hinblick auf private Beziehungen finden sich im Interviewmaterial Reflexionen zum Selbstbewusstsein. So wurde von weiblichen Befragten erwähnt, dass das Selbstwertgefühl in Abhängigkeitsbeziehungen leidet, sie sich aber auch daraus lösen und durch Arbeit Unabhängigkeit gewinnen können. Generell spielt das Bewusstwerden über Konsequenzen eigener Handlungen bei der Reflexion der persönlichen Entwicklung sowohl in der ersten als auch in der zweiten Interviewwelle eine zentrale Rolle.

3.2.2 Die Wahrnehmung der Teilnehmenden durch die Fachkräfte

Die Analyse der Wahrnehmung der Teilnehmenden durch die im Modellprojekt tätigen Fachkräfte fördert vor allem drei Aspekte zutage: die Thematisierung von Defiziten der Teilnehmenden, die Thematisierung ihrer Ressourcen und den Fokus auf ihre Lebenssituation und Bedürfnisse.

Auch, wenn Fachkräfte im Zuge der Interviews durchwegs festhielten, dass es keine typischen bzw. allgemeinen Defizite unter den Teilnehmenden gibt und sie diesbezügliche Pauschalisierungen vermeiden wollten, wurden in diesem Zusammenhang dennoch vor allem die fehlende Sprachkompetenz als soziomaterielles bzw. kulturelles Defizit, eine eingeschränkte kognitive Kompetenz, Selbstkompetenzdefizite, Schwächen im Bereich der sozialen Kompetenz und starre Rollen- und Berufsbilder genannt. Die Fachkräfte diagnostizierten bei den Teilnehmenden im Rahmen der Interviews oft sprachliche Schwierigkeiten und ein recht unterschiedliches Niveau in Bezug auf Deutschkenntnisse. Sie berichteten allgemein, dass Jugendliche mit geringen kognitiven Fähigkeiten und Minderbegabung am Projekt teilnehmen. Als Selbstkompetenzdefizite der Teilnehmenden wurden überwiegend Orientierungslosigkeit, fehlende Struktur und Perspektivlosigkeit genannt, ebenso wie ein Mangel an Selbstreflexion und negative Selbsteinschätzung bzw. Unterschätzung der eigenen Person und Fähigkeiten. Der letztgenannte Punkt stimmt überwiegend mit der Selbstwahrnehmung der Teilnehmenden überein, die die Stärkung ihres Selbstbewusstsein bzw. Selbstwertgefühls ebenfalls als wesentlich ansehen.

Als defizitär erwähnten die Fachkräfte auch die mangelnde Entscheidungs-freude der Teilnehmenden, denen es an Kontinuität, Aufmerksamkeit, Interesse und Eigenverantwortung fehlt. Auch im Bereich der Sozialkompetenz themati-sierten sie Defizite bei den Teilnehmenden, wenn es etwa um die gegenseitige Akzeptanz untereinander, den Umgang mit anderen und Konfliktfähigkeit geht. Zudem wurden starre geschlechtsspezifische Rollenbilder in Bezug auf die Be-rufswahl der meisten Teilnehmenden mit Migrationshintergrund identifiziert.

Im Vergleich zu Äußerungen über Defizite der Teilnehmenden, waren sol-che über Ressourcen bzw. Stärken der Teilnehmenden weniger umfassend. Hier wurden vor allem ihre Offenheit, Motivation und Mitarbeit sowie Unterstützung und Hilfsbereitschaft ins Treffen geführt. Am häufigsten wurde die Offenheit der Teilnehmenden bei Einzel- oder Gruppengesprächen als Stärke genannt. Fach-kräfte hoben auch hervor, dass die Teilnehmenden offen über ihre Schwächen, Probleme, die eigene Kultur, über das Flüchtlingsdasein, die Sprache und das Finden ihrer Wurzeln sprechen. Einige Fachkräfte beschrieben diese Fähigkeit entweder geschlechtlich oder ethnisch typisiert: Demnach wurde seitens der Fachkräfte Aufgeschlossenheit vor allem bei den weiblichen Teilnehmenden beobachtet, während jene Teilnehmenden mit muslimischem Hintergrund zwar über Familie, Einstellungen, Frauen und Beziehungen sprechen, dies jedoch nicht sehr tiefgehend.

Knapp die Hälfte der Fachkräfte erwähnte Motivation und Mitarbeit als Ressource der Teilnehmenden. So berichteten sie allgemein, dass Teilnehmende bei der Suche nach einer Arbeit bzw. Ausbildung motiviert sind. Einige Fach-kräfte nahmen die Motivation aber auch stereotyp wahr, indem sie beschrieben, dass weibliche Teilnehmende motiviert sind und sich auch gegenseitig inspirie-ren. Ebenso wurden Unterstützung und Hilfsbereitschaft als soziale Kompeten-zen der Teilnehmenden genannt.

Als Bedürfnisse der Teilnehmenden wurden der Wunsch ernst- bzw. wahr-genommen zu werden, ein gestärktes Selbstwertgefühl, Halt, Stabilität, Struktur bzw. eine konkrete Zielfindung, Anerkennung, Respekt, Wertschätzung, Nähe und der Wunsch nach Zugehörigkeit genannt. Bedürfnisse von Teilnehmerinnen muslimischer Herkunft wurden teils stereotypisierend betrachtet. Angesprochen wurden diesbezüglich die Bedürfnisse nach gutem Familienverhältnis, baldiger Eheschließung, einem guten Ehepartner und/oder Familiengründung.

Ausnahmslos alle befragten Fachkräfte äußerten sich zu den Lebensbedin-gungen der Teilnehmenden. Meistens zeichneten sie dabei ein eher düsteres Bild und beschrieben vor allem Sprachbarrieren, die erschwerte Arbeitssuche bei Frauen mit Kopftuch und das Erleben des Zwiespalts zwischen traditioneller und westlicher Kultur als schwierige Konsequenzen des Migrationshintergrunds der Teilnehmenden. Weiterhin wurden von einigen Fachkräften Drogenprobleme,

Krankheiten, Übermüdung, Verhaltensprobleme und psychische Probleme sowie schlechte Erfahrungen mit Vorstrafen und negative Schulerfahrungen als schwierige Lebensbedingungen genannt. Auch zu den unterschiedlichen Familienverhältnissen der Teilnehmenden äußerten sich alle Fachkräfte. Auffallend ist, dass sich einige allgemein auf die Struktur der innerfamiliären Beziehungen (intakt vs. zerrüttet) bezogen, während andere Fachkräfte unterschiedliche kulturabhängige Familienbeziehungen konstatierten. So wurde etwa berichtet, dass bei weiblichen und auch minderjährigen Teilnehmenden die Berufsauswahl von den Eltern bestimmt wird. Darüber hinaus erzählten insbesondere Fachkräfte einer Institution von Zwangsheirat, Scheidung, Misshandlung, Gewalt und / oder Unterdrückung bei den weiblichen Teilnehmenden mit muslimischem Hintergrund.

Neben Stärken, Schwächen, Bedürfnissen und Lebensbedingungen gingen die befragten Fachkräfte teilweise auch auf Umgang und Haltung der Teilnehmenden im Modellprojekt ein. Erwähnt wurden hier beispielsweise das Ausnützen des Systems in Bezug auf unglaubwürdige Krankenstände und der Umgang mancher Teilnehmenden mit der Veranstaltung als Moratorium bzw. dass sich manche Teilnehmende im Modellprojekt insofern wohlfühlen, als sie dieses nicht als Übergangsphase zu einem Arbeits- bzw. Ausbildungsplatz betrachten.

Beinahe alle Fachkräfte äußerten sich im Rahmen der Interviews über Kriterien von Erfolg und Misserfolg der Teilnehmenden. In Bezug auf Erfolge der Teilnehmenden wurde betont, dass diese nicht pauschal beschrieben werden können. Neben der im Verlauf der Veranstaltung steigenden Bereitschaft der Teilnehmenden aktiv mitzuarbeiten, beschrieben die Fachkräfte Erfolge hauptsächlich im Bereich der Persönlichkeitsbildung, etwa, dass sich die Motivation einiger Teilnehmenden positiv bzw. inspirierend auf andere Teilnehmende auswirkt. Die Erweiterung der kognitiven Kompetenz, Offenheit, Eigenverantwortlichkeit, eine Steigerung des Selbstwertgefühls, geringere Stimmungsschwankungen und gestiegenes Durchhaltevermögen sowie der konstruktive Umgang mit Konfliktsituationen sind weitere positive Entwicklungen, die seitens der Fachkräfte genannt wurden.

Fortschritte fanden laut der Fachkräfte auch im Bereich der (beruflichen) Zukunftsorientierung statt: Einige Teilnehmende konnten demnach bestimmte Ziele nennen und waren fähig, zielgerichtete Entscheidungen für die Zukunft zu treffen. Zudem wurden das Gelingen eines geregelten Tagesablaufs, aktives Handeln aus Eigeninitiative, das Nachholen des Hauptschulabschlusses oder das Aufnehmen einer Arbeits- bzw. Lehrstelle als positive Entwicklungen genannt. Demgegenüber wurde der Abbruch – etwa aufgrund von Verweigerung der gegebenen Struktur und Regeln, Unlust, fehlendem Durchhaltevermögen, einem problematischen Umfeld bzw. Drogen- oder Spielsucht – im Allgemeinen als Misserfolg gewertet.

Im Vergleich der Teilnehmenden- und Fachkräfteinterviews in Bezug auf die jeweiligen Sichtweisen werden deutliche Diskrepanzen bzw. Kontraste in Bezug auf die (Selbst)Wahrnehmung der Teilnehmenden offenkundig. Generell zeigt sich bei den befragten Fachkräften vor allem in Bezug auf Gender- und ethnische bzw. religiöse Aspekte oft ein stereotypisierendes Antwortverhalten. Ausführungen über Defizite der Teilnehmenden erhalten mehr Raum als solche über Stärken bzw. Ressourcen. Dennoch gibt es in der Beschreibung von Wahrnehmungen auch Gemeinsamkeiten zwischen Fachkräften und Teilnehmenden. Beispielsweise werden Niveauunterschiede in Bezug auf die Deutschkenntnisse der Teilnehmenden beiderseits thematisiert, und auch in der Notwendigkeit der Steigerung des Selbstwertgefühls der Teilnehmenden sind sich beide Gruppen einig. Zudem wurde seitens der Fachkräfte eine Neigung der Teilnehmenden zu geschlechtsspezifischen bzw. -stereotypen Rollen- bzw. Berufsbildern festgestellt, die auch in Teilnehmendeninterviews identifiziert werden konnten.

3.3 Institutionelle Rahmenbedingungen und Professionelles Handeln

Im Folgenden werden die Ergebnisse der 13 mit Fachkräften des Modellprojekts aus den zwei teilnehmenden Institutionen durchgeführten Interviews hinsichtlich institutioneller Rahmenbedingungen und professionellen Handelns präsentiert. Daraus lassen sich Auswirkungen auf die Arbeit der Fachkräfte mit den am Modellprojekt Teilnehmenden ableiten. Bei der Auswertung der Interviews konnten hinsichtlich dieses Fokus vier Hauptkategorien herausgearbeitet werden: Konzept des Modellprojektes, institutionelle Rahmenbedingungen, Methoden professionellen Handelns und Rollenverständnis.

3.3.1 Konzept des Modellprojektes

Die Konzeption und Struktur des Modellprojektes bewerteten Fachkräfte beider Institutionen als positiv, unter anderem, da der großzügig bemessene Zeitrahmen von zehn Monaten persönliches Wachstum ermöglicht. Die Konzeption rahmte das Modellprojekt zwar, gestattete aus Sicht der Fachkräfte jedoch notwendige Freiheiten individuell mit der Klientel zu arbeiten. Breite Zustimmung erhielt das Zeitausgleichskonto, welches zeitliche Spielräume ermöglichte. Explizit verwiesen die Fachkräfte positiv auf die im Modellprojekt verankerte Arbeit im Zweierteam, was den Austausch über die Arbeit sowie Unterstützung und gegenseitiges Lernen fördert.

3.3.2 Institutionelle Rahmenbedingungen

Die Rahmenbedingungen, welche von den Fachkräften in den Interviews diskutiert wurden, reichen vom Status der Beschäftigung über die Arbeitsbedingungen bis hin zur Leitung. Rahmenbedingungen haben wesentlichen Einfluss sowohl auf fachliches Handeln und das Selbstbild als auch auf die Wahrnehmung der Klientel (Galuske 2013). Zunehmende Ökonomisierung zeigt sich insbesondere auch in Rahmenbedingungen, welche professionelle Standards nicht erfüllen.

Aufgrund der Interviews lassen sich je nach Institution deutlich unterschiedliche Bedingungen und Sichtweisen bezüglich der institutionellen Rahmen- und Arbeitsbedingungen und der Konsequenzen für die fachliche Arbeit feststellen. Während sich Fachkräfte der ersten Institution als reguläre Angestellte beschrieben, wurde in der zweiten Institution mehrfach auf den Status als freie Mitarbeitende und auf die Veränderung der Bedingungen für Beschäftigte hingewiesen.

Diese Veränderungen beurteilten Fachkräfte kritisch und als verunsichernd. Insbesondere die Rahmenbedingungen der fachlichen Arbeit wurden je nach Institution unterschiedlich beschrieben, was zu entsprechend verschiedener Wahrnehmung der und Interaktion mit der Klientel durch die Fachkräfte führte. Während laut der Fachkräfte in der ersten Institution neue Mitarbeitende generell mit einer Einarbeitungsphase beginnen und diese als Unterstützung werten, müssen sich in der zweiten Organisation neue Mitarbeitende von Beginn an sämtliche Informationen eigenständig organisieren. Eine Fachkraft sprach in diesem Zusammenhang davon „ins kalte Wasser geworfen" worden zu sein. In der ersten Organisation kann auf eine Datenbank mit Lehrmaterialien zurückgegriffen werden, und den Fachkräften steht Vorbereitungszeit zur Verfügung, während in der zweiten zwar ebenfalls Lehrmaterial zur Verfügung steht, doch Vor- und Einarbeitungszeit nicht als Arbeitszeit abgegolten werden. Budget für Supervision und Fortbildung steht in der ersten Institution zur Verfügung, dies wird von den Fachkräften nach Bedarf genutzt. In der zweiten Institution wird Supervision tendenziell nicht als notwendig erachtet und entweder nicht genutzt oder außerhalb der Institution wahrgenommen. Teambesprechungen finden in der ersten Institution vierzehntägig statt. Sie werden von den Fachkräften bereitwillig angenommen und als Ressource betrachtet. Neben allgemeinen Informationen werden Fallbesprechungen durchgeführt. In der zweiten Institution findet monatlich eine Teambesprechung statt. Die Fachkräfte berichten vor allem von administrativen Themen. Der formelle und informelle Austausch über die Arbeit und Teilnehmende wird wenig gepflegt.

Diese Unterschiede bilden sich auch in der Art der Leitung ab. In der ersten Institution wird das Konzept der fachlichen Leitung vertreten, bei dem Diskussionen zwischen den Fachkräften mit ihren unterschiedlichen Qualifikationen als bereichernd und stärkend wahrgenommen werden. In der zweiten Institution steht die administrative Leitung im Vordergrund; fachlicher Austausch wird als Aufgabe der Fachkräfte untereinander gesehen und nicht in einem klaren Rahmen angeboten. Der Vergleich der Rahmenbedingungen wird in Tabelle 1 zusammengefasst dargestellt, sie spiegeln sich sowohl in den Handlungsmethoden als auch im Rollenverständnis wider.

Tab. 1: Rahmenbedingungen beider Institutionen

Rahmenbedingungen	Institution 1	Institution 2
Einarbeitungszeit für neue Mitarbeitende	Ja	Nein
Zeit für Vor- und Nachbereitung der Kurse	Ja	Nein
Budget für individuelle Supervision	Ja	Nein
Teambesprechungen	14tägig	Monatlich

3.3.3 Methoden professionellen Handelns

Methodisches Vorgehen und die Anwendung von Methoden der Sozialen Arbeit waren integraler Bestandteil der Konzeption des Modellprojektes. Die Ziele der Persönlichkeitsbildung und Arbeitsmarktintegration, explizit von allen Fachkräften benannt, wurden durch geplante Vorgehensweisen, wie beispielsweise das Verlaufscoaching realisiert. [1] In den zur Verfügung gestellten Handlungsplänen standen Instrumente und Techniken zur Verfügung, etwa die Visualisierung persönlicher Zielvorstellungen.

Methoden sind in aller Regel fachlich begründet und im Idealfall wissenschaftlich überprüft (Galuske 2013). Die Evaluation des Modellprojekts trägt in diesem Zusammenhang zu einer wissenschaftlichen Überprüfung und Qualitätssicherung bei. Methoden sind bewusst entwickelte und beabsichtigte Handlungsvorgänge, methodisches Handeln beinhaltet das reflektierte und geplante Vorgehen bei der Vorbereitung, Durchführung und Bewertung der Arbeit von Fachkräften und ist Ausdruck ihrer prozessbezogenen Kompetenzen (Heiner 2010). Methodisches Handeln wurde in den Interviews auf drei Ebenen angesprochen: das methodische Konzept des Modellprojekts, konkrete Arbeit mit den Teilnehmenden in den Aufgabenfeldern der jeweiligen Fachkraft und der persönliche Stil der Aufgabenerfüllung.

---

1 Allen Teilnehmenden steht über die gesamte Projektzeit von zehn Monaten ein Coach zur Seite. Das Coaching findet einmal wöchentlich statt.

Die befragten Fachkräfte, die den Veranstaltungsverlauf thematisierten, unterschieden dabei eine erste Phase der Entwicklung von Selbst- und Sozialkompetenzen von einer zweiten Phase der Fachqualifizierungen und Praktika. In Hinblick auf die methodische Anlage der Veranstaltungen findet sich in vielen Interviews somit ein klares Bild der Abfolge von Arbeitsschritten.

Hinsichtlich der Arbeit mit den Teilnehmenden haben Fachkräfte je nach ihren Aufgaben unterschiedliche Erfahrungen, was in die Darstellung ihres methodischen Vorgehens eingeht. In einer etwas vergröbernden Wiedergabe dieser Darstellungen lassen sich zwei entgegengesetzte Momente des methodischen Handelns erkennen. Auf der einen Seite berichteten Fachkräfte von geregelten Abläufen, z.b. bei dem Lehrprogramm der Fachqualifikation. Auf der anderen Seite wird das methodische Handeln an der Situation oder den individuellen Bedürfnissen und Gegebenheiten orientiert. In beiden Richtungen der Beschreibung findet sich jedoch auch immer der Verweis auf die jeweilig andere. Auch, wenn sie einen Plan verfolgen, gaben die Fachkräfte an, sich an der Situation zu orientieren, etwa dem Lerntempo oder bestimmten Ereignissen.

Im Gegenzug gaben Fachkräfte, die situationsbezogen und individualisierend vorgehen, an, sich auf ihr Methodenrepertoire zu beziehen.

Arbeitsweisen

In der der Begleitforschung zugrundeliegenden Theorie Sozialer Arbeit (Staub-Bernasconi 2007) werden acht Arbeitsweisen (Ressourcenerschließung, Bewusstseinsbildung, Modell-, Identität- und Kulturveränderung, Handlungskompetenztraining, Soziale Vernetzung – Ausgleich von Rechten und Pflichten, Umgang mit Macht-quellen und -strukturen, Kriterien- und Öffentlichkeitsarbeit, Sozialmanagement) ausgearbeitet, von welchen im Modellprojekt vier eine zentrale Bedeutung aufweisen:

- Ressourcenerschließung ist die grundlegende Arbeitsweise Sozialer Arbeit. Klientinnen und Klienten erhalten Zugang zu materiellen und immateriellen Möglichkeiten zur Befriedigung ihrer Bedürfnisse.
- Bewusstseinsbildung dient der Erweiterung von Erkenntnismöglichkeiten und -kompetenzen, was Denken, Fühlen und die Erkenntnis von Normen einschließt.
- Modell-, Identitäts- und Kulturveränderung geht noch darüber hinaus und umfasst die Umgestaltung grundlegender symbolischer Strukturen und Wissensformen.
- Handlungskompetenz-Training erweitert die Möglichkeiten des Handelns und die Fähigkeiten rollenbezogen, routiniert oder planend zu handeln.

Ressourcenerschließung: Soziale Arbeit interagiert mit benachteiligten Gruppen und hat daher die grundlegende Aufgabe, diesen Gruppen Hilfen zu vermitteln, um Lebensbedingungen zu verbessern. Veranstaltungen im Rahmen des Modellprojektes stellten an sich bereits solche Ressourcen dar, welche Teil einer sozialen Infrastruktur für Menschen mit Problemen bei der Arbeitsmarktintegration sind. Innerhalb des Modellprojekts bildete das Zeitausgleichskonto eine wichtige Ressource, die von vielen befragten Fachkräften angesprochen wurde. Es ermöglichte den Teilnehmenden, sich durch das Leisten zusätzlicher Stunden im Voraus zeitliche Spielräume zu erarbeiten, z.b. für einen Sommerurlaub mit der Familie. Wurde diese Möglichkeit in Interviews angesprochen, bewerteten Fachkräfte sie durchgängig positiv. Eine finanzielle Unterstützung der Teilnehmenden, die an die Teilnahme am Modellprojekt gebunden ist, wurde teilweise kritisch gesehen. Ein Risiko sahen manche Fachkräfte darin, dass Teilnehmende ohne Motivation um des Geldes willen anwesend sind.

Bewusstseinsbildung: Eine Reihe von Aktivitäten im Modellprojekt diente der Erweiterung der Erkenntnismöglichkeiten. Diese bezog sich meist auf den Bereich der Persönlichkeitsentwicklung. Fachkräfte nannten in diesem Zusammenhang zwei Elemente:

(1) Biografiearbeit lässt das eigene Gewordensein deutlich werden. Durch Erzählen und sorgfältiges Hinsehen auf Vergangenes kann Gegenwärtiges verständlicher werden und Orientierung für die Zukunft entstehen. Das Erkennen der individuellen Kompetenzen führt zur Thematisierung von Stärken und zur Entwicklung von Selbstwertgefühl.

(2) Erlebnispädagogik regt unterschiedliche Sinne an und gibt Raum für Kreativität.

Nicht explizit genannt wurde in diesem Kontext der Deutschunterricht. Die Konzeption des Modellprojekts thematisiert den Mangel an Sprachbildern und die daraus folgende Tendenz zu vereinfachenden Erklärungen. Sprachunterricht kann hier bewusstseinsbildend wirken, wurde aber von den Fachkräften nicht in dem Sinn interpretiert. Auch andere Angebote im Modellprojekt sind dafür angelegt zur Bewusstseinsbildung beizutragen: Handlungskompetenz-Training, z.B. Schreiben von Bewerbungen oder die Fachqualifikationen, kann zu einer Erweiterung der Erkenntnismöglichkeiten führen, wie etwa zum Erkennen beruflicher Neigungen. Befragte Fachkräfte sprachen dies jedoch nicht oder nur indirekt an, anders als Teilnehmende, wie zuvor erwähnt. Auch genderspezifische Themen lassen sich als Bewusstseinsbildung verstehen. Fachkräfte, die dieses Angebot ansprachen, bezogen sich hierbei meist auf die Teilung der Gruppe nach Geschlechtern und auf konkrete Aktivitäten, nicht jedoch auf die Erweiterung des Bewusstseins zu Geschlechterrollen und -bildern.

Modell-, Identitäts- und Kulturveränderung: Arbeitsweisen, die nicht nur Erkenntnismöglichkeiten erweitern, sondern auch das Wissen der Teilnehmenden verändern sollen über sich, ihre Umwelt und ihre Lebensbedingungen, waren ebenfalls Teil der Angebote im Modellprojekt. Sie schließen meist an bewusstseinsbildende Aktivitäten an und gehen über diese hinaus, ergeben sich aber auch durch den Gesamtzusammenhang der Angebote. In diesem Bereich wurden selten bis gar keine einzelne Methoden genannt. Die Entwicklung von Selbstwertgefühl, also einem Selbstbild mit größerer Betonung auf eigenen Ressourcen und Stärken, wurde in einigen Interviews als Ziel thematisiert. Wie bereits erwähnt, beschrieben Fachkräfte Methoden der Biografiearbeit und der Kompetenzfeststellung als relevant. Einzelne Äußerungen lassen erkennen, dass Fachkräfte dies eher als eine Wirkung betrachten, die sich im Gesamtumfang der Arbeit mit den Teilnehmenden ergibt:

> „Na ja, ich glaube, das ist immer so ein Hintergrundziel, dass die eben in ihrer Entwicklung bestärkt werden und einfach begleitet werden. Also, ich gehe jetzt nicht in der Früh hin und denke mir: ‚Ah, heute, ja, Selbstbewusstsein stärken‘, oder so was.“

In vielen Interviews spielt das Teilziel eine Rolle, Teilnehmende zum Entwickeln einer Berufsvorstellung und zum Planen ihres (Wieder-) Einstiegs in den Arbeitsmarkt zu bewegen. Die Tatsache, dass hierbei die angewandten Methoden selten explizit genannt wurden, lässt darauf schließen, dass Fachkräfte die Entwicklung beruflicher Ziele und Pläne als Ergebnis der Kombination der Angebote ansehen (z.b. Bewerbungstraining, Verlaufscoaching, Fachqualifikation).

Obwohl Benachteiligung aufgrund des Geschlechts und der Herkunft prominente Aspekte der Konzeption des Modellprojekts sind, nannten die Fachkräfte keine Methoden, um mit Stereotypisierungen, Stigmatisierungen und Diskriminierungen umzugehen. Auch bietet es sich bei Modell-, Identitäts- und Kulturveränderung an, nicht nur mit Individuen, sondern auch auf den Ebenen von Gruppen und des Gemeinwesens zu arbeiten, was nicht angesprochen wurde.

Handlungskompetenz-Training: Viele Elemente der Veranstaltungen dienten der Erweiterung von Handlungsmöglichkeiten: Teambildung, Bewerbungstraining, Verlaufscoaching, Deutschunterricht, Fachqualifikationen und Praktika. Befragte Fachkräfte beschrieben, dass diese Angebote der Erweiterung der arbeitsmarktrelevanten Handlungskompetenzen dienen. Auch andere Elemente sollten hierzu beitragen. So wurde beispielsweise erwähnt, dass Kooperation und Verantwortungsbereitschaft durch erlebnispädagogische Angebote wie Klettern gestärkt werden.

3.3.4 Rollenverständnis

Aus der Beschreibung der Aufgaben und Ziele lassen sich Rückschlüsse sowohl auf die Haltung von Fachkräften als auch auf die Existenz, das Einhalten und Einfordern von allgemeingültigen professionellen Standards ziehen. Auch hier differieren die beiden Institutionen in einigen Punkten hinsichtlich der Aufgabenbeschreibung. Dabei spielen die bereits vorgestellten Rahmenbedingungen innerhalb der Institutionen eine wesentliche Rolle. Hinsichtlich des Rollenverständnissen zeigen sich in beiden Institutionen einige zentrale Unterschiede.

Fachkräfte der ersten Institution beschrieben den Auftrag in Verknüpfung mit der entsprechenden individuellen Rolle, während Fachkräfte der zweiten Institution den Auftrag primär in Abgrenzung der eigenen Tätigkeit zu den anderen Fachkräften schilderten. In letzterer Institution wurde mehrfach mit fehlendem Wissen oder Informationen zu den Teilnehmenden argumentiert.

Die Tendenz sich abzugrenzen, um selbst zurecht zu kommen, sowie der Mangel an fachlichem Austausch wurde mehrfach mit den gegebenen Rahmenbedingungen begründet, welche weiter oben beschrieben sind.

Auffallend ist, dass in der zweiten Institution mehrfach das Familienbild als Metapher benannt wurde. Fachkräfte sehen ihre Aufgabe und Rolle darin, Teilnehmende „an die Hand zu nehmen". Es sei ab und an notwendig, die Rolle eines strengen Elternteils zu übernehmen und sich dementsprechend zu verhalten. Die Fachkräfte beider Institutionen waren sich einig, dass es ihre Aufgabe ist, Struktur vorzugeben und vorzuleben. Flexibilität in der täglichen Arbeit sei unentbehrlich und Erwartungen und Ziele müssten auf ein realistisches Maß reduziert werden.

Die Beziehung zur Klientel basierte im Modellprojekt, ähnlich wie in anderen Angeboten, auf den Auftrag der (Re)Integration in den Arbeitsmarkt. An dieser Triangulation zwischen Auftraggeber, den Fachkräften der beiden Institutionen und der Klientel ist das Wechselspiel von Hilfe und Kontrolle, das Doppelmandat der Sozialen Arbeit, deutlich sichtbar (Böhnisch & Lösch 1975). Diese beiden Aspekte können durchaus widersprüchlich sein und beeinflussen die Beziehung zwischen Fachkraft und Klientel. Das von Staub-Bernasconi differenzierte Modell des Tripelmandats verweist in aller Deutlichkeit auf die Notwendigkeit professioneller Rahmenbedingungen hinsichtlich Ausbildung von Fachkräften und Rahmenbedingungen des professionellen Handelns (Staub-Bernasconi 2007).

Alle Fachkräfte betonten die Bedeutsamkeit der ersten Phase im Modellprojekt hinsichtlich eines gelingenden Beziehungsaufbaus. Insbesondere Einzel-Coaches verwiesen auf das Potenzial bezüglich eines tragfähigen Beziehungsaufbaus und der Prozesshaftigkeit aufgrund der Anlage des Modellprojekts.

Teilnehmenden wurde von Fachkräften im Rahmen der Interviews ein großes Maß an Wertschätzung entgegen gebracht, sie sollten sich wohl fühlen, und ihre Anliegen wurden ernst genommen. Dieser ersten Kontaktaufnahme gaben die Fachkräfte bewusst Zeit und Raum, wobei sie teils fehlende institutionelle Rahmenbedingungen, wie etwa einen ungestörten Raum zur Verfügung zu haben, kritisch benannten. Anerkennung und Wertschätzung wurden als zentrale Elemente der Beziehungsgestaltung genannt.

Ein weiterer wichtiger Aspekt der Beziehung im professionellen Kontext ist der angemessene Umgang mit Nähe und Distanz, der sich u.a. auch im Umgang mit Regeln zeigt. Einhalten, Akzeptieren, Negieren und Verstoßen von Rahmenbedingungen durch die Klientel wurden von Fachkräften hinsichtlich der Beziehung zur Klientel in einer beträchtlichen Bandbreite benannt.

Auffallend ist, dass selten Ziele genannt wurden, die sich auf Gender- oder Interkulturalitätsaspekte beziehen. Gender zeigte sich kaum als Teil der expliziten Zielvorstellungen der Fachkräfte. Es wurde eher nur indirekt darauf verwiesen, meist im Zusammenhang mit der kritischen Beleuchtung der Situation von Mädchen und jungen Frauen mit Migrationshintergrund.

Fachkräfte der zweiten Institution verwiesen teils explizit darauf, dass es nicht Aufgabe sei über zentrale Themen kritisch zu reflektieren. Für diese Grundhaltung steht exemplarisch das folgende Zitat:

> „Und wenn ein Mädchen sich mit neunzehn entscheidet zu heiraten, dann heiratet sie. Das ist nicht unsere Arbeit zu sagen: ‚Denke da drüber nach'.“

In der zweiten Institution zeigen sich generell teils widersprüchliche Aussagen, die auf eine tendenzielle Unklarheit hinsichtlich Rolle und Methoden in der Arbeit mit der Klientel verweisen. In Bezug auf Interkulturalität nannten die befragten Fachkräfte keine spezifischen Ziele. Mögliche Anmerkungen hätten sich auf Ziele der interkulturellen Verständigung und Bewusstseinsbildung beziehen können, auf interkulturelle Integration und das gegenseitige Lernen. Auch in Bezug auf dieses Thema lassen sich bestenfalls implizite Verweise finden. Auffallend ist auch, dass Ziele ausschließlich auf der individuellen Ebene benannt wurden; Fachkräfte blendeten systemische Meta-Ebenen aus ihrer Situationsbeschreibung aus. Denkbare Themenschwerpunkte wären beispielsweise Ansätze der Gemeinwesenarbeit auf Meso-Ebene gewesen, eine sozialarbeiterische Methode, die übergreifend Bewusstseinsbildung und Veränderung von Lebensvorstellungen in der Zusammenarbeit mit größeren Gruppen zum Ziel hat. Insbesondere hätte auch die Arbeit auf gesamtgesellschaftlicher Makro-Ebene, mit dem Ziel Chancengleichheit zu erreichen, genannt werden können.

4. Diskussion

Die Qualität des Modellprojekts wurde unter anderem mittels Auswertung der Leitfadeninterviews untersucht. In mehreren Schritten konnten zentrale Vorzüge des Projekts, aber auch einige Schwachstellen identifiziert werden. Exemplarisch werden zentrale Aspekte hervorgehoben.

Die Analyse der Wirkungsmodelle zeigt auf, dass die Fachkräfte über ein reflektiertes methodisches Konzept zum Erreichen der Zielsetzung verfügen, wenn sich auch deutliche Unterschiede in den beiden Institutionen ergaben. Im Rahmen des Modellprojekts war es gelungen, einen großen Teil der Teilnehmenden in den freien Arbeitsmarkt oder an eine Lehrstelle zu vermitteln. Sowohl die Anordnung und Ausrichtung der einzelnen Projektmodule als auch der Handlungsansatz der Fachkräfte, die an der Persönlichkeitsbildung der Teilnehmenden arbeiteten, um sie erfolgreich in den Arbeitsmarkt zu integrieren, waren Erfolgsbedingungen des Modellprojekts.

Kompetenz- und Ressourcenorientierung, differenziert nach persönlichen, sozialen und fachlichen Kompetenzen, wirkten förderlich hinsichtlich der Ziele Persönlichkeitsbildung und Arbeitsmarktintegration. Interkulturelle und Genderkompetenzen, die in der Anlage des Modellprojekts bewusst nicht als Querschnittsthematiken, sondern vielmehr als besonders bedeutsam erachtet und in eigens hierzu geplanten Veranstaltungen durchgeführt wurden, griffen demgegenüber zu wenig.

Interkulturalität wurde sowohl von Teilnehmenden als auch von Fachkräften nur ansatzweise thematisiert und hatte insbesondere in der Konzeption des Modellprojekts eine besondere Bedeutung. Allerdings können Kompetenzen an Teilnehmende nur dann vermittelt werden, wenn sie nicht ausschließlich in der ersten Phase des Modellprojektes, insbesondere der Biografiearbeit, verankert sind, sondern auch in den darauf folgenden Angeboten.

Genderkompetenzen und interkulturelle Kompetenzen sind sensible Themen, welche die eigene Biografie berühren. In diesem Sinn sind kontinuierliche Fort- und Weiterbildungen sowie intensive Austauschprozesse der Fachkräfte in diesen beiden Kompetenzfeldern unerlässlich. Vor allem die Thematik der Chancengleichheit am Arbeitsmarkt ist bei der vorliegenden Zielgruppe, wie die vorliegenden Ergebnisse bestätigen, insbesondere hinsichtlich Geschlechtersensibilität und Bewusstsein bezüglich kultureller Vielfalt bedeutend.

Hinzu kommt, dass Jugendliche und junge Erwachsene als Zielgruppe auf die Diskrepanz zwischen individuellen Wunschvorstellungen und realen Möglichkeiten am Arbeitsmarkt unterschiedlich reagieren, weswegen entsprechende Beratungsmodelle berücksichtigt und angewendet werden sollen (Fleischer 2007: 34-48).

Durch die Teilnahme am Modellprojekt übernahmen Teilnehmende in unterschiedlicher Ausprägung die Erfolgs- und Zieldefinitionen der Fachkräfte in ihre Erwartungen. Sie waren motiviert am Erfolg mitzuwirken und akzeptierten überwiegend auch Ansätze wie Biografiearbeit oder Persönlichkeitsbildung, die ihnen, wie aus den Interviews ersichtlich, eher weniger prioritär erschienen. Die Arbeit in den einzelnen Veranstaltungen ist also insofern schon erfolgreich, als Teilnehmende auf den professionellen Weg mitgenommen werden konnten. Die Komplementarität der Vorstellungen, die zum Erfolg der Veranstaltungen beiträgt, lässt sich in den Beschreibungen der wechselseitigen Sichtweisen von Teilnehmenden und Fachkräfte auf das Modellprojekt nachvollziehen.

Die differenzierte Erfassung von Ressourcen und Problematiken wird insbesondere durch qualitative Exploration nachvollziehbar. Zwar wurden Teilnehmende im Modellprojekt psychologisch diagnostiziert, eine fundierte Soziale Diagnostik fehlte jedoch.

Sie ist allerdings in einem umfassenden Verständnis von professioneller Sozialer Arbeit Grundlage für den Prozess der fachlich fundierten sozialarbeiterischen Beratung und Begleitung. Um professionell zu sein, sollte sie folgenden Kriterien genügen:

- wissenschaftliche Fundierung: Das heißt, die Diagnostik soll sich aus der Sozialarbeitswissenschaft herleiten;
- ganzheitlicher Ansatz: Im Sinne eines bio-psycho-sozio-kulturellen Modells sollen alle lebensweltlichen Dimensionen im Spannungsfeld von Ressourcen und Defiziten erfasst werden;
- Soziale Diagnostik basiert auf einem Dialog zwischen Fachkraft und Klientel;
- methodisches Handeln und die Überprüfbarkeit sind aus der Diagnostik hergeleitet und begründet (Pantuček 2012, Heiner 2010).

Auffallend sind die äußerst unterschiedlichen Beschreibungen von Rahmenbedingungen, die sich unter anderem auch auf die Wahrnehmung der Klientel auswirkt. Unbefriedigende Situation beüglich des Arbeitsvertrags, fehlende Vor- und Nachbereitungszeit, monatliche Teambesprechungen, in denen Organisatorisches, jedoch nicht Inhaltliches (beispielsweise Fallbesprechungen) thematisiert und diskutiert wurde, sowie beengende räumliche Verhältnisse wurden ausschließlich in einer Institution problematisiert. Dies ist ein deutlicher Verweis auf die Bedeutung von Rahmenbedingungen, weil sie die Qualität einer Maßnahme und deren nachhaltigen Erfolg entscheidend beeinflussen.

Galuske differenziert strukturbezogene, direkt interventionsbezogene und indirekt interventionsbezogene Methoden (Galuske 2013). Letztgenannte sind jene, die der Professionalisierung von Sozialarbeitenden dienen: Fort- und Weiterbildungen und Supervisionen in verschiedenen Settings. Jegliches Arbeiten mit und an sich in einem professionellen Setting wirkt sich auf die Arbeit mit der Klientel aus. In diesem Sinne zeigt sich bei einer der hier untersuchten Institutionen ein auffallender Mangel hinsichtlich adäquater Rahmenbedingungen. Auch, wenn die hier präsentierten Evaluationsergebnisse auf Verbesserungspotenziale hinweisen (z.b. in Bezug auf Gender und Interkulturalität, Diagnostik und institutionelle Rahmenbedingungen), gilt es dennoch, die Wirkungsweise des Modellprojekts hinsichtlich der *Arbeitsmarktvermittlung* und *nachhaltigen Persönlichkeitsstärkung* benachteiligter Jugendlicher und junger Erwachsener zu bekräftigen. Schließlich thematisierten viele Teilnehmende vor allem im Rahmen der zweiten Interviewwelle, also gegen Ende der Laufzeit des Modellprojekts, ihre Eigenverantwortlichkeit bei der Jobsuche und die Stärkung ihres Selbstbewusstseins durch die Teilnahme – nicht zuletzt sind das zwei wesentliche psychosoziale Fundamente für einen nachhaltigen Einstieg in den Arbeitsmarkt.

Literatur

Böhnisch, Lothar & Lösch, Hans (1975): Das Handlungsverständnis des Sozialarbeiters und seine institutionelle Determination. In: Otto, Hans-Uwe; Schneider, Siegfried (1975): 21-40.

BPV (o.J.): ESF SP3b/2 – Migration & Arbeitsmarkt. Beantwortung Grobkonzept. Bregenz/Frastanz.

Dewe, Bernd & Otto, Hans-Uwe (2011): Professionalität. In: Otto, Hans-Uwe & Thiersch, Hans (2011): 1143-1153.

Do Mar Castro Varela, Maria; Clayton, Dimitria (Hrsg.) (2003): Migration, Gender, Arbeitsmarkt. Neue Beiträge für Frauen und Globalisierung. Königstein/Taunus: Ulrike Helmer Verlag.

Exenberger, Silvia; Fleischer, Eva; Maier, Martin & Schober, Paul (Hrsg.) (2007): Join in a job! Instrumente zur beruflichen Beratung jugendlicher MigrantInnen. Innsbruck/Wien/Bozen: Studien Verlag.

Fleischer, Eva (2007): Grundorientierungen der Join In a Job! Methode. In: Exenberger, Silvia; Fleischer, Eva; Maier, Martin & Schober, Paul (2007): 32-53.

Flick, Uwe (2009): Qualitative Methoden in der Evaluationsforschung. In: Zeitschrift für Qualitative Forschung 10/1. 9-18. URL: http://nbn-resolving.de/urn:nbn:de:0168-ssoar-336552, download am 08.03.2015.

Flick, Uwe (2010): Qualitative Sozialforschung. Eine Einführung. Reinbek bei Hamburg: Rowohlt.

Galuske, Michael (2013): Methoden Sozialer Arbeit. Eine Einführung. Weinheim u.a.: Beltz Juventa.

Geiser, Kaspar (2013): Problem- und Ressourcenanalyse in der Sozialen Arbeit. Eine Einführung in die systemische Denkfigur und ihre Anwendung. 5. überarb. Auflage Luzern: Interact (u.a.).

Granato, Mona & Schittenhelm, Karin (2003): Junge Migrantinnen zwischen Schule und Arbeitsmarkt. Ungleichheiten angesichts der Ausdifferenzierung einer Übergangsphase. In: Do Mar Castro Varela, Maria & Clayton, Dimitria (2003): 109-126.

Heiner, Maja (2010): Kompetent Handeln in der Sozialen Arbeit. München: Reinhardt.

Helfferich, Cornelia (2005): Die Qualität qualitativer Daten. Manual für die Durchführung von qualitativen Interviews. Wiesbaden: Verlag für Sozialwissenschaften.

Lassnig, Lorenz; Leitner, Andrea; Wroblewski, Angela; Steiner, Mario; Steiner, Peter; Mayer, Kurt; Schmid, Günther & Schömann, Klaus (2000): Evaluationsschema für Maßnahmen der aktiven Arbeitsmarktpolitik in Wien. URL: http://waff.at/fileadmin/user

_upload/studien/2000/Lang_EVALUATIONSSCHEMA_IHS_2000.pdf, download am 16.09.2009.

Mayring, Philipp (2010): Einführung in die qualitative Sozialforschung. Eine Anleitung zum qualitativen Denken. 5., überarb. u. neu ausgestattete Aufl. Weinheim: Beltz.

Otto, Hans-Uwe & Schneider, Siegfried (Hrsg.) (1975): Gesellschaftliche Perspektiven der Sozialarbeit. Zweiter Halbband. Neuwied, Berlin.

Otto, Hans-Uwe & Thiersch, Hans (Hrsg.) (2011): Handbuch Soziale Arbeit. 4., völlig neu überarb. Aufl. München/Basel: Reinhardt.

Pantuček, Peter (2012): Soziale Diagnostik. Verfahren für die Praxis Sozialer Arbeit. 3. aktualisierte Auflage. Böhlau Verlag: Wien.

Staub-Bernasconi, Silvia (2007): Soziale Arbeit als Handlungswissenschaft. Bern/Stuttgart/Wien: Haupt UTB.

Witzel, Andreas (2000): Das problemzentrierte Interviews. URL: http://www.qualitative-research. net/index.php/fqs/article/view/1132/2520, download am 22.11.2010.

Die Vorarlberger Ausbildung zum Turnusarzt

Pascale Roux, Frederic Fredersdorf, Fabian Rebitzer

1. Soziale Aufgabenstellung und Forschungsfrage

Während in Deutschland der sogenannte Arzt im Praktikum ab Oktober 2004 abgeschafft und der Status medizinischer Studienabgänger/innen zu Assistenzärzten mit deutlich höherem Gehalt angehoben wurden (Spiegel Online 2004), existiert in Österreich mit dem „Turnusarzt" eine dreijährige Ausbildungsstufe zum Allgemeinmediziner / zur Allgemeinmedizinerin (ÄAO 2006, Abs.3, §7) mit jahrelang kontrovers diskutiertem Status. Laut einer repräsentativen Umfrage des Instituts für Empirische Sozialforschung (IES, Wien) waren im Jahr 2010 junge österreichische Medizinerinnen und Mediziner mit ihrer beruflichen Situation unzufrieden. Signifikant unzufriedener äußerten sich Auszubildende, die ihren meist dreijährigen Turnus in Spitälern absolvieren (Mayrhofer 2010) – eine Situation, die sich im ersten Jahrzehnts des neuen Jahrtausends in Vorarlberg ähnlich darstellte. Kritisiert wurden vor allem überlange Dienstzeiten und ein hoher administrativer Aufwand, was sich auf die subjektive Wahrnehmung der Ausbildungsqualität negativ niederschlug (ebd.).

Unabhängig von den nationalen Studien des IES suchte die Vorarlberger Ärztekammer seit 2004 spezifische Aspekte der Vorarlberger Ausbildungssituation im Turnus zu erkunden. Zum Zweck der wiederholten Ist-Analyse beauftragte sie zwischen 2004 und 2012 den Forschungsbereich Sozial- und Wirtschaftswissenschaften fünfmal im etwaigen Zweijahresabstand, aus Sicht der Auszubildenden die Qualität des Turnus und die Zufriedenheit mit ihm standardisiert zu erheben. Mit dieser Trendstudie konnten in Vorarlberg erstmals Langzeitvergleiche der Ausbildung im Turnus in Form eines Querschnittsmonitorings realisiert werden.

Die Vorarlberger Ärztekammer verfolgte mit den Umfragen das übergreifende Ziel, aus den Ist-Analysen weiterführende Maßnahmen zur Verbesserung und Sicherung der Qualität in der regionalen Turnusärzteausbildung abzuleiten. Vier Teilziele waren seit der ersten Erhebung übergreifend relevant:

- die Ärztekammer Vorarlberg bei der Einführung einer Evaluationsstrategie für die Ausbildung von Turnusärzten zu unterstützen,
- ein standardisiertes Instrument des Qualitätsmanagements in Form eines validen quantitativen Fragebogens zu entwickeln,
- das Befragungsinstrument bei Auszubildenden im Turnus einzuführen,
- das Befragungsinstrument anzupassen und über einen gewissen Zeitraum systematisch zur Qualitätsbewertung in der Vorarlberger Ausbildung einzusetzen.

2. Methodik

Bei der seit dem Jahr 2004 im zweijährigen Abstand durchgeführten Befragung von Turnusärztinnen und -ärzten handelt es sich um eine sozialwissenschaftliche Trendstudie. Sie soll Aussagen über die Ausbildungsqualität aus Sicht der jeweils aktuell in Vorarlberg tätigen Auszubildenden generieren und über die Jahre Auskunft über allgemeine Trends zu diesem Sachverhalt geben. Wegen unveränderbaren Bedingungen im Handlungsfeld unterscheidet sich die nicht-experimentelle und nicht-prospektive Trendstudie von pharmakologischen oder medizinischen Designs, mit denen spezifische Effekte eines Medikaments oder einer Behandlung isoliert gemessen werden.

Vorab der ersten Erhebung im Jahr 2004 adaptierte ein zwölfköpfiges Expertengremium Vorarlberger Ärztinnen und Ärzte einen auf die Ausbildung bezogenen Fragebogen der Ärztekammer Steiermark. Das Erhebungsinstrument lehnt sich in breiten Teilen an das Qualitätsinstrument der Ärztekammer Steiermark an und wurde um bedeutsame Inhalte aus Vorarlberger Sicht ergänzt.

Nach einem Pre-Test und, im Zuge der Jahre, leichten Überarbeitungen erkundet das Vorarlberger Instrument fünf Dimensionen der Ausbildungsinhalte und eine Dimension zur Bewertung des Qualitätsmanagements der Ärztekammer Vorarlberg. Mit insgesamt 124 Fragen stellt es hohe Ansprüche an die Zielgruppe, der Studie genügend Aufmerksamkeit zu widmen. Breite interne Vorab-Kommunikation durch die Standesvertretung der Zielgruppe konnte über die Jahre Rückläufe zwischen knapp 50% und knapp 66% generieren, was für eine hohe Beteiligungsmotivation spricht. Die fünf Umfragen im Querschnittsdesign wurden 04, 06, 08, 10 und 13 jeweils als Vollerhebung der aktuell in Vorarlberg tätigen TurnusärztInnen realisiert.

Je nach Erhebungsjahr bezog sich das auf 117 bis 130 Personen. In den ersten vier Jahren erfolgte die Umfrage postalisch, im fünften wurde sie online mittels der Software Unipark durchgeführt.

Das Befragungsinstrument erkundet sechs Dimensionen:

- 24 Fragen zur Einführung und Einschulung,
- 21 Fragen zu ausbildungsbezogenen (positiv) und nicht ausbildungsbezogenen (negativ) Routinetätigkeiten,
- 35 Fragen zu theoretischen und praxisbezogenen Inhalten der Aus- und Weiterbildung,
- 20 Fragen zu den Rahmenbedingungen der Ausbildung,
- 17 Fragen zu den Inputs, Effekten und Transferpotentialen der Ausbildungsqualität,
- 7 (im Verlauf der Überarbeitung 9) Fragen zu spezifischen Initiativen der Vorarlberger Ärztekammer.

Das Instrument besteht aus zwei Arten von Fragen: Zum einen ermittelt es zur Ausbildung gehörende Ereignisse (z.B. ob ein Ausbildungsverantwortlicher vorhanden ist oder jemand in der zu bewertenden Abteilung von Haupttätigkeiten ausgeschlossen wird), und zum anderen subjektive Bewertungen (z.b. ob sich der eigene medizinische Wissensstand durch die bisherige Ausbildung verbessert hat oder zeitliche Ressourcen für die Ausbildung ausreichen).

Es wurden Auszubildende der fünf Vorarlberger Landeskrankenhäuser befragt. Zunächst bewertete die Zielgruppe jene Abteilung, an der sie zuletzt tätig war. In einem zweiten Teil erhielt sie die Möglichkeit, unabhängig von der aktuellen Bewertung mittels 14 extrahierter Items fünf zentral bedeutsame Ausbildungsstationen gesondert zu bewerten – dies jedoch nur, sofern sie diese bereits durchlaufen hatten. Der zweite Abschnitt wurde im Zuge der letzten drei Erhebungsjahre eingeführt, um unter den Krankenhäusern belastbare Vergleiche zwischen zentralen Abteilungen vorzunehmen. Er bezieht sich auf die Bereiche Chirurgie, Gynäkologie, Unfallchirurgie, Innere Medizin und Pädiatrie. Daraus resultierende Ergebnisse sind den Vorarlberger Landeskrankenhäusern bekannt und nicht Gegenstand dieses Beitrags.

Vorliegende Daten der fünf Erhebungsjahre mit insgesamt 402 Fällen (2004=92, 2006=76, 2008=69, 2010=90, 2013=75) erlauben eine fundierte Reliabilitäts- und Konstruktanalyse. Split-Half-Tests zu zehn inhaltlich unterscheidbaren, aber gleichgerichteten und -kodierten metrischen Item-Batterien belegen zunächst eine akzeptable Zuverlässigkeit des Instruments. Mit Alpha-Werten größer 0,8 sind 66 Items (70%) in hohem Maße reliabel. Weitere 19 Items (20%) erreichen suboptimale Alpha-Werte von knapp über 0,7 (Tab. 1).

Tab. 1: Reliabilitätsanalysen zu zehn metrischen Item-Batterien

	α	α 1. Hälfte	α 2. Hälfte
17 Items: Bewertung Ausbildungsqualität	0,883	0,816	0,783
12 Items: Praxisbezug der Ausbildung	0,868	0,824	0,722
10 Items: Bewertung der Einschulung	0,868	0,677	0,656
5 Items: Kollegiale Integration	0,849	0,835	0,829
7 Items: Bewertung der Einführung	0,829	0,763	0,698
15 Items: Rahmenbedingungen	0,824	0,813	0,634
8 Items: Ausbildungsbezogene Routine	0,727	0,695	0,470
11 Items: Weiterbildungsmaßnahmen	0,709	0,632	0,472
13 Items: Nicht ausbildungsbez. Routine	0,675	0,581	0,550
6 Items: Initiativen der Ärztekammer	0,619	0,595	0,477

Die Werte von Cronbach's Alpha stehen gleichzeitig für eine hohe Homogenität der jeweiligen Teilbatterien. Eine zusätzliche Analyse der durchschnittlichen Inter-Item-Korrelationen metrischer und nicht-metrischer Items belegt das Axiom. Mit mehrheitlichen Werten zwischen 0,2 und 0,4 und einem Gesamtdurchschnitt von 0,276 entsprechen sie dem methodologisch geforderten Akzeptanzbereich für Homogenität, um einerseits weitgehend eindimensional zu korrelieren, ohne andererseits die inhaltliche Bandbreite einer Batterie einzuschränken (Bortz & Döring 2006: 220f).

Tab. 2: Inter-Item-Korrelationen von zehn Item-Batterien

	Ø Item-Homogenität
7 Items: Bewertung der Einführung	0,529
5 Items: Kollegiale Integration	0,330
17 Items: Bewertung Ausbildungsqualität	0,291
12 Items: Praxisbezug der Ausbildung	0,286
10 Items: Bewertung der Einschulung	0,255
13 Items: Nicht ausbildungsbezogene Routine	0,248
6 Items: Initiativen der Ärztekammer	0,239
15 Items: Rahmenbedingungen	0,221
8 Items: Ausbildungsbezogene Routine	0,185
11 Items: Weiterbildungsmaßnahmen	0,178
Ø gesamt	0,276

Im Kontext der Befragungen kam es zu einer Methodendebatte zwischen Mediziner/innen der beteiligten Krankenhäuser, der Ärztekammer und der Fachhochschule. Die Kammer nutzte aus den Items gebildete sechs Indizes für krankenhaus- und stationsspezifische Vergleiche. Neben der Forderung nach einem aussagekräftigeren prospektiven Erhebungsdesign anstelle der Querschnitts-Trenduntersuchung wurde moniert, dass nicht alle in den Indizes summierten Aspekte auf jede Station gleichermaßen zuträfen. Exemplarisch, und inhaltlich korrekt, wurde die Umsetzung von Bedside-Teaching (Lehre am Krankenbett) für chirurgische Stationen erwähnt. Diese Vermittlungsmethode wird aus immanenten Gründen in der Chirurgie und Unfallchirurgie nicht praktiziert.

Rückmeldungen der Vorarlberger Krankenhaus-Betriebsgesellschaft verdeutlichten, dass ein prospektives Design – bei dem jeder Turnusarzt bzw. jede Turnusärztin nach Durchlaufen einer Station zu dieser einen Bewertungsbogen ausfüllt – aufgrund des spezifischen Qualitätsmanagements einzelner Häuser und Abteilungen nicht umsetzbar ist. Von daher sprechen die Bedingungen im Handlungsfeld gegen ein objektiveres Erhebungssystem.

Der Frage nach dem Stellenwert des Bedside-Teaching für eine inhaltsvalidere stationsspezifische Differenzierung kann durch das vorliegende Datenmaterial nachgegangen werden: Erstens durch eine Analyse der Antwortmöglichkeit „nie", zweitens durch eine um das betreffende Item reduzierte Faktorenanalyse und drittens durch eine Varianzanalyse über die fünf erfragten Stationen hinweg. Folgende Aussagen können daraufhin getroffen werden:

- Ob Bedside-Teaching realisiert wurde, konnte auf einer vierstufigen Skala zwischen „nie" (1) und „immer" (4) beantwortet werden. Ein Chi^2-Test mit einer Vier-Felder-Kreuztabelle (dichotomisierte unabhängige und abhängige Variablen) ergab keinen signifikanten Unterschied zwischen chirurgischen und sonstigen Stationen in Bezug darauf, wie oft „nie" angekreuzt wurde ($p=0,091$).

- Ohne die Variable „Bedside-Teaching" steigt im Kontext einer wiederholten Faktorenanalyse die erklärte Gesamtvarianz der vormals elf (nun zehn) Items zur Weiterbildung um 2,25% auf 63,65%.

- Gemäß einer Einfaktoriellen Varianzanalyse mit Post-Hoc-Test unterscheidet sich ausschließlich die Pädiatrie hochsignifikant von allen anderen Stationen in Bezug auf den Einsatz von Bedside-Teaching ($p=0,000$): Auf der Kinder- und Jugendheilkunde wird diese Methode häufiger verwendet als auf allen anderen Stationen. Anders formuliert: Die für diese Analyse in einem Block zusammengefassten chirurgischen Abteilungen unterscheiden sich nicht in der durchschnittlichen Einsatzhäufigkeit des Bedside-Teaching von den weiteren Abteilungen.

Damit legen die Daten den Schluss nahe, die Variable Bedside-Teaching im Index zu belassen. Zwar spricht der nach Extraktion dieser Variable leicht erhöhte Wert zur erklärten Gesamtvarianz des Weiterbildungs-Index dafür, die Variable Bedside-Teaching im Stationenvergleich nicht mehr zu berücksichtigen. Doch wenn diese Form in Vorarlbergs Krankenhäusern auf chirurgischen Abteilungen tatsächlich nicht praktiziert wird, müssten Turnusärztinnen und -ärzte von chirurgische Stationen seltener „nie" angekreuzt haben, was jedoch nicht der Fall ist. Außerdem müsste die Varianzanalyse für diese Gruppe einen signifikant geringeren Durchschnittswert gegenüber anderen Stationen vorweisen. Mit 2,21 von vier Indexpunkten unterscheidet sich der Durchschnittswert für chirurgische Stationen jedoch nicht signifikant von den Werten für die Innere Medizin und Gynäkologie sowie für sonstige Stationen, die aufgrund geringer Fallzahlen zu einem Cluster zusammengefasst wurden.

3. Zentrale Ergebnisse

Unabhängig von derartigen Methodenfragen lassen sich mit den erhobenen Langzeitdaten Trendaussagen generieren. Hierfür wurden auf einer oberen Ebene die Items zu den o.g. Dimensionen der Ausbildung zu fünf summierten und ungewichteten Indizes zusammengefasst: Qualität der Einschulung und Einführung in die Abteilung, Qualität der ausbildungsbezogenen und nicht ausbildungsbezogenen Routinetätigkeiten (zweitgenannte Items wurden zur Indexbildung umgepolt, weil medizinische ExpertInnen sie negativ bewerteten), Qualität der theoretischen und praktischen Aus- und Weiterbildung, Qualität der krankenhausspezifischen Rahmenbedingungen, Ausbildungsqualität (Inhalte, Didaktik, Zeitressourcen, Kompetenzerwerb u.a.). Ein sechster Index bezog sich auf Initiativen der Ärztekammer. Ab 2008 wurde ihm eine Frage hinzugefügt, inwiefern sich die Ausbildung in den letzten zwei Jahren aus Sicht der Befragten verbessert habe. Diese wird hier gesondert betrachtet.

Von Querschnittserhebung zu Querschnittserhebung konnten somit die Entwicklungen der Ausbildungsqualität über die Jahre verfolgt werden. Im letzten Erhebungsjahr 2013 verweisen Einfaktorielle Varianzanalysen mit Post-Hoc-Tests anhand der Indizes A bis F auf eine verbesserte Bewertung der Ausbildung aus Sicht der Zielgruppe. Das bezieht sich auf alle sechs untersuchten Landeskrankenhäuser in Vorarlberg, nicht jedoch auf die Entwicklung einzelner Häuser oder Stationen. Diese ist der Ärztekammer und den Häusern/Stationen bekannt, jedoch nicht Gegenstand dieses Beitrags. Hier dargestellte signifikante Unterschiede markieren somit übergreifende Trends in Vorarlbergs Landeskrankenhäusern:

- Im Jahr 2013 wird Index A zur Qualität der Einschulung und Einführung signifikant besser bewertet als in den Jahren 2004 bis 2008, jedoch nicht signifikant besser als 2010. Ab 2010 ist damit eine konstant gebliebene Qualitätsverbesserung zu beobachten. Bei einer Spannweite von null bis 24 Indexpunkten liegt sie in 2013 mit 14,1 Punkten allerdings im durchschnittlichen Bereich.
- Im Jahr 2013 wird Index B zur Qualität der Routinetätigkeiten höchstsignifikant besser bewertet als in den Jahren 2004 bis 2008, jedoch nicht signifikant besser als im Jahr 2010. Auch für den zweiten Index ergibt sich somit ab 2010 eine konstant gebliebene Qualitätsverbesserung. Bei einer Spannweite von null bis 21 Indexpunkten liegt sie in 2013 mit 13,9 Punkten im überdurchschnittlichen Bereich.
- Im Jahr 2013 wird Index D zur Qualität der Rahmenbedingungen signifikant besser bewertet als im Jahr 2004, jedoch nicht signifikant besser als in den Jahren 2006 bis 2010. Für die Rahmenbedingungen kann damit die konstante Bewertungsverbesserung bereits ab dem zweiten Erhebungsjahr beobachtet werden. Bei einer Spannweite von null bis 17 Indexpunkten liegt Index D in 2013 mit 11,2 Punkten im überdurchschnittlichen Bereich.
- Von 2008 und auch von 2010 zu 2013 hat sich aus retrospektiver Sicht der Befragten die Ausbildung im Turnus in den letzten zwei Jahren hochsignifikant verbessert. Bei einer Spannweite von null bis 4 Skalenpunkten liegt dieser Aspekt in 2013 mit 2,6 Punkten allerdings im durchschnittlichen Bereich.

Aus immanenten methodologischen Gründen nivellieren Indizes die in ihnen summierten Detailaspekte, und das umso stärker, je mehr Variablen der Index integriert. Zwei Schlussfolgerungen lassen sich daraus ableiten:

Erstens kann ein Index zwar über mehrere Jahre gleich stark ausgeprägt sein; dennoch könnten sich einzelne Verbesserungen und Verschlechterungen im Durchschnitt gegenseitig aufheben und einen gleichbleibenden Index-Wert bewirken. Wenn sich also, wie bei dieser Studie, ein Indexwert über die Jahre steigert, darf der Trend begründet als sozial bedeutsam interpretiert werden.

Zweitens erhalten bei einer ungewichteten Indexbildung alle Variablen dieselbe mathematische Bedeutung, was nicht der sozialen Realität entsprechen muss. Wie eingangs dargestellt, konstatierten Umfragen zu Beginn des Jahrtausends unter Turnusärztinnen und -ärzten vor allem Unzufriedenheit mit dem Administrationsaufwand und mit überlangen Dienstzeiten. Diese beiden Aspekte waren ebenfalls Gegenstand der Vorarlberger Studie, wobei der erste durch dreizehn Items zu nicht ausbildungsbezogenen Routinetätigkeiten und der zweite durch zwei Items zu zeitlichen Rahmenbedingungen abgefragt wurde:

„Konnten Sie nach einem Wochenend-/ Nachtdienst entsprechend den Arbeitszeitbestimmungen Ihren Dienst beenden?" „Kam es vor, dass Sie länger im Dienst bleiben mussten, um Ihre Arbeit erledigen zu können?" Die vierstufigen Antwortskalen rangieren zwischen „nie" und „immer". Zusätzliche MWU-Tests zeigen, welche nicht ausbildungsbezogenen Routinetätigkeiten Turnusärztinnen und -ärzte zwischen 2004 und 2013 signifikant seltener tätigten, und ob sich im selben Zeitraum Dienstzeiten signifikant verbesserten. (Varianzanalysen wurden nicht realisiert, weil die abhängigen Variablen nicht normalverteilt sind.)

Der insgesamt verbessert Index der Routinetätigkeiten ist in beträchtlichem Ausmaß darauf zurückzuführen, dass sich sechs administrative wie pflegebezogene *nicht ausbildungsbezogene* Tätigkeiten höchstsignifikant und eine weitere annähernd signifikant aus Sicht der Befragten verringerten. Das bezieht sich auf die Blutabnahme, das Herrichten von Infusionen, das Spülen peripherer Leitungen, Einträge in die LKF-Leistungskodierung, das Abfragen von Befunden (alle p=0,000) und das Vereinbaren von Terminvereinbarungen (p=0,056).

Für die beiden Fragen nach den Dienstzeiten kann dieser Unterschied nicht bestätigt werden ($0,987 \geq p \geq 0,969$). Da sie Teil des Index D zur Qualität der Rahmenbedingungen sind, stellt sich die weiterführende Frage, welche der zwanzig Aspekte den signifikant verbesserten Trend bewirkt haben. Erneut geben MWU-Tests hierzu Auskunft. Auszubildende des Jahres 2013 bewerten fünf Rahmenbedingungen (hoch)signifikant besser als Auszubildende des Jahres 2004. Das bezieht sich auf die Möglichkeit, Mehrstunden verrechnen zu können, das Vorhandensein einer Anordnungsbefugnis für Turnusärzte gegenüber dem Pflegepersonal, das Einhalten dieser Delegationsregelung ($0,000 \leq p \leq 0,009$), geringere ungerechtfertigte oder unverständliche Kritik an der Arbeit der Auszubildenden und darauf, dass die Stationen vermehrt Vertrauenspersonen für die Auszubildenden bereitstellten ($0,025 \leq p \leq 0,046$).

4. Diskussion

Die Qualität der Ausbildung zum Turnusarzt / zur Turnusärztin hat sich in Vorarlberg zwischen 20014 und 2013 aus Sicht der Zielgruppe verbessert, das belegen nicht nur die obengenannten Ergebnisse. Auch eine Studie des Ärztlichen Qualitätszentrums in Linz aus dem Jahr 2010 kommt zu diesem Schluss. Bei jener österreichweiten Umfrage, an der sich 2.170 Auszubildende beteiligten, bewerten Vorarlberger Turnusärztinnen und -ärzte ihre Ausbildung am besten (vgl. SpringerMedizin 2012). Gemessen am fünfstufigen österreichischen Schulnotensystem erlangte die Vorarlberger Ausbildung mit dem Wert 2,49 den nationalen Spitzenplatz.

Wie die meisten der in unserer Studie überprüften Indizes, belegt das Ergebnis der Linzer Untersuchung allerdings auch Bewertungspotential „nach oben". Diese Aussage schmälert keineswegs die Errungenschaften der Vorarlberger Ausbildung zum Turnusarzt, hängen doch subjektive Bewertungen stets zusätzlich von einer Reihe emotionaler und persönlichkeitsspezifischer Faktoren ab. Zu Recht verweisen Repräsentanten der Vorarlberger Gesundheitspolitik daher darauf, dass inzwischen breite Maßnahmen zur Qualitätsverbesserung realisiert wurden. Zu nennen sind etwa die Einführung eines Tätigkeitsprofils und eines Ausbildungsverantwortlichen für Turnusärzte, die Reduktion pflegerischer Routinetätigkeiten und nicht zuletzt die Anhebung der Einstiegsgehälter (ebd.). Unsere Ergebnisse sprechen für konstruktive Effekte dieser Maßnahmen.

Vermutlich dürften sich im letzten Jahrzehnt in Vorarlbergs Krankenhäusern – nicht flächendeckend und nicht auf jeder Station, aber generell betrachtet – auch überkommene Führungsstile geändert haben. Gemäß unserer Daten verweisen vermehrtes Vorhandensein einer ausbildungsbezogenen Vertrauensperson, klare Rollendifferenzierungen zwischen (relativ unerprobten) Turnusärzten und (relativ erprobtem) Pflegepersonal sowie eine erhöhte Transparenz bei fachlicher Kritik auf einen zunehmend kollegialen Umgang.

Nicht zuletzt dürften auch materielle Aspekte eine Rolle für die Ausbildungsbewertung spielen. Unsere Datenlage belegt, dass Dienstzeiten aus subjektiver Sicht der Vorarlberger Befragten im Jahr 2013 nach wie vor suboptimal waren. Doch die zunehmende Möglichkeit, Mehrstunden verrechnet zu bekommen, mag dieses Manko zumindest finanziell etwas ausgeglichen haben.

Dennoch birgt das Thema „Arbeitszeiten" nach wie vor Spannungen. Im März 2013 ergab eine Prüfung eines Vorarlberger Krankenhauses durch das Arbeitsinspektorat eine „enorme Überschreitung der Wochenarbeitszeit", was vor allem Turnusärztinnen und -ärzte betraf, die mit einer vorgegebenen Wochenarbeitszeit von 72 (!) Stunden bereits ein beträchtliches Grund-Soll zu erfüllen haben (vgl. orf.at vom 30.03.2013). Ein weiteres Vorarlberger Krankenhaus musste sich dieselbe Kritik im Dezember 2013 gefallen lassen (vgl. orf.at vom 21.12.2013). Das Land Vorarlberg reagierte und richtete 25 zusätzlichen Arztstellen sowie ein neues Programm zur Dienstplanung ein, das Spitzenbelastungen im Voraus anzeigt.

Eine Folgeuntersuchung des Arbeitsinspektorats an zwei Landeskrankenhäusern ergab eine deutlich verbesserte Situation bezogen auf die Arbeitszeiten von darin tätigen Ärztinnen und Ärzten (vgl. orf.at vom 11.03.2014). Eine von der Vorarlberger Ärztekammer längst geforderte zusätzliche Anreicherung der Ausbildungsqualität für Turnusärztinnen und -ärzte wurde im Herbst 2014 realisiert. Erstmals, und in Österreich einzigartig, richtete das Land Vorarlberg fünf Lehrpraxen für Auszubildende im Turnus ein.

Fünf am Ende ihres Turnus Befindliche können einen Teil der restlichen Ausbildung bei niedergelassenen praktischen Ärzten absolvieren, während sie dennoch an einem der fünf beteiligten Landeskrankenhäuser beschäftigt bleiben. Dort absolvieren sie u.a. ihre Nachtdienste (vgl. medonline vom 28.08.2014). Vor dem Hintergrund des allgemeinen Ärztemangels bildet das Modell eine Übergangs- und Schnittstelle zu niedergelassenen Allgemeinmedizinerinnen, -medizinern und deren Nachbesetzung.

Zu Beginn des Jahres 2015 wurde die Langzeitumfrage unter Vorarlbergs Turnusärztinnen und -ärzten erneut aufgelegt. Ergebnisse liegen zur Zeit des Redaktionsschlusses noch nicht vor. Es wird erwartet, dass sich die subjektiven Bewertungen der Zielgruppe, bezogen auf ihre Ausbildung, über die nächsten Jahre steigern, wenn die Maßnahmen die gewünschten Entlastungen und Qualitätsverbesserungen bringen und von Turnusärzten auch in diesem Sinne wahrgenommen werden. Quod esset demonstrandum.

Literatur

ÄAO – Ärztinnen- / Ärzte-Ausbildungsordnung 2006 (Version vom 31.07.2006). URL: http://www.ris.bka.gv.at/Dokumente/BgblAuth/BGBLA_2006_II_286/BGBLA_2006_II_28 6.pdf; download am 28.01.2015.

Bortz, rJügen & Döring, Nicola (2006): Forschungsmethoden und Evaluation für Humanwissenschaftler. Springer. Berlin.

Mayrhofer, Ruth (2010): Ärzteausbildung: Kein Idealzustand. In: Österreichische ÄrzteZeitung. 15/16 vom 15.08.2010: URL: http://www.aerztezeitung.at/archiv/oeaez-2010/oeaez-1516-15082010/aerzteausbildung-kein-idealzustand.html; download am 28.01.2015.

medonline (28.08.20149: Vorarlberg: Lehrpraxismodell startklar. URL: http://medonline.at/2014/vorarlberg-lehrpraxismodell-startklar/; download am 29.01.2015.

Spiegel online (01.10.2004): „Arzt im Praktikum": Nun ist er weg. URL: http://www.spiegel.de/unispiegel/jobundberuf/arzt-im-praktikum-nun-ist-er-weg-a-320950.html; download am 28.01.2015.

SpringerMedizin (06.11.2012): Österreichweit beste Turnusarztausbildung in Vorarlberg. URL: http://www.springermedizin.at/artikel/31451-oesterreichweit-beste-turnusarztausbildung-in-vorarlberg; download am 28.01.2015.

orf.at (30.03.2013): Spitalsärzte arbeiten zu viel: KHBG winkt Geldstrafe. URL: http://vorarlberg.orf.at/news/stories/2577807/; download am 29.01.2015.

orf.at (21.12.2013): Gravierende Verstöße gegen Ärzte-Arbeitszeit. URL: http://vorarlberg.orf.at/news/stories/2621767/; download am 29.01.2015.

orf.at (11.03.2014): LKHs: Verbesserung bei Ärzte-Arbeitszeiten. URL: http://vorarlberg.orf.at/news/stories/2635467/; download am 29.01.2015.

Forschungsschwerpunkt
Sozialkapital

Sozialkapital und Bürgerschaftliches Engagement in Vorarlberg

Fabian Rebitzer & Sarah Moser

1. Soziale Aufgabenstellung und Forschungsfrage

In den letzten Jahren gewinnen der Fachbegriff sowie das sozialpolitische Gestaltungskonzept „Sozialkapital" immer mehr an Bedeutung. Unter Sozialkapital sind in erster Linie spezifische menschliche Ressourcen und Wertvorstellungen zu verstehen, die ein solidarisches Gemeinschaftsleben positiv begründen und am Leben erhalten. Doch es werden auch negative Aspekte von Sozialkapital diskutiert, wie etwas Lebensängste oder erlebte Geringschätzungen. Bürgerschaftliches Engagement wird in der Regel als Teilbereich des Sozialkapitals angesehen.

Deutschsprachige Studien der letzten zehn bis fünfzehn Jahre, beispielsweise der deutsche Freiwilligensurvey 2004 oder die österreichische Erhebung zur Freiwilligenarbeit 2008, stellen umfassend dar, inwiefern soziale Netzwerke und freiwilliges Engagement ein enorm konstruktives gesellschaftliches Potential bergen und gesellschaftlich nicht wegzudenken sind (vgl. Gensicke u.a. 2005). Eine herausragende, weil sehr umfassende und differenzierte, Expertise zu diesem Thema bietet die Enquete-Kommission „Zukunft des Bürgerschaftlichen Engagements" des Deutschen Bundestages aus dem Jahr 2002 (Deutscher Bundestag 2002). Sollten die Hauptaussagen derartiger Studien auf einen Nenner gebracht werden, kann gesagt werden, dass Sozialkapital und Bürgerschaftliches Engagement die sozialen Fundamente für Solidarität, gegenseitige Unterstützung, individuelles und gemeinschaftliches Bewältigungshandeln und die Lebensqualität einer Region darstellen. Als international wissenschaftlich gesichert gilt, dass die Einbindung in soziale Netzwerke wesentliche Basis für ein zufriedenstellendes und gesundes soziales Leben ist (vgl. Bosworth & Schaie 1997). Sie ist zudem Quelle bzw. Grundlage sozialer Unterstützung (klassisch: Whittacker & Garbarino 1983). Nicht zuletzt stellt Sozialkapital auch eine wirtschaftstreibende Kraft dar: Funktionierende soziale Netzwerke reduzieren die auf Märkten anfallenden Transaktionskosten und führen zu effizienteren ökonomischsozialen Austauschprozessen. Das „World Value Survey" konnte anhand von über 20 Marktwirtschaften aufzeigen, dass sich zwischenmenschliches Vertrauen positiv auf Investitions- und Wachstumsraten auswirkt (vgl. Knack & Keefer 1997; Deutscher Bundestag 2002). Soziales Kapital ist zudem Erfolgsfaktor betrieblicher Innovation (Fliaster 2007). Und Regionen mit ausgeprägtem Sozialkapital entwickeln höhere Formen von Lebensqualität und Prosperität, was sich z.b. in Deutschland differenziert empirisch nachweisen lässt (vgl. Freitag & Traunmüller 2008; Berndt 2002).

In Vorarlberg initiiert und unterstützt auf Gemeindeebene das Büro für Zukunftsfragen (ZUB) Bürgerbeteiligung, Bürgerschaftliches Engagement (BE) und nachhalte Gemeindeentwicklung durch diverse Projekte, Workshops (zum Beispiel Lebenswert-Leben-Initiativen, Sozialkapital-Workshops) oder umfangreiche Öffentlichkeitsarbeit (Büro für Zukunftsfragen 2008). In den vergangenen Jahren knüpfte es an aktuelle Erkenntnisse an und gab etliche Studien zum Sozialkapital und/oder Bürgerschaftlichen Engagement in Auftrag (Badelt 1999, Berndt 2002, Gehmacher 2007, Büro für Zukunftsfragen 2008). Auch die hier vorgestellte Studie „Bürgerschaftliches Engagement und Sozialkapital in Vorarlberg" wurde vom Land Vorarlberg über das Büro für Zukunftsfragen in Auftrag gegeben. So realisierte der Forschungsbereich Sozial- und Wirtschaftswissenschaften (FB SoWi) nach 2010 im Jahr 2014 die zweite Erhebungswelle einer Monitoring-Studie zu diesem Thema.

Ziel dieser Studie ist es, die Ausprägung von Bürgerschaftlichem Engagement und Sozialkapital in Vorarlberg in Form einer Bevölkerungsbefragung mit einem standardisierten, quantitativen Fragebogen zu erheben, auszuwerten und die Entwicklung zwischen 2010 und 2014 darzustellen. Die Studie leistet damit einen Beitrag, die nachhaltige Entwicklung Vorarlbergs systematisch zu erfassen und soziale Einflussfaktoren wissenschaftlich darzustellen. Damit sichert sie die hohe Lebens- und Wirtschaftsqualität im Sinne regionaler Nachhaltigkeit (Amt der Vorarlberger Landesregierung o.J.):

„Neben wirtschaftlichem Wohlstand zeichnet sich das Land durch eine hohe soziale Stabilität sowie einen verantwortungsvollen Umgang mit den natürlichen Ressourcen aus. Das Zusammenspiel dieser Faktoren wirkt sich (...) positiv auf eine dauerhafte und ausgewogene Lebensqualität aus".

Die Studienergebnisse tragen dazu bei, den gesellschaftlichen Diskurs in Vorarlberg anzuregen und weiterhin sinnvolle Maßnahmen zur Unterstützung von Sozialkapital und Bürgerschaftlichem Engagement in der Region zu verfolgen.

2. Methodik

Unter einem sozialen Monitoring ist ein System zu verstehen, bei dem in regelmäßigen Abständen mit validen sowie reliablen Instrumenten und unter objektiv durchgeführten Erhebungsmodalitäten bestimmte gesellschaftliche Zustände im Langzeitverlauf gemessen und beschrieben werden. Derartige Monitoring-Systeme liefern einerseits repräsentative Daten zu aktuellen Sachständen. Über die Jahre hinweg geben sie andererseits Auskunft über längerfristige soziale Trends (Gensicke u.a. 2005). Für die vorliegende Monitoring-Studie wurde ein standardisierter Fragebogen eingesetzt, der vom ZUB und vom FB SoWi vorab der ersten Erhebung mit Bezug zu relevanten nationalen Studien aus Österreich, Deutschland und der Schweiz entwickelt wurde.

2.1 Das Befragungsinstrument

Das Befragungsinstrument zum Bürgerschaftlichen Engagement und Sozialkapital wurde 2010 inhaltsvalide konstruiert. Unter dem Anspruch der Inhaltsvalidität ist zu verstehen, dass aus der Zahl aller denkbaren Items (Fragen und Antwortmöglichkeiten) jene herausgefiltert und präzise formuliert werden, welche die zu messenden Eigenschaften in hohem Maße repräsentieren. Das hier verwendete Befragungsinstrument wurde nach der Methode des Expertenratings konstruiert (Dieckmann 1998). Der Fragebogen beinhaltet 84 Fragen mit unterschiedlichen Antwortformaten und besteht aus fünf übergeordneten Bereichen: Bürgerschaftliches Engagement, Zeitaufwendigstes Engagement, Frühere und zukünftige Ehrenamtstätigkeit, Sozialkapital, Angaben zur Person.

Das Monitoring lässt sich dabei in drei Detailebenen erfassen, die unabhängig voneinander im Verlauf beobachtet werden können: Auf der oberen Ebene besteht es aus einer differenzierten Darstellung von Engagementquoten (Zu welchem Anteil sind Vorarlbergerinnen und Vorarlberger engagiert?), aus einem zusammenfassenden Index zur Intensität des Bürgerschaftlichen Engagements (Wie stark sind die Vorarlberger Ehrenamtlichen engagiert?) und aus einem zusammenfassenden Index für Sozialkapital (Wie ausgeprägt ist das Sozialkapital der Vorarlbergerinnen und Vorarlberger?).

Auf der mittleren Ebene lassen sich die beiden Indizes in zehn (Bürgerschaftliches Engagement) bzw. 14 (Sozialkapital) Dimensionen aufteilen. Diese setzen sich in der Regel aus mehreren Fragen zusammen und informieren über spezifische Ausprägungen des Untersuchungsgegenstands:

Tab. 1: Zehn Dimensionen des Index zum Bürgerschaftlichem Engagement

Nr.	Index-Dimension
1	Anzahl der Bereich Bürgerschaftlichen Engagements
2	Grad der Mitwirkungsaktivität im Bürgerschaftlichem Engagement
3	Funktionsausübung im Bürgerschaftlichem Engagement
4	Stundenaufwand für das Bürgerschaftliche Engagement
5	Potentielles Engagement
6	Bedeutsamkeit für das eigene Leben
7	Motivation 1 – Mikroebene
8	Motivation 2 – Mesoebene
9	Motivation 3 – Makroebene
10	Höhe von Geldspenden

Tab. 2: Vierzehn Dimensionen des Index zum Sozialkapital

Nr.	Index-Dimension
1	Egozentriertes Netzwerk – Umfang
2	Egozentriertes Netzwerk – räumliche Nähe
3	Egozentriertes Netzwerk – empfangene Unterstützung
4	Egozentriertes Netzwerk – gegebene Unterstützung
5	Sense of Coherence 1 – (Ur)Vertrauen (Mikro-, Meso- und Makroebene)
6	Sense of Coherence 2 – Lebenssinn / Lebenszufriedenheit
7	Sense of Coherence 3 – Copingstrategien
8	Positives Sozialkapital – Wertschätzung
9	Negatives Sozialkapital – Geringschätzung
10	Gemeinschaftssinn / Solidarität
11	Regionale Verbundenheit / Identifikation
12	Lebensangst
13	Subjektive Lebensqualität
14	Gesundheit

Auf der unteren Ebene sind, je nach Skalenniveau, die Mittelwerte, Standardabweichungen und Konfidenzintervalle oder die Prozentwertverteilungen der Antworten zu den 84 einzelnen Fragen interpretierbar.

Die vorliegende Studie versucht Bürgerschaftliches Engagement und Sozialkapital über die Indizes möglichst ganzheitlich zu erfassen, daher gehen zusätzlich auch Elemente in die Indizes mit ein, die nicht als inhaltliche Ausprägungen im engeren Sinn, sondern als Ursachen oder Effekte zu verstehen, aber mit der Ausprägung von Bürgerschaftlichem Engagement und Sozialkapital eng verbunden sind. So umfassen die Indizes zum Beispiel auch individuelle Motivlagen und subjektiv empfundene Lebenswirklichkeiten, die gut begründet zum sozialen Kapital einer Region gezählt werden können.

Die Auswertungsverfahren und Kennzahlen wurden 2014 auf Basis der Ergebnisse von 2010 geringfügig weiterentwickelt. Um die Ergebnisse beider Erhebungszeitpunkte vergleichbar zu halten, wurden die Ergebnisse für das Jahr 2010 mit angepassten Verfahren neu berechnet. Für ein kontinuierliches Monitoring im mehrjährigen Abstand ist nun beabsichtigt, das Instrument in gleichbleibender Form einzusetzen.

Die Reliabilität, d.h. die „Messgenauigkeit" oder auch „Präzision" des Messinstruments, mit dem der Untersuchungsgegenstand gemessen wird (Bortz & Döring 2006: 196-199), wurde für die verwendeten Indizes auf Dimensionsebene durch die Split-Half-Methode nach Spearman sowie in Cronbach's Alpha geprüft. Trotz weniger unterdurchschnittlicher Reliabilitäten (Cronbach's Alpha ab 0,57) weist das Instrument insgesamt eine annehmbare Zuverlässigkeit auf (bis zu 0,95).

2.2 Stichprobenziehung, Repräsentativität und Datenschutz

Um für Vorarlberg generalisierbare Aussagen treffen zu können, wurden in 2010 und 2014 repräsentative Stichproben der Bevölkerung befragt. Hierfür wurde eine geschichtete Zufallsstichprobe der Vorarlberger Bevölkerung ab 15 Jahren gezogen. Im Jahr 2014 stellten Bürgermeister und Bürgermeisterinnen von 60 der 96 Vorarlberger Gemeinden (62,5%) personenbezogene Daten (Name, Vorname, Geburtsjahr und Adresse) zum Zweck der Stichprobenziehung und des Anschreibens zur Verfügung. Hieraus wurde per Zufallsgenerator eine Stichprobe von 2.000 Bürgern und Bürgerinnen gezogen, die in ihrer Zusammensetzung dem Größenverhältnis der Gemeindebevölkerungen entsprach. Diese Personen erhielten postalisch den Fragebogen mit einem frankierten Rückumschlag.

Alle personenbezogenen Daten wurden seitens des ZUB und des FB SoWi ausschließlich für die Stichprobenziehung und das Anschreiben im Rahmen der

Studie verwendet und nach der Umsetzung gelöscht. Die Fragebögen und Rücksendungen waren anonym gehalten. Auswertungen erfolgten ausschließlich in gruppierter Form, Rückschlüsse auf die Angaben Einzelner waren nicht möglich. Im Jahr 2014 nahmen 358 Bürgerinnen und Bürger Vorarlbergs an der Studie teil, was einer Rücklaufquote von 17,9% entspricht. Gegenüber dem Jahr 2010 (n = 295) hat sich der Rücklauf damit leicht erhöht und ist ebenso zufriedenstellend. Die Repräsentativität der antwortenden Bürgerinnen und Bürger für die Vorarlberger Gesamtbevölkerung wurde in Bezug auf die kombinierten Merkmale Alter und Geschlecht überprüft und ist gegeben. Jedoch sind Menschen mit höherer Bildung leicht über- und Menschen ohne Arbeit sowie Menschen mit Migrationshintergrund leicht unterrepräsentiert. Auch sind Bürgerinnen und Bürger aus kleinsten Vorarlberger Gemeinden im Rücklauf im Verhältnis seltener als in der Grundgesamtheit und der gezogenen Stichprobe vertreten. Insgesamt gesehen, ist der Rücklauf jedoch annähernd repräsentativ.

3. Zentrale Ergebnisse

3.1 Bürgerschaftliches Engagement in Vorarlberg 2010 und 2014

Eine, wenn nicht sogar *die* zentrale Kennzahl zur Bewertung des Bürgerschaftlichen Engagements (BE) in der Bevölkerung ist die so genannte Engagementquote. Darunter ist die zusammengefasste Prozentzahl zu verstehen, wie viele Vorarlbergerinnen und Vorarlberger sich in bestimmter Form bürgerschaftlich für ihre Mitmenschen einsetzen. Diese Quote wird in deutschsprachigen Studien zum BE und Sozialkapital unterschiedlich berechnet. Das Monitor Engagement 2010 – die Fortsetzung der deutschen Freiwilligen-Surveys 1999 und 2004 – setzt eine vorsichtige Berechnungsmethode um. Es konstatiert, dass verschiedene Schätzarten bis dato zu Ergebnissen führten, die zwischen 18% und 52% variieren (vgl. Bundesministerium für Familie, Senioren, Frauen und Jugend 2010). Die Engagementquote wird im Monitor Engagement 2010 ermittelt

> „... indem gezählt wird, wie viele Befragte im Freiwilligensurvey mindestens eine freiwillige Tätigkeit angegeben haben, die der anschließenden Überprüfung standgehalten hat." (ebd.).

Über die Art der dort angewandten Überprüfung liefert der Bericht allerdings keine konkreten Hinweise. Die Kategorisierung der ehrenamtlichen Tätigkeiten erfolgt in der vorliegenden Studie nach dem Muster der Engagementquote im österreichischen Survey zur Freiwilligenarbeit 2008. Nach dieser engeren Berechnungsform sind in Vorarlberg 2014

- 32,4% der Bevölkerung in organisierter Form und
- 25,1% in privater Form regelmäßig bürgerschaftlich tätig,
- wobei sich eine Schnittmenge von 9,2% der organisiert Engagierten ergibt, die sich zusätzlich privat engagieren.

In Summe der drei Teilmengen sind im Jahr 2014 demnach 48,3% der Vorarlbergerinnen und Vorarlberger organisiert und/oder privat regelmäßig bürgerschaftlich tätig.

Abb. 1 stellt die Engagementquoten für 2014 in differenzierter Form dar. In Klammern sind die Werte von 2010 sowie die Ergebnisse statistischer Unterschiedsprüfungen angegeben. [1] Wie nahe diese Quoten dem wahren Wert in der Gesellschaft kommen – das heißt, inwieweit Zahlenwerte etwa wegen der Tendenz sozialer Erwünschtheit einen Untersuchungsartefakt bilden – bleibt dennoch zu diskutieren.

Ein höchst signifikanter Unterschied zwischen 2010 und 2014 ergibt sich demnach bei der Quote der Personen, die in organisierter Form regelmäßig bürgerschaftlich tätig sind. Diese Quote fällt 2014 geringer aus als 2010.

Zwei weitere Unterschiede, die sich jedoch nicht als signifikant erweisen, sollten künftig weiter verfolgt werden: Das betrifft erstens beim allgemeinen Bürgerschaftlichen Engagement die niedrigere Quote jener organisiert Engagierten, die sich zusätzlich privat einsetzen. Zweitens betrifft das den leichten Anstieg jener Personen, die in privater Form regelmäßig bürgerschaftlich aktiv sind. Diese zwei Unterschiede sollten aufgrund fehlender statistischer Signifikanzen derzeit allerdings noch nicht als reale Veränderungen interpretiert werden.

Die lediglich geringfügigen Veränderungen werden bestätigt durch die Veränderung des Index für Bürgerschaftliches Engagement. So ist evident, dass sich weder der Gesamtindex noch die zehn Einzeldimensionen signifikant verändert haben. Allerdings sind die Indexwerte der Dimensionen „potenzielles zusätzliches Engagement" und „Geldspenden" deutlich gesunken, was als statistisch trendhafte Entwicklung bei zukünftigen Untersuchungen aufmerksam verfolgt werden sollte. Signifikant sind diese Veränderungen von 2010 zu 2014 jedoch, wie gesagt, nicht.

---

1 Ein signifikanter Unterschied besteht bei einem p-Wert ≤ ,05, ein hochsignifikanter bei p ≤ ,01 und ein höchstsignifikanter bei p = ,000.

Abb. 1: Engagementquoten 2014 (und 2010)

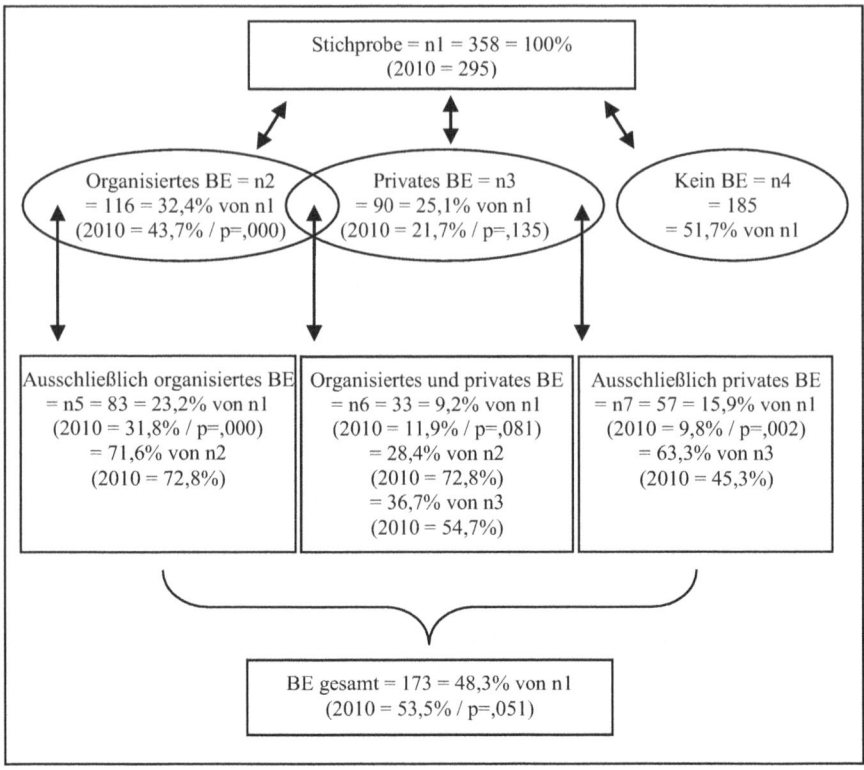

Neben den Engagementquoten und dem Index konnten weitere Kennzahlen Bürgerschaftlichen Engagements in Vorarlberg erhoben werden, aus denen im Folgenden eine Auswahl für das Jahr 2014 präsentiert wird:

- Engagierte sind, entsprechend der für die Berechnung der Quote angewandten Definition ehrenamtlicher Tätigkeit, durchschnittlich in zwei Tätigkeitsbereichen aktiv, wobei das Engagement in einem Bereich mit 45,1% am häufigsten ist. 31,8% engagieren sich in zwei und 10,4% in drei Bereichen.

- Durchschnittlich engagieren sich Vorarlbergerinnen und Vorarlberger je nach Kalkulation [2] 3,0 bzw. 6,6 Stunden pro Woche in ehrenamtlichen und freiwilligen Bereichen.
- Hauptbereiche des organisierten Ehrenamts sind Sport (46,6), Kultur (29,3%), der allgemeine Freizeitbereich (28,4%) und Soziales (20,7%).
- Hauptbereiche des privaten Bürgerschaftlichen Engagements sind Tätigkeiten der Nachbarschaftshilfe (52,2%), der allgemeine Freizeitbereich (40,0%), Sport (35,6%) und Soziales (34,4%).

3.2 Sozialkapital in Vorarlberg 2010 und 2014

Auch in der Ausprägung des Sozialkapitals der Vorarlbergerinnen und Vorarlberger, bemessen am Index für Sozialkapital, ist im Zeitraum von 2010 bis 2014 insgesamt keine signifikante Veränderung zu beobachten. Lediglich eine der 14 Einzeldimensionen weist einen hoch signifikanten Anstieg auf (Zweistichproben-t-Test, p=0,008): Der Dimensionswert, der die räumliche Nähe des egozentrierten Netzwerks auf einer Skala zwischen 0 (fern) und 100 (nah) abbildet, ist von 50,4 auf 55,5 gestiegen. Die räumliche Nähe der persönlichen Netzwerke hat also zugenommen. Die übrigen Dimensionen weisen für den bisher beobachteten Zeitraum keine signifikanten Veränderungen auf.

Gleichwohl lässt sich mittels der Ergebnisse auch für das Sozialkapital die Situation der Vorarlbergerinnen und Vorarlberger detailliert bestimmen. Im Folgenden sind wiederum ausgewählte Kennzahlen des Jahres 2014 dargelegt:

- Vorarlbergs Bevölkerung ist in der Freizeit primär familienorientiert: Der höchste Anteil an Freizeit wird während einer üblichen Woche mit Angehörigen der Kernfamilie verbracht: nach Eigeneinschätzung mit dem Partner / der Partnerin im wöchentlichen Mittel 31 Stunden und 6 Minuten und mit den Kindern 21 Stunden und 6 Minuten.
- Am häufigsten findet sich Hilfe bei Krisen im Freundes- und Bekanntenkreis und in der Partnerschaft: 68,8% der Vorarlberger/innen finden im Krisenfall Hilfe und Unterstützung bei ihrer Partnerin oder ihrem Partner, 51,9% bei ihren Eltern. Auf Rang drei folgen hilfreiche Kinder mit 50,5%, auf Rang vier der Freundeskreis mit 50,3%, gefolgt von Verwandten (45,2%), Arbeitskollegen und -kolleginnen (24,3%) sowie Nachbarn (20,7%).

---

2 Bei der Berechnung von 6,6 Wochenstunden ist mit einer positiven Verzerrung zu rechnen, da die 196 fehlenden Werte nicht wie bei der vorsichtigen Schätzung mit 0 in die Kalkulation eingegangen sind.

- Über die Hälfte der hilfreichen Menschen wohnt im Nahbereich von bis zu 10 Kilometern.
- Positive Elemente des Sozialkapitals – Aussprache und Vertrauen, Anerkennung und Bestätigung, Spaß und Humor – sind in der Kernfamilie und im Freundeskreis am höchsten ausgeprägt.
- Negative Elemente des Sozialkapitals – Unverständnis und Unfreundlichkeit, Kränkungen – sind generell niedrig ausgeprägt, jedoch weisen Arbeitskollegen, Eltern, weitere Verwandte und Nachbarn hierbei die höchsten Werte auf.

4. Diskussion

Die Studie konnte zeigen, dass sich das Bürgerschaftliche Engagement ebenso wie das Sozialkapital in Vorarlberg auf einem guten Niveau stabil verhält, signifikante Veränderungen zwischen 2010 und 2014 sind nur im Detail zu finden. Die sich andeutende Verschiebung weg von institutionell gebundenem, organisierten Engagement hin zu privatem ehrenamtlichen Engagement sollte weiter beobachtet werden, um festzustellen, ob es sich hierbei um einen dauerhaften Trend handelt. Im Rahmen dieser Studie nicht zu klären ist indes, inwieweit die trotz vorsichtiger Kalkulation unter Verwendung von Kontrollfragen generell hohen Engagementquoten tatsächliche Verhältnisse widerspiegeln oder ein nicht kontrollierbares Artefakt abbilden, etwa weil unter engagierten Personen eine höhere Rücklaufquote zu erwarten wäre.

Der hoch signifikante Anstieg der räumlichen Nähe, d.h. die räumliche Verdichtung der egozentrischen Netzwerke, geht *nicht* mit einer Verkleinerung dieser Netzwerke einher. Das bedeutet, Netzwerke gleichbleibenden Umfangs sind näher zusammengerückt, was als Indiz sich wandelnder Lebensstrukturen in Familie und Gemeinde sowie als Tendenz des „Cocooning" gedeutet werden kann: die Beschränkung der wesentlichen Kontakte auf den zentralen Familien- und Freundeskreis.

Literatur

Amt der Vorarlberger Landesregierung (Hrsg.) (o.J.): Leitbild 2010+ Wirtschaft Vorarlberg. Bregenz. URL: http://www.vorarlberg.at/pdf/vorarlbergerwirtschaftsle.pdf., download am: 27.02.2009.

Badelt, Christoph (1999): Ehrenamtliche Arbeit in Vorarlberg. Endbericht. Wien.

Berndt, Edwin (2002): Sozialkapital: Gesellschaft und Gemeinsinn in Vorarlberg. Kurzfassung einer Studie von Dr. Edwin Berndt im Auftrag des Büros für Zukunftsfragen. Bregenz.

Bortz, Jürgen & Döring, Nicola (2006): Forschungsmethoden und Evaluation für Sozialwissenschaftler. Springer: Berlin

Bosworth, Hayden B. & Schaie, K. Warner (1997): The relationship of social environment, social networks, and health outcomes in the Seattle Longitudinal Study: Two analytical approaches. In: Journals of Gerontology Series B: Psychologist Sciences and Social Sciences, 52B: 197-205.

Bühl, Achim (2010): PASW 18. München: Pearson Studium.

Büro für Zukunftsfragen (Hrsg.) (2008): Sozialkapital Bregenz 2008. Kurzfassung einer Studie zum Sozialkapital der Landeshauptstadt Bregenz. Bregenz.

Bundesministerium für Familie, Senioren, Frauen und Jugend (Hrsg.) (2010): Monitor Engagement. Berlin.

Deutscher Bundestag (2002): Bericht der Enquete-Kommission „Zukunft des Bürgerschaftlichen Engagements". Bürgerschaftliches Engagement: auf dem Weg in eine zukunftsfähige Bürgergesellschaft. Bundestags-Drucksache 14/8900. URL: http://dip21.bundestag.de/dip21/btd/14/089/1408900.pdf, download am 04.07.2009.

Dieckmann, Andreas (1998): Empirische Sozialforschung. Reinbek: Rowohlt.

Fliaster, Alexander (2007): Innovationen in Netzwerken – wie Humankapital und Sozialkapital zu kreativen Ideen führen. München: Hampp.

Freitag, Markus & Traunmüller, Richard (2008): Sozialkapitalwelten in Deutschland – Soziale Netzwerke, Vertrauen und Reziprozitätsnormen im subnationalen Vergleich. In: Zeitschrift für Vergleichende Politikwissenschaft, 2 (2): 221-256.

Gehmacher, Ernst (2007): Ergebnisse der Befragung zu Gesundheit und Sozialkapital in der Stadt Dornbirn. Wien.

Gensicke, Thomas (2009): Freiwilligensurvey 2009. Ehrenamt, Freiwilligenarbeit, Bürgerschaftliches Engagement. TNS Infratest Sozialforschung.

Gensicke, Thomas, Picot, Sibylle & Geiss, Sabine (2005): Freiwilliges Engagement in Deutschland 1999-2004. München.

Knack, Stephen & Keefer, Philip (1997): Does Social Capital Have an Economic Payoff? A Cross-Country Investigation. In: Quarterly Journal of Economics, 112 (4): 1251-1288.

Whittacker, James & Garbarino, James (1983): Social Support Networks. New York: Aldine Transaction.

Spendenmotivation und Werthaltungen gegenüber der Caritas Vorarlberg

Frederic Fredersdorf

1. Soziale Aufgabenstellung und Forschungsfrage

Warum und wieviel Menschen aus freien Stücken für andere Menschen spenden, ist seit längerem Gegenstand nationaler und internationaler Untersuchungen. Trendstudien, wie etwa der seit 1995 jährlich realisierte Deutsche Spendenmonitor (Borcherding & Stute 2011) oder die Schweizer Spendenstatistik (ZEWO 2014) listen in regelmäßigen Abständen auf, wieviel Geld die Bevölkerung für welche Themenbereiche spendet. Bereits vor über zwanzig Jahren verdeutlichte eine soziologische Untersuchung, dass Spendengelder seit Jahrhunderten meist *„... für bedürftige und arme Menschen sowie für Menschen, die sich in akuten oder latenten Notsituationen befinden, gesammelt und gespendet (werden, A.d.V.). Alltagssprachlich bezeichnet man diese Art von Spenden ... als wohltätige oder mildtätige Spenden."* (Voß 1993: 2). Der Report 2012 der Global Humanitarian Assistance belegt dass Deutschland und Österreich zu den „Top 30" Ländern gehören, die zwischen 2001 und 2011 am meisten Geld für internationale humanitäre Hilfe gegeben hatten. In 2011 steht Deutschland dabei auf Platz sechs mit 685 Mio.$, Österreich auf Platz 24 mit 53 Mio.$ (GHA Report 2012: 100f). Werden die absoluten Beträge in Relation zur Bevölkerungszahl gesetzt, liegt Österreich knapp hinter Deutschland.

Wie eine experimentelle kognitionspsychologische Studie an 449 Probanden darstellt, spenden Menschen um so mehr, je stärker sie sich emotional angesprochen fühlen und dadurch eine höhere Empathie entwickeln (Dickert, Sagara & Slovic 2011). Für Österreich stellt eine Untersuchung des NPO-Instituts das Ranking der meistgenannten Spendengründe dar; altruistische Motive führen die Liste an (Neumayr & Schober 2008: 29): durch spezifische Themen betroffen zu sein, Solidarität mit Armen und Schwachen zu leben, Mitleid mit anderen zu haben, einen Beitrag für die soziale Sicherheit der Gesellschaft leisten zu wollen.

Gemäß einer repräsentativen deutschen Studie des Jahres 2002 an über 1.500 volljährigen Probanden wird in gleichem Umfang „spontan" gespendet, etwa für Opfer nationaler Flutkatastrophen, wie „habituell", das heißt prinzipiell für bestimmte Themen im Laufe eines Jahres. Die habituelle Spende ist oft durch Religiosität bestimmt, hinter der spontanen steht dagegen eine prinzipielle Spendenbereitschaft (Meulemann & Beckers 2003). Ein sogenannter Tsunamifaktor, also eine konkrete Katastrophe als auslösender Impuls, verknüpft dabei Spendenabsicht und Spendenverhalten, wobei vor allem jene Menschen zum habituellen Spenden angeregt werden, die bereits vorab einer Katastrophe in hohem Ausmaß spendenbereit waren (Mayerl 2007). Die Nähe des Wohnorts zum Notfallgebiet ist hierfür ebenfalls evident (Prosch 2004).

Weiterhin beeinflussen soziodemografische Voraussetzungen das Spendenverhalten, wie eine Studie an etwa 4.000 Spenderinnen und Spendern einer nicht genannten Hilfsorganisation darstellt. Einkommenshöhe, Schulbildung, Alter, Kirchenbindung, Emotionen und Verantwortungskognitionen erweisen sich als bedeutsam (Heidebüchel 2000). Zu ähnlichen Ergebnissen kommt die qualitative Studie von Hunziker an über 70 Probanden: Wer über ein höheres Einkommen verfügt, spendet mehr Geld. Je älter jemand ist, desto länger besteht die Bindung zu einer bestimmten Hilfsorganisation, aber auch desto mehr Hilfsorganisationen werden unterstützt (Hunziker 2010: 217). Der persönliche Bezug zur Hilfsorganisation stellt ein häufiges, aber nicht das einzige Spendenmotiv dar, denn Spendenmotive treten oft gebündelt auf, wobei Betroffenheit, Freude am Geben und Verbundenheit mit dem Zweck am meisten genannt werden (ebd.: 223).

Frauen und Männer unterscheiden sich in ihrem Spendenverhalten. Laut der Überblicksarbeit von Strebinger (2009) spenden Frauen eher für „Out-Groups" (z.B. für Opfer von Katastrophen im Ausland), Männer dagegen eher für „In-Groups" (z.B. für heimische Betroffene). Im Rahmen einer Conjoint-Analyse an 217 Londoner „high-earning professionals" unter 40 Jahren, die mehr als 50.000 Pfund jährlich verdienen, zeigten sich weitere geschlechtsspezifische Unterschiede: Männer erwarteten durch ihre Spende eher eine „soziale Belohnung" (etwa eine Einladung zu einer Gala oder einem Dinner), Frauen dagegen eher persönliche Anerkennung und Befriedigung (Kottasz 2004).

Obige Studien deuten Spendenverhalten als einen vielschichtigen Prozess an. Er bezieht sich nicht nur auf finanzielle Spenden, sondern auch auf Sachmittel (Kleidung, Gerätschaften) und den Einsatz eigener Lebenszeit für bürgerschaftliches Engagement. Was kennzeichnet nun aber Spenderinnen und Spender einer bestimmten Hilfsorganisation? Welche Werte vertreten sie, und wie bestimmen diese Werte das Spendenverhalten? Diese Frage hat sich die Caritas Vorarlberg gestellt und anhand einer für ihre Spender repräsentativen Stichprobe standardisiert zu beantworten versucht.

2. Methodik

Im Jahr 2013 beauftragte die Caritas Vorarlberg den Forschungsbereich Sozial- und Wirtschaftswissenschaften der FH Vorarlberg (FB SoWi), eine standardisierte Studie über Motive ihrer Spenderinnen und Spender durchzuführen. Die Untersuchung sollte zum einen Wertedimensionen der Zielgruppe erfassen, aber auch Bereiche und Anlässe für deren Spendenverhalten. In einem iterativen Prozess entwickelte eine Fokusgruppe aus Fachkräften der Caritas Vorarlberg und des FB SoWi einen inhaltsvaliden quantitativen Fragebogen. Zentrale Dimensionen des Instruments sind: Werte der Befragten, Spendenart (Häufigkeit, Höhe u.a.), Zielgruppen, Organisationen, an die gespendet wird, Spendenmotive, Informationsbedarf, Bewertung der Caritas und soziodemografische Angaben.

Der achtseitige Fragebogen enthält 35 geschlossene Fragen (plus drei offene) mit insgesamt 217 Items. Unter anderem konnten die Befragten auf einer sechsstufigen Lickert-Skala für dreizehn verschiedene Lebenswerte angeben, wie wichtig bzw. unwichtig ihnen der jeweilige Wert ist. Die Batterie lehnt sich an das Werte-Instrument der deutschen Gerechtigkeits-Studie an (Maes, Schmitt und Schmal 1995). Die abgefragten Werte sind: Freiheit und Unabhängigkeit, Selbstverwirklichung und Individualität, Risiko und Abenteuer, Lebensgenuss und Vergnügen, Leistung und Erfolg, Macht und Ansehen, Sicherheit und Ordnung, Höflichkeit und Respekt, Tradition und Heimatverbundenheit, Sinn im Leben und innere Harmonie, Mitmenschlichkeit und Hilfsbereitschaft, Gerechtigkeit und Frieden, Leben im Einklang mit der Natur.

Im Herbst 2013 erhielt eine geschichtete Zufallsstichprobe von 2.422 Caritas-Spender/innen (Grundgesamtheit: 10.140) ein Anschreiben, den Fragebogen und einen an den FB SoWi frankierten Rückumschlag. Differenziert wurde nach Einzelspendern (86,2%), Dauerauftrags-Spendern (8,4%) und Großspendern (5,3%). Einzelspender leisteten zwischen dem 01.01.2011 und dem 01.10.2013 einen Betrag kleiner 500 Euro. Dauerauftragsspender spendeten zwischen dem 01.01.2011 und dem 01.10.2013 mehrfach in Form von Daueraufträgen. Großspender sind Personen, die zwischen dem 01.01.2012 und dem 01.10.2013 in Summe oder einzeln einen Betrag größer 500 Euro gespendet hatten.

Die Studienbeteiligung war anonym und freiwillig und entsprach weiteren Bedingungen des Datenschutzes (z.B. Löschung der Adressdaten nach dem Versand). Verglichen mit allgemeinen Bevölkerungsumfragen ist der Rücklauf leicht erhöht. Mit insgesamt 444 Bögen beträgt er über alle drei Spendertypen 18,3%, wobei Dauerauftrags- und Großspender/innen signifikant überdurchschnittlich häufig antworteten. Tests auf Gruppenunterschiede belegen, dass sich die drei Spendertypen in ihren Bewertungen signifikant bis hochsignifikant unterscheiden.

Häufige Unterschiede finden sich bei den Aussagen zum Caritas-Polaritätsprofil, teilweise beim Caritas-Kompetenzprofil und bei den allgemeinen Aussagen über die Caritas. Generell fällt auf, dass sich überwiegend die Einzelspender von den beiden anderen Gruppen unterscheiden; Groß- und Dauerspender ähneln sich dagegen in relativ hohem Ausmaß. Zwar sind damit summierte Studienergebnisse in Bezug auf die oben genannten Dimensionen leicht in Richtung der beiden letztgenannten Gruppen verzerrt, was aber die hier interessierenden Wertehaltungen und die Frage nach deren Einfluss auf das Spendenverhalten nicht betrifft. Ergebnisse werden daher nachstehend immer in Summe aller drei Spendertypen präsentiert.

An sechs Batterien von sechsstufig skalierten Fragen wurde mittels Split-Half-Test Reliabilität überprüft. Das betrifft 87 metrische Items: dreizehn Aussagen zu wichtigen Lebenswerten, elf Aussagen darüber, was den Befragten beim Spenden wichtig ist, 23 Aussagen zu einem Polaritätsprofil der Caritas, 24 Aussagen zur Bewertung der Kompetenz von Mitarbeiterinnen und Mitarbeitern der Caritas, zwölf allgemeine Aussagen über die Caritas und vier Aussagen zur Qualität der Bearbeitung von Anliegen. Gemäß dieser Analysen weisen drei Batterien eine sehr hohe ($0{,}89 \leq \alpha \leq 0{,}944$), eine Batterie eine hohe ($\alpha = 0{,}7$) und zwei Batterien eine unzureichende ($0{,}535 \leq \alpha \leq 0{,}6$) Reliabilität vor. Trotz dieser Abweichungen kann das Ergebnis insgesamt als zufriedenstellend interpretiert werden, denn 54 Items (62%) weisen akzeptable bis sehr gute Alpha-Werte vor. Doch auch die weniger zuverlässigen Skalen sind für die Umfrage bedeutsam, da sie wesentliche Inhalte für die Caritas Vorarlberg erkunden.

3. Zentrale Ergebnisse

Grundsätzlich weisen Spender/innen der Caritas Vorarlberg ein humanistisches und altruistisches Wertesystem mit gewissem Sicherheitsbedürfnis vor. An oberster Stelle – jeweils mit durchschnittlichen Ausprägungen größer fünf auf der Sechserskala – stehen für sie die Werte Lebenssinn, innere Harmonie, Mitmenschlichkeit und Hilfsbereitschaft, Gerechtigkeit und Frieden, Leben im Einklang mit der Natur, Höflichkeit und Respekt sowie Sicherheit und Ordnung. Unwichtig sind ihnen dagegen Macht und Hedonismus. Dieses Ergebnis spricht für einen gewissen „Fit" zwischen den Werten der Hilfsorganisation und den Werten der spendenden Vorarlberger Bevölkerung.

Analysen zur Bedeutung von Lebenswerten basieren auf einem theoriebildenden dreispaltigen Messmodell mit a) Determinanten (soziodemografischen Variablen), b) der Dimension „Werte" (13 o.g. Werte) und c) den Auswirkungen verschiedener Werthaltungen auf das Spendenverhalten (Spendenmotive, Spendenhöhe in Euro, Art der Spende, Zielgruppe bzw. Themenbereich der Spende).

Zu den Einflüssen soziodemografischer Faktoren: In neun von dreizehn Wertedimensionen unterscheiden sich die Geschlechter signifikant bis hochsignifikant. [1] Mit diesen Unterschieden entsprechen sie üblichen Geschlechterrollen:

- Männer haben die Werte Selbstverwirklichung und Individualität, Risiko und Abenteuer, Leistung und Erfolg sowie Macht und Ansehen höher ausgeprägt als Frauen (wenngleich sie beim ersten und dritten Wert eine unterdurchschnittlich niedrige Ausprägung vorweisen).
- Frauen haben die Werte Höflichkeit und Respekt, Sinn im Leben und innere Harmonie, Mitmenschlichkeit und Hilfsbereitschaft, Gerechtigkeit und Frieden sowie Leben im Einklang mit der Natur höher ausgeprägt als Männer.

Männer spenden häufiger für die Kirche, für Menschen mit Behinderungen und für den Sportbereich als Frauen. [2] Männer spenden auch mehr Geld als Frauen. Die Hälfte der Männer (50,7%) spendet jährlich über 500 Euro gegenüber 30,2% der Frauen. Maximal 200 Euro spenden dagegen 21,5% der Männer aber 40% der Frauen. [3]

Frauen spenden häufiger aufgrund eines regionalen Bezugs, bei Vertrauen in die Organisation, wenn die Spende direkt an ein Projekt geht und das Projekt wirksam unterstützt. Männer spenden dagegen häufiger aufgrund ihrer christlichen und sozialen Überzeugung. Frauen haben sich häufiger bei der Caritas engagiert und häufiger daran gedacht, der Caritas etwas zu vererben als Männer. [4]

Je älter die Spendenden sind, desto stärker prägen sie die Werte Universalismus, Tradition, Sicherheit, Heimatverbundenheit, Spiritualität sowie Mitmenschlichkeit und Hilfsbereitschaft aus. Je jünger sie sind, desto stärker prägen sie die Werte Risiko und Hedonismus aus. [5]

Zu den Wertebereichen: Etliche Wertebereiche weisen untereinander schwache bis mittlere Korrelationen vor. Faktorenanalytisch getestet, ergeben sich daraus für diese Zielgruppe drei eindeutig voneinander getrennte Wertedimensionen, die 54,6% der Varianz erklären:

- Hedonismus und Selbstbezug (Freiheit und Unabhängigkeit, Selbstverwirklichung und Individualität, Risiko und Abenteuer, Lebensgenuss und Vergnügen, Leistung und Erfolg, Macht und Ansehen; 22,9% Varianzaufklärung),

---

1 t-Tests; 0,028 ≥ p ≥ 0,000
2 Chi2-Tests; 0,04 ≥ p ≥ 0,000
3 M-W-U-Test; p=0,000
4 t-Tests; 0,044 ≥ p ≥ 0,000
5 Pearson'sche Korrelationen; 0,047 ≥ p ≥ 0,004 / 0,115 ≤ r ≤ 0,347

- Altruismus und Spiritualität (Sinn im Leben und innere Harmonie, Mitmenschlichkeit und Hilfsbereitschaft, Gerechtigkeit und Frieden, Leben im Einklang mit der Natur; 18,6% Varianzaufklärung),
- Tradition und Sicherheit (Sicherheit und Ordnung, Höflichkeit und Respekt, Tradition und Heimatverbundenheit; 14,5% Varianzaufklärung).

Zu den Auswirkungen von Werten auf das Spendenverhalten: Neben Geld können, wie geschildert, Sachmittel oder immaterielle Dinge gespendet werden. Eine erste Forschungsfrage lautet: Inwiefern hängt die Art der Spende von bestimmten Wertvorstellungen der Spendenden ab? Abhängige Variable bilden sieben verschiedene Spendenarten, die entweder angekreuzt oder nicht angekreuzt wurden, unabhängige die dreizehn Wertedimensionen als metrische Variable. Geprüft wurde mit dem Kruskal-Wallis-Test. Ergebnis: Geldspenden und Zeitaufwände für ein Ehrenamt sind nicht von spezifischen Werthaltungen geprägt. Zwei weitere Spendenarten (Sachspenden, Weitergabe von Wissen) korrelieren nur mit je einem Wertebereich, was ein Untersuchungsartefakt sein kann und deshalb nicht dargestellt wird. Evidente Wertebündel ergeben sich dagegen für drei spezifische Spendenarten:

Wer Zeit für bürgerschaftliches Engagement spendet, hat Freiheit/ Unabhängigkeit, Selbstverwirklichung/Individualität sowie Leistung/Erfolg *höher,* dagegen das Leben im Einklang mit der Natur *geringer* ausgeprägt als die Vergleichsgruppe. [6] Wer eine Patenschaft übernimmt, hat Selbstverwirklichung / Individualität, Leben und innere Harmonie, Mitmenschlichkeit/ Hilfsbereitschaft sowie Einklang mit der Natur höher ausgeprägt als die Vergleichsgruppe. [7] Wer Zeit für kirchliches Engagement spendet, hat Selbstverwirklichung / Individualität, Risiko/Abenteuer, Lebensgenuss/Vergnügen sowie Leistung/Erfolg *geringer* und die Werte Tradition/Heimatverbundenheit, Leben und innere Harmonie sowie Mitmenschlichkeit/Hilfsbereitschaft *höher* ausgeprägt als die Vergleichsgruppe. [8]

Die Ergebnisse legen eine eher altruistische und anti-hedonistische Grundhaltung bei kirchlichem Engagement nahe, eine eher altruistische Grundhaltung bei Übernahme einer Patenschaft und eine eher leistungsorientiert-aufgeklärte Grundhaltung bei bürgerschaftlichem Engagement.

Eine zweite Forschungsfrage lautet: Inwiefern beeinflussen bestimmte Werthaltungen die Motive der Spendenden? Abhängige Variable bilden elf Aspekte, die für jemanden beim Spenden wichtig sind.

Der Grad der Wichtigkeit konnte auf einer sechsstufigen Lickert-Skala angegeben werden. Korrelationstest zeigen, inwiefern spezifische Werthaltungen

---

6 $0,038 \geq p \geq 0,022$
7 $0,027 \geq p \geq 0,002$
8 $0,034 \geq p \geq 0,000$

mit spezifischen Spendenmotiven zusammenhängen. Ergebnis: Je stärker Tradition/Heimatverbundenheit, Freiheit/Unabhängigkeit sowie Sicherheit/Ordnung ausgeprägt sind, desto eher wird wegen des Regionalbezugs gespendet. [9] Je stärker der Wert Tradition/Heimatverbundenheit ausgeprägt ist, desto eher wird auch wegen des Bezugs zum allgemeinen Thema gespendet. [10] Je stärker der Wert Sicherheit/Ordnung ausgeprägt ist, desto eher wird für eine aktuelle Notsituation gespendet. [11] Je *stärker* die Werte Tradition/ Heimatverbundenheit, Sinn im Leben und innere Harmonie und je *geringer* der Wert Lebensgenuss/Vergnügen ausgeprägt ist, desto eher wird wegen einer grundlegenden christlichen und sozialen Überzeugung gespendet. [12] Demgegenüber korrelieren die Motive zu Weihnachten etwas zu spenden, Vertrauen in die Organisation zu setzen, stets derselben Organisation zu spenden, etwas einem spezifischen Projekt zu spenden, zu spenden, weil die Spende das Projekt wirksam unterstützt oder etwas zu spenden, wenn der Administrationsaufwand gering ist, *nicht* mit spezifischen Werthaltungen.

Eine dritte Forschungsfrage lautet: Inwiefern beeinflussen Werthaltungen die Höhe von Geldspenden? Die abhängige Variable ist sechsstufig ordinal skaliert. [13] Geprüft wurde mit dem Kruskal-Wallis-Test. Ergebnis: Je höher der hedonistische Wert Lebensgenuss ausgeprägt ist, desto *niedriger* belaufen sich jährliche Geldspenden. Der Zusammenhang ist annähernd linear. [14] Je höher der altruistische Wert Mitmenschlichkeit ausgeprägt ist, desto *höher* belaufen sich jährliche Geldspenden. Der Zusammenhang ist nicht vollends linear, er bezieht sich auf einen linearen Anstieg von der dritten bis fünften Spendenstufe und auf den Rangunterschied der ersten beiden zu den letzten beiden Spendenstufen. [15]

Kongruent zu diesem Ergebnis verhält sich eine Analyse der Frage, welche Werte Menschen überdurchschnittlich vorweisen, die die in den letzten zwölf Monaten der Caritas Geld, Zeit oder Sachmittel gespendet haben. Spendende für die Caritas haben die spirituellen Werte Mitmenschlichkeit/Hilfsbereitschaft sowie Sinn im Leben und innere Harmonie hochsignifikant stärker ausgeprägt als die Vergleichsgruppe. [16]

---

9   p1-3 = 0,000; 0,211 ≤ r ≤ 0,331
10 p = 0,000; r = 0,231
11 p = 0,000; r = 0,278
12 p1-3 = 0,000; -0,233 ≤ r ≤ 0,245
13 bis 100 €, 101-200 €, 201-300 €, 301-400 €, 401-500 €, über 500 € jährlich
14 p = 0,015
15 p = 0,034
16 MWU-Test; 0,004 ≥ p ≥ 0,001

4. Diskussion

Die hier präsentierte Studie trägt dazu bei, das Profil von Spenderinnen und Spendern der Caritas Vorarlberg zu schärfen. Dabei ging es nicht nur darum, univariat-deskriptiv aufzuzählen, was, wofür und wieviel gespendet wird. Vielmehr interessierten verschiedene Zusammenhänge zwischen dem Wertesystem der Spendenden und diversen Aspekten ihres Spendenverhaltens.

Generell lässt sich konstatieren, dass zwischen den Menschen, die der Caritas Vorarlberg Geld, Zeit oder Sachmittel spenden und der Hilfsorganisation eine normative Passgenauigkeit auszumachen ist. Gemäß ihres Jahresberichts 2013 steht die Caritas als kirchennahe katholische Organisation für einen altruistisch-christlichen Wertekanon, oder wie es der Präsident der österreichischen Caritas ausdrückt: *„Der Kernauftrag der Caritas ist es, Not zu sehen und zu handeln. Und für jene Menschen einzutreten, die keine Stimme haben. Ein wunderbarer Auftrag, im Alltag oft harte Arbeit. Den nötigen Kraftstoff dafür liefern Zivilcourage, Nächstenliebe und Solidarität."* (Landau 2013).

Unsere Ergebnisse belegen, inwiefern ein Gegenbezug zwischen der Hilfsorganisation und den sie unterstützenden Menschen existiert. Die bedeutendsten vier Wertebereiche der genannten Gruppe tragen eine spirituelle und altruistische Konnotation; dieses Wertesystem wird in besonderem Ausmaß von Frauen gelebt. Wer im letzten Jahr vor der Befragung der Caritas gespendet hatte, zeichnet sich stärker als die Vergleichsgruppe durch die Werte Mitmenschlichkeit / Hilfsbereitschaft sowie Sinn im Leben und innere Harmonie aus. Ein altruistisch-religiös geprägter Wertekanon verstärkt ein Spendenverhalten, das mit dem Begriff „Nächstenliebe" bezeichnet werden kann.

Weitere, hier aus Platzgründen nicht dargestellte Analysen, bestätigen die ethisch-moralische Verbindung zwischen der Organisation und ihren Spenderinnen und Spendern. Aus Sicht der Befragten ist die Caritas vor allem menschlich, kompetent, engagiert, gut erreichbar, vertrauenswürdig und zeitgemäß (gemäß eines Polaritätsprofils mit 23 Eigenschaftspaaren). Auch wird ihr eine hohe bis sehr hohe Kompetenz zugesprochen. Höchste Zuschreibungen erlangt die Caritas in folgenden Feldern: Hilfe für Menschen in Not, allgemeine Bekanntheit, Katastrophenhilfe, Flüchtlingshilfe, Hilfe für soziale Randgruppen, Second Hand und Shopping-Angebote, Hilfe für Menschen mit Behinderung, Anlaufstellen der Caritas, Entwicklungshilfe und allgemeines öffentliches Ansehen.

Fördernde und unterstützende Zielgruppen im Auge zu behalten, und mit ihnen einen fortwährenden Dialog zu führen, wird auch künftig eine Kernaufgabe der Caritas bleiben. Auf der Basis unserer Ergebnisse kann sie diesen Dialog kriterienorientiert gestalten.

Literatur

Borcherding, Jan & Stute, Maya (2011): 17 Jahre Deutscher Spendenmonitor. Fakten und Trends im Zeitverlauf. TNS Infratest. München. URL: http://www.tns-infratest.com/presse/pdf/Presse/TNS_Infratest_Deutscher_Spendenmonitor_2011.pdf; download am 18.02.2015.

Dickert, Stephan; Sagara, Namika & Slovic, Paul (2011): Affective motivations to help others: A two-stage model of donation decisions. In: Journal of Behavioral Decision Making. 4/2011: 361-376.

Global Humanitarian Assistance (2012) GHA Report 2012. URL:http://www.globalhumanitarianassistance.org/wp-content/uploads/2012/07/GHA_Report_2012-Websingle.pdf; download am 05.01.2015.

Heidebüchel, Andreas (2000): Psychologie des Spendenverhaltens: Analyse eines theoriegeleiteten Prozeßmodells. Peter Lang. Frankfurt/M.

Hunziker, Beat (2010): Abwanderungsverhalten von Spendern. Gabler. Wiesbaden.

Kottasz, Tita (2004): Differences in the Donor Behavior Characteristics of Young Affluent Males and Females: Empirical Evidence From Britain. In: InternationalJournalofVoluntaryand-NonprofitOrganizations. 2/2004: 181-203

Landau, Michael (2013): Editorial. In: Wirkungsbericht 2013. Caritas Österreich. Wien.

Maes, Jürgen; Schmitt, Manfred & Schmal, Andreas (1995): Gerechtigkeit als innerdeutsches Problem: Werthaltungen, Kontrollüberzeugungen, Freiheitsüberzeugungen, Drakonität, Soziale Einstellungen, Empathie und Protestantische Arbeitsethik als Kovariate. GIP-Bericht. Universität Trier. Trier.

Mayerl, Jochen (2007): Der Tsunami-Faktor: Die Naturkatastrophe als temporärer Verstärker der Beziehung zwischen Spendenabsicht und Spendenverhalten. In: Soziale Probleme. 18/2007: 90-108.

Meulemann, Heiner & Beckers, Tilo (2003): Hat die Flut vom August 2002 die Spendenaktivität gesteigert? Ein Vergleich der Häufigkeit und der Hintergründe habitueller und spontaner Spenden. In: ZA-Information. Zentralarchiv für Empirische Sozialforschung 52/2003: 37-57.

Prosch, Bernhard (2004): Notfall, Nähe und Hilfsbereitschaft. In: Österreichische Zeitschrift für Soziologie. 2/2004: 77-94.

Strebinger, Andreas (2009): Wer sind die Guten? Frauen versus Männer als Konsumenten und Spender. In: Transfer – Werbeforschung und Praxis. 55/2009: 61-63.

Voß, Andreas (1993): Betteln und Spenden. Eine soziologische Studie über Rituale freiwilliger Armenunterstützung, ihre historischen und aktuellen Formen sowie ihre sozialen Leistungen. Walter de Gruyter. Berlin.

ZEWO – Schweizerische Zertifizierungsstelle für gemeinnützige, Spenden sammelnde Organisationen (2014): Zum siebten Mal mehr Spenden für Hilfswerke. Ergebnisse Spendenstatistik 2013. ZEWO. Zürich. URL: https://www.zewo.ch/Dokumente/Publikationen/zewoforum_2014/Zewoforum-03-2014; download am 18.02.2015.

Kulturvermittlung in Vorarlberg

Daniela Lorünser, Frederic Fredersdorf

1. Soziale Aufgabenstellung und Forschungsfrage

Seit dem Bericht 2012 zur sozialen Lage kulturvermittelnder Initiativen in Vorarlberg zeigt eine österreichische Kulturstudie, dass die Kulturwirtschaft schon längst keine Nische mehr ist. [1] Das Datenmaterial stützt sich auf eine standardisierte Umfrage unter 268 Akteuren der Kultur- und Kreativwirtschaft.

> „Die Kultur- und Kreativwirtschaft ist als Branche höchst heterogen und umfasst u.a. sowohl gewinn- als auch nicht-gewinnorientierte Unternehmen und Organisationen sowie Selbstständige (z.b. selbstständige KünstlerInnen)." (Dörflinger, Bachinger & Seidl 2014: 15).

Allgemein wird ein knappes Budget reklamiert, dennoch verhält sich unter anderem die Umsatz- und Beschäftigungsentwicklung in der Kultur- und Kreativwirtschaft über die letzten Jahre progressiv (ebd.: 15 ff). Dabei liegt die Finanzierungsprognose über drei Jahre bei rund drei Viertel der Befragten in der Höhe bis zu 100.000 Euro. Häufiger werden jedoch Kleinbeträge unter 15.000 Euro berichtet. Diese Zahlen belegen, dass die Kreativwirtschaft – verglichen mit anderen Branchen, Unternehmens- und Wirtschaftszweigen – einen geringen Finanzierungsbedarf hat. Allerdings werden derartige Kleinbeträge nicht nur jährlich zur Kostendeckung benötigt. Gemäß der Studie steigt der prognostizierte Förderbedarf für die nächsten drei Jahre um beträchtliche zehn Prozent (ebd: 29).

Eine weitere Studie weist nach, dass freie Kulturschaffende im Unterschied zu Bundes- und Landeseinrichtungen einen engen finanziellen Rahmen haben (Lungstraß & Ratzenböck 2014). Die IG Kultur skizziert anhand einer Beteiligung von 205 Kulturvereinen und -initiativen ein österreichisches Profil der künstlerischen und kulturellen Grundversorgung. Bei 118 Kulturinitiativen, von

---

1 „Insbesondere die folgenden Bereiche fallen unter die EU-Definition der "kulturellen und kreativen Sektoren": Architektur und Design, Kunsthandwerk, Audiovisuals und Multimedia, Bücher und Druck, Kulturerbe und Archive, Büchereien, Musik, darstellende Künste, Videospiele und visuelle Künste." (vgl. Die österreichische Kulturdokumentation 2015a: 13).

denen Daten vorliegen, stehen 1.099 Mitarbeiter/innen in einem kulturspezifischen Beschäftigungsverhältnis. Knapp die Hälfte von ihnen (46%) übt es als Ehrenamt aus. Dem folgen atypische Beschäftigungen und erst an dritter Stelle übliche Anstellungsformen. Nur vier Prozent der Kulturschaffenden sind vollzeit angestellt (ebd.: 15). Inwieweit das Ehrenamt freiwillig oder aus der Not heraus ausgeübt wird, bleibt für die Interessensvertretung vorerst unbeantwortet. Alarmierend sind die erhobenen Einkommen in der Kultur- und Kreativwirtschaft, liegen doch 56% der Jahreseinkommen freier Kulturschaffender unter 5.000 Euro und weitere 33% zwischen 5.000 und 25.000 Euro (ebd.: 24).

Neben Studien zur Finanzlage von Kulturschaffenden existieren Untersuchungen über Kulturnutzung und Publikumsverhalten. Diesem Beitrag liegt eine Vorgängeranalyse des Jahres 2010 über Kulturnutzung der Vorarlberger Bevölkerung zugrunde. Die Ergebnisse verweisen auf ein bestehendes und lebhaftes Kulturangebot in Vorarlberg mit großem Entwicklungspotential. Für gut zwei Drittel (67,7%) von 142 Befragten ist Kultur ein sehr wichtiger oder wichtiger Bestandteil des eigenen Lebens. Annähernd ebenso viel Befragte sind voll und ganz der Ansicht, es sei generell wichtig, Kindern Kultur nahezubringen.

Beim letztgenannten Kontext setzt die vorliegende Studie an: Im Auftrag des Landes Vorarlberg führte der Forschungsbereich Sozial- und Wirtschaftswissenschaften im Jahr 2012 eine Studie über kulturvermittelnde Aktivitäten in Vorarlberg durch. Sie zielte darauf ab, die bislang nicht systematisch erhobenen, vielseitigen Aktivitäten der Vorarlberger Kulturvermittlung anhand einer Vollerhebung regionaler Kulturorganisationen zu erkunden und zu beschreiben.

Ein Blick in die Literatur verdeutlicht, wie verschieden der Begriff Kulturvermittlung interpretiert wird, und zwar nicht nur umgangssprachlich, sondern auch im kulturwissenschaftlichen Diskurs. Beispielsweise werden Kulturmanagement und Kulturmarketing bereits als Kulturvermittlung begriffen, was im Kontext der hier vorgestellten Studie jedoch nicht zentral gemeint ist. Unsere Studie schließt sich in ihrer nominalen Definition von Kulturvermittlung einer Interpretation an, die Dr. Winfried Nußbaummüller, seinerzeit langjähriger Kurator des Kunsthauses Bregenz und derzeitiger Leiter der Kulturabteilung des Landes Vorarlberg, im Vorfeld der Studie formulierte:

„In gleicher Weise wie die Vorstellungen darüber, was unter Kultur zu verstehen ist, sehr unterschiedlich sind, variieren auch die Auffassungen über die Möglichkeiten und die Notwendigkeit der Kulturvermittlung. Als kleinster gemeinsamer Nenner wird mit dem Begriff grundsätzlich die Ebene verstanden, auf der zwischen einem bestimmten Kulturangebot und einem bewusst adressierten Publikum kommuniziert wird. Um diesen Kulturdialog zu ermöglichen, erarbeiten die Akteure der Kulturvermittlung gezielte Maßnahmen, Konzepte und Aktionen, die wiederum mithilfe diverser Medien unterschiedliche Besucher erreichen sollen. Maßgeschneidert auf die spezifischen Aufgabenfelder wird auf diese Art und Weise entweder überhaupt erst die Neugierde auf und somit ein Zugang zur Kultur (Stichwort Schwellenangst) sowie eine inhaltliche Auseinandersetzung mit ihr ermöglicht. Herkömmlich beschrieben werden als Initiativen der Kulturvermittlung sowohl frontale Vermittlungsformate (Führungen, Vorträge), dialogisch konzipierte Veranstaltungen (Workshops, Gespräche), mediale Vermittlungstools (Audioguide, Webblog), Aktivitäten mit Partizipations- oder Interaktionscharakter, Plattformen zum Besucher-Feedback (Gästebuch), sowie letztlich auch Texte und Drucksorten (Besucherführungstexte, Infoblätter). Eine Ausstellung in einem Museum oder die Durchführung einer Konzertreihe von Seiten eines Konzertveranstalters können nicht bereits im Sinne eines Vermittlungsangebotes aufgefasst werden. Relevant sind vielmehr die über das Kulturangebot (die Hardware) hinausreichenden Initiativen, welche (quasi als Software) die Kulturpotenziale verdeutlichen, vermitteln oder überhaupt Zugänge zur Kultur schaffen." (Nußbaummüller 2012).

In diesem Sinn beschreibt die Studie erstmalig Philosophien, Konzepte und Methoden von Kulturvermittlung unter Vorarlbergs Kultureinrichtungen.

2. Methodik

Mit einem Kick-Off-Meeting im 4. Quartal 2011 startete das Vorhaben. Abgestimmt mit dem Land Vorarlberg, Abteilung IIc (Kultur), entwickelte die FHV Dimensionen von Kulturvermittlung für eine regionale Umfrage. Da es sich um eine explorative, theorie- und hypothesenbildende Studie handelt, entstand ein Katalog überwiegend qualitaver Leitfragen mit einer geringen Anzahl geschlossenen Fragen zur Art der Kultureinrichtung, zu ihren Zielgruppen für Kulturvermittlung und zu finanziellen Aspekten.

Die Befragung wurde als Online-Erhebung mittels UniPark realisiert, was unter anderem eine Rücklaufkontrolle zulässt. Die Zielgruppe umfasste vorab definierte Ansprechpartner/innen von insgesamt 162 Vorarlberger Kultureinrichtungen. Zentrales Auswahlkriterium bildeten die im Vorarlberger Kulturbericht 2010 genannten Initiativen. Es wurden ausschließlich bereits veröffentlichte Adressen genutzt, um Bestimmungen des Datenschutzes einzuhalten. Die Grundgesamtheit konnte vollständig erfasst werden. Vorab sandte das Land Vorarlberg via E-Mail ein gesondertes Motivationsschreiben an die ausgewählten Ansprechpartner/innen. Es folgte ein Einladungs- und Erinnerungsschreiben, in dem zur Teilnahme an der Online-Umfrage gebeten wurde. Das letzte Schreiben war mit einem personalisierten Link versehen, der direkt zum Online-Fragebogen führte, das heißt, jede Person konnte den Bogen nur einmal ausfüllen, was eine Verzerrung durch Mehrfachbeteiligungen ausschließt. Die FHV sicherte den Rücklauf (s.u.) durch eine telefonische Nachfassaktion ab.

Die qualitativen Daten wurden kategorial analysiert. Semantisch ähnliche Aussagen zu einer offenen Frage wurden kategorial zusammengefasst und übergreifend ausgewertet (nach Flick 2006: 259). In diesem Kontext entstanden durch Auszählungen qualitativer Daten zusätzlich quantifizierte Ergebnisse. Diese wurden nach Fragestellung, Themengebiet oder Kulturbereich sortiert. Geschlossene Fragen wurden quantitativ-deskriptiv ausgewertet. Zusätzlich zur Umfrage unter regionalen Kulturschaffenden recherchierte und beschrieb die Studie „Good Practice" von Kulturvermittlung anhand im Internet publizierter Beispiele aus dem deutschsprachigen Raum. Damit suchte sie den Anspruch umzusetzen, in der Region eventuell unbekannte Möglichkeiten von Kulturvermittlung bekannt und den Initiativen schmackhaft zu machen.

3. Zentrale Ergebnisse

Knapp vier Fünftel (79,6%) der 162 regionalen Kultureinrichtungen beteiligten sich an der Befragung, und knapp zwei Drittel (62,4%) vollendeten sie, auch wenn sie dabei aus thematischen Gründen nicht alle Fragen durchgehend beantwortet hatten. Im vorliegenden Sampling überwiegen die Kulturbereiche „Ausstellungen und Museen" (52%), gefolgt von „Musikveranstaltungen und Konzerte" (35%), „darstellende Kunst" (31%) und „bildende Kunst" (29%). Die nachstehenden Ergebnisse entsprechen den Dimensionen die der Online-Fragebogen thematisierte. Hervorgehobene Textpassagen kennzeichnen die jeweils hinterfragte Dimension. Wie bei theoriebildenden Studien üblich, bildet der Text die Summe der Positionen von Vorarlbergs Kultureinrichtungen ab; er kann jedoch nicht einer einzelnen Initiative zugerechnet werden.

Im obengenannten Sinn von Nußbaummüller setzten zum Zeitpunkt der Befragung zwei Fünftel der regionalen Kultureinrichtungen (40,7%) *kulturvermittelnde Aktivitäten* in die Praxis um.

Das *Verständnis und die Bedeutung von Kulturvermittlung* bezieht sich auf ein vielseitiges Aktionsfeld. Im Spannungsfeld zwischen kultureller Darbietung und Interaktion mit den Rezipienten wird bei der Kulturvermittlung Wert darauf gelegt, Menschen an das Kunst- und Kulturangebot heranzuführen. Die Betrachtenden, das Publikum, die allgemeine Bevölkerung sollen über einen partizipativen Ansatz mit allen Sinnen, mit Phantasie und mit Freiräumen für Kreativität Kunst- und Kulturorte erfahren dürfen. Vielseitige Angebote – z.B. Führungen, Foren, Workshops, Tage der offenen Tür – tragen dazu bei, die Kommunikation zwischen Kulturschaffenden und Kulturkonsumenten zu stärken. Sie fördern zugleich ein aktives gesellschaftliches Mitwirken.

Hinter den *Argumenten für Kulturvermittlung* steht ein kulturpolitischer Auftrag. Es geht nicht nur darum, die Bevölkerung direkt zu erreichen, sondern vielmehr sollen auch gesellschaftskritische Fragestellungen in die Öffentlichkeit

168

transportiert werden. Kultureinrichtungen nehmen somit Kulturvermittlung als politische Kernaufgabe wahr. Hierfür sehen Kulturschaffende unterschiedlicher Bereiche (Musikverein, Theater, Museum etc.) den Sektor Schule als zentral bedeutsam an. Aus Sicht Vorarlberger Kulturinitiativen sprechen mehr Argumente für Kulturvermittlung als gegen sie.

Genannte *Risikofaktoren der Kulturvermittlung* beziehen sich hauptsächlich auf zeitliche Engpässe und den (zu) hohen finanziellen Aufwand, den Kulturvermittlung mit sich bringt. Eine Problematik könnte sich auch in der sinkenden Qualität von Kulturvermittlung abzeichnen, nämlich dann, wenn ökonomische und unternehmerische Erfolge in der Kulturarbeit überwiegen.

Zielgruppen und Altersklassen der Kulturvermittlung: Vorarlberger Angebote der Kulturvermittlung richten sich in etwa gleichem Maße auf Kinder und Jugendliche von 7 bis 18 Jahren einerseits und auf Erwachsene ab 19 Jahren andererseits aus. Die größte Gruppe bilden dabei Erwachsene im Alter zwischen 19 bis 59 Jahren, gefolgt von Seniorinnen und Senioren über 60 Jahre. Angebote für Kinder bis sechs Jahre sind demgegenüber etwa halb so häufig vertreten.

Die häufigsten *Formate und Medien der Kulturvermittlung* sind Führungen, Events, Workshops und Vorträge. Obwohl in der Vorarlberger Kulturvermittlung die kommunikative Orientierung bedeutender wird, kommen Dialogveranstaltungen seltener zum Einsatz. Text und Bild zählen zu den Hauptmedien neben Film, Internet und Audio-Medien. Die Befragten sehen die Hauptaktivitäten der Kulturvermittlung in der Organisation und Durchführung von Veranstaltungen.

Ressourcen in der Kulturvermittlung: Aufgrund einer geringen Antwortbereitschaft sind die Angaben zu den eingesetzten finanziellen Ressourcen eher als erste Standortbestimmung zu interpretieren und sollten keinesfalls verallgemeinert werden. Es zeichnet sich die Hypothese ab, dass Kulturvermittlung im Durchschnitt pro Vorarlberger Einrichtung eher Kosten im Bereich bis zu 10.000 Euro im Jahr verursachen dürfte. Die Frage nach den personellen Ressourcen der Kulturvermittlung ist aus methodischen Gründen ebenso sensibel zu interpretieren wie die finanzielle Stellungnahme. Im Durchschnitt der Antwortenden – und ohne zwei obere Extremwerte – stehen pro Einrichtung neun Personen für Tätigkeiten der Kulturvermittlung zur Verfügung. Am häufigsten wird eine Person genannt, 27 Einrichtungen verfügen über eine bis drei Personen; 14 Einrichtungen über vier bis zehn Personen und 11 Einrichtungen über 11 bis 20 Personen.

Es bleibt eine der größten *Herausforderung der Kulturvermittlung*, die Attraktivität von Kunst- und Kulturorten in ländlichen Regionen mit schwacher Infrastruktur zu steigern.

Veränderungen für eine erfolgreiche Kulturvermittlung können durch ein gemeinsames Verständnis von Kulturvermittlung, etwa im Sinne eines gemeinsamen Leitbildes, vorangetrieben werden. Eine intensivere Auseinandersetzung bedarf es auch über die Professionalisierung von Kulturschaffenden in der Kulturvermittlung.

Förderinstrumente der Kulturvermittlung: Das Land Vorarlberg ist Hauptfördergeber für Kulturvermittlung und hat mit dem Vorarlberger Kulturservice (VKS) einen starken Kooperationspartner. Hauptsächlich wurden Jahresförderungen und Projekte vergeben, z.B. für die Aktivitäten „Reiseziel Museum" oder „Kinder in die Mitte". Die Fördervergabe über das Bundesministerium für Unterricht, Kunst und Kultur (bm:ukk) sowie über den KulturKontakt Austria (KKA) nutzten Vorarlberger Kultureinrichtungen deutlich seltener. Geförderte Projekte sind u.a. „p(ART)", „culture connected" und „Macht/Schule/Theater". Bei einer Einrichtung stand zudem ein von der EU gefördertes Projekt in Aussicht.

Preisgestaltung in den Bereichen Kunst und Kultur: Alle Befragten waren sich annähernd darüber einig, dass die Leistbarkeit von Kunst und Kultur neu überdacht werden sollte. Entscheidend sei, wie sich angemessene sozial gestaffelte Eintrittspreise kostendeckend realisieren lassen. Preisreduktionen für Kinder und Jugendliche wurden fast von allen befragten Kultureinrichtungen standardmäßig angeboten, gefolgt von Preisreduktionen für Studierende und Senioren. Die Preisgestaltung für Familien rückte dagegen leicht in den Hintergrund. Einige Kulturinitiativen regten an, nach Möglichkeit freien Eintritt für Kinder und Jugendliche bis 18 Jahre anzubieten und durch flankierende Maßnahmen (z.B. kostenlose Nutzung öffentlicher Verkehrsmittel) zu stützen.

Zusammengefasst skizzieren die oben dargestellten Ergebnisse sechs zentrale Elemente einer Theorie über den Status Quo: Regionale Kulturvermittlung

1. spricht alle Bevölkerungsschichten an und bietet einen methodisch breiten Zugang zu kulturellen und künstlerischen Aktivitäten in vielseitigen Kulturbereichen;

2. bietet vielseitige Interaktion und Beteiligung, um die kulturelle Teilhabe an Kunst und Kultur im Wandel der Generationen und für gesellschaftliche Teilgruppen zu fördern;

3. setzt einen öffentlichen Auftrag um und trägt dadurch zur Aufrechterhaltung und Entwicklung einer Gesellschaft mit hoher Lebensqualität bei.

4. vernetzt Kulturschaffende, Kulturpolitiker und die allgemeine Bevölkerung und fungiert dadurch als Bindeglied zwischen den Systemebenen;

5. wird durch eine fördernde Kulturpolitik gestützt, um Ressourcen freizumachen und Strategien der Vermittlungsarbeit in allen Kulturbereichen weiterentwickeln zu können;

6. ermöglicht durch systematische Fort- und Weiterbildung einerseits die Verzahnung von Bildung und Kultur bei der allgemeinen Bevölkerung, andererseits die Professionalisierung von Kulturschaffenden und Kreativen.

4. Diskussion

Für Kulturförderer und -träger bestätigte sich aufgrund der Studie über den Status Quo regionaler Kulturvermittlung ein Handlungsbedarf im Bereich Kunst und Kultur. Drei Fünftel der regionalen Kultureinrichtungen besitzen diesbezügliches Entwicklungspotenzial. Wo entsprechende Entwicklungsmöglichkeiten liegen, konnte die (hier aus Platzgründen nicht dargestellte) Synopse deutschsprachiger Good-Practice-Beispiele zeigen. Inwiefern unsere Studie einen mehrfachen Impact auf gesellschaftliche Entwicklung bewirkte, belegen nachstehende Beispiele. Erstens konnten regionale Kulturinitiativen erstmalig den Wert von Kulturvermittlung für Vorarlberg darstellen. Zweitens entstand ein konstruktiver Diskurs zwischen Kulturpolitik und Kulturschaffenden, bei dem es darum ging, wie Bereiche der Kulturvermittlung in Vorarlberg verstärkt gefördert werden könnten. Drittens wurden neue Vermittlungsaktivitäten ins Leben gerufen, die nun exemplarisch aufgeführt sind.

In den letzten zwei Jahren wurden der „Museumstag", der „Tag der Kulturinitiativen" und die „Freie Fahrt zur Kultur" umgesetzt.

Mit dem Ziel einer breiten Vernetzung realisierte das Land Vorarlberg des Weiteren die neue Internetplattform „Kultur ermöglichen", die direkt mit dem Bildungsserver des Landes verlinkt ist (siehe: http://kultur.vobs.at/). Diese Internetplattform ermöglicht es, regionale Kunst und Kultur – und somit auch Kulturvermittlung – mit aktuellen Projekten gebündelt darzustellen. Unter anderem bietet sie auch Kontakte zu Kulturvermittlerinnen und -vermittlern sowie zu anderen kulturellen Dachorganisationen.

Des weiteren wurde ein neuartiger Vermittlungsansatz für Kinder und Jugendliche umgesetzt. Hierfür arbeiteten 34 traditionelle Kunst- und Kultureinrichtungen des Landes – zum Beispiel das Naturmuseum „Inatura", das „vorarlberg museum", das „Kunsthaus Bregenz", das „Vorarlberger Landestheater" – mit der Kinderinitiative „Reiseziel Museum" zusammen. Explizit wurde bei der Gründung dieser Initiative auf die initiierende Funktion unserer Studie Bezug genommen (vgl. Vorarlberg.orf.at 2015). „Reiseziel Museum" aktiviert Kinder und Jugendliche, eine kindgerechte Funktion als Reiseleitung für Gleichaltrige durch die 34 beteiligten Einrichtungen auszuüben. Über den Peer-Ansatz, eine motivierende exemplarische Materialsammlung und eine Fahrkartenermäßigung förderte das Land Vorarlberg von Juli bis September 2014 drei Tagesaktivitäten der kindgerechten Kulturvermittlung (vgl. Amt der Vorarlberger Landesregierung, Abt. IIc 2015).

Derart erfolgreich verankerten Projekten wohnt die Chance inne, Einrichtungen und Kulturbereiche an Kulturvermittlung heranzuführen, die bis dato keine oder nur wenig entsprechende Aktivitäten unternommen haben. Neue Ansätze der Kulturvermittlung – unter anderem auch die von uns gelisteten Good-Practice-Modelle aus dem deutschsprachigen Raum – bieten Möglichkeiten zu prüfen, inwiefern Kulturvermittlung auch seitens der Wirtschaft unterstützt werden kann. Denn bei der Vermittlung und Aufrechterhaltung kultureller Aktivität geht es auch generell um einen emanzipatorischen, lebensfördernden Anspruch, nämlich darum (Schnell 2005: 116) ...

> „Lücken [zu, A.d.V.] schließen in Debatten, die einseitig von ökonomischen, politischen oder wissenschaftlichen Gesichtspunkten und Argumenten geprägt sind. Erschließung künstlerischer und kultureller Potentiale für die Auseinandersetzung mit gesellschaftlichen (Zukunfts-) Fragen. Aneignung der Expertenkultur aus dem Blickwinkel der Lebenswelt."

Literatur

Amt der Vorarlberger Landesregierung, Abt. IIc (2015): Reiseziel Museum. Url: http://reiszielmuseum.vorarlbergmuseen.at/de/reiseziel-museum/reiseziel-museum.html; download am 01.05.2015.

Dörflinger, Aliette; Bachinger, Karin & Seidl, Thomas (2014): Finanzierungssituation und -bedarf der Österreichischen Kultur- und Kreativwirtschaft. Wien. Url: http://www.kulturdokumentation.org/download/finanzierungssituation_gesamt.pdf; download am 30.03.2015.

Flick, U. (2006): Qualitative Sozialforschung. Eine Einführung (4. Aufl.). Reinbek: Rowohlt.

Lungstraß, Anja & Ratzenböck, Veronika (2014): Fair Pay Umfrage zur finanziellen Situation freier Kulturinitiativen und -vereine. Wien. Internationales Archiv für Kulturanalysen. Url: http://www.kulturdokumentation.org/download/Fair%20Pay%20Bericht%20final%202014.pdf; download am 30.03.2015.

Mandel, Birgit (Hrsg.) (2005): Kulturvermittlung zwischen kultureller Bildung und Kulturmarketing. Eine Profession mit Zukunft. transcript Verlag: Bielefeld.

Nußbaummüller, Winfried (2012): Internes Statement. In: Fredersdorf, Frederic & Lorünser, Daniela (2012): Kulturvermittlung – Eine Studie zur Bedeutung und zum Umfang kulturvermittelnder Initiativen in Vorarlberg. Graue Literatur. Dornbirn.

Schnell, Uta (2005): Lücken schließen. Oder Bedingungen und Kriterien Professioneller Kulturvermittlung. In: Mandel, Birgit (Hrsg.): Kulturvermittlung zwischen kultureller Bildung und Kulturmarketing. Eine Profession mit Zukunft. transcript Verlag. Bielefeld: 114 – 121.

Vorarlberg.orf.at. (07.04.2015): Kulturinitiativen präsentiert. Url: http://vorarlberg.orf.at/news/stories/2703992/; download am 20.04.2015.

Wohnbedarf im Alter

Frederic Fredersdorf, Pascale Roux, Fabian Rebitzer

1. Soziale Aufgabenstellung und Forschungsfrage

Sachstände und Prognosen über soziale Folgen der demografischen Entwicklung in Europa sind weitgehend bekannt und vielseitig publiziert (exemplarisch: Pasero, Backes & Schröter 2007; Kruse 2010; Lohmann 2010; Butterwege & Bosbach 2012). So beauftragten etwa Bundesregierungen zwischen 1993 und 2010 sechs sogenannte Altenberichte zur Lage älterer Menschen in Deutschland. Der siebte ist derzeit in Arbeit und soll im Frühjahr 2015 der Bundesregierung übergeben werden (vgl. Deutsches Zentrum für Altersfragen 2014; er lag bei Redaktionsschluss nicht vor). Österreichische und Schweizer Fachkreise verweisen in ihren Diskursen ebenfalls auf aktuelle wie zu erwartende gesellschaftliche demografische Entwicklungen und den damit einhergehenden Veränderungen und Folgen (z.b. Heizmann & Eiffe 2008; Arbeitsgemeinschaft Alter 2009). Alle skizzierten Szenarien gehen von zunehmenden Herausforderungen für den Sozialstaat und dessen Bürgerinnen und Bürger aus, dies betrifft wenigstens die Bereiche Gesundheit, Arbeitsmarkt, Sozialversicherung und Sozialleben.

Die Quote der Betagten bis Hochbetagten nimmt in der europäischen Bevölkerung zu. *„Altern wird in Europa in den kommenden 50 Jahren eine besondere Herausforderung für jedes einzelne Land bleiben. Tatsächlich hat Europa in den demographischen Veränderungen eine Vorreiterposition eingenommen"* (Weber u.a. 20005: 17). Auf der Mikro-Ebene ist Altern mit zunehmenden organischen Funktionsstörungen und daraus resultierende Einschränkungen wie Krankheiten verknüpft. Erhöhter Hilfebedarf entsteht (Weyerer u.a. 2008: 62-72). Studien zu subjektiven Gesundheitsempfindungen und objektiven Gesundheitszuständen bestätigen im Rahmen eines bio-psycho-sozialen Gesundheitsbegriffs diesen epidemiologischen Alterszusammenhang (z.B. Kohler & Ziese 2004: 26-30; Statistik Austria 2006: 16). Aufgrund individueller Bedarfe und darauf abgestimmter ambulanter Versorgungsleistungen ist nun der Trend zu beobachten, als alter Mensch möglichst lange eigenständig zu wohnen.

Allerdings konstatiert eine Prognos-Studie zu den Angeboten und Nachfragen im Pflegebedarf für Deutschland: *„Das Risiko, pflegebedürftig zu werden, korreliert ... stark mit dem Lebensalter, so dass die absolute Zahl der künftig zu pflegenden Personen stetig steigt."* (Prognos AG 2012: 15). Betagte, die nicht oder nicht mehr privat versorgt werden können, wechseln nun in zunehmend höherem Alter und mit höherem Pflegebedarf in die stationäre Versorgung, worin sie bis zu ihrem Tod in kürzer werdenden Zeiträumen verbleiben (Laireiter, Baumann & Messer: 293 ff).

Wegen des hier nur grob skizzierten Trends fragen sich Kommunalverantwortliche, wie wohl die Wohnsituation und der künftige Wohnbedarf von Seniorinnen und Senioren in ihren Gemeinden aussieht. Ebendiese Frage haben sich 2010 und 2011 die Vorarlberger Gemeinden Götzis und Mäder gestellt. Weil die Antworten für Götzis bereits anderweitig publiziert sind (vgl. Fredersdorf & Feuerstein 2010), liegt hier der Fokus auf der Nachbargemeinde Mäder.

Die von Mäder beauftragte Studie verfolgte das Richtziel, Informationen zu gewinnen, wie sich ihre Bevölkerung ab 50 Jahren die eigene Wohnsituation im höheren Alter vorstellt. Fünf Dimensionen der Erkenntnisgewinnung waren dafür bedeutsam:

- Angaben zur aktuellen Wohnsituation,
- Einstellungen zum Wohnen im höheren Alter,
- Einstellungen zum betreuten Wohnen,
- Einstellungen zum technikunterstützten Wohnen im Alter und
- soziodemographische Angaben.

Mit Ausnahme eines gemeindespezifischen Aspekts wurde dasselbe standardisierte und getestete Befragungsinstrument eingesetzt wie im Jahr zuvor in Götzis. Es integriert inhaltsvalide Items aus sieben vergleichbaren deutschsprachigen Umfragen und enthält eine selbstentwickelte Item-Batterie zum Aspekt des technikunterstützten Wohnens im Alter (vgl. ebd.).

2. Methodik

Mittels SPSS wurde eine Zufallsstichprobe von 308 aus 973 Bürgerinnen und Bürgern der Gemeinde ab dem fünfzigsten Lebensjahr gezogen. Pro Haushalt sollte sich nur eine Person beteiligen, um ein möglichst breites Bild zu gewinnen. Vorab geschulte Studierende der Fachhochschule Vorarlberg führten auf Basis studentischer Werkverträge persönliche Interviews vor Ort durch. Verweigerte jemand das Gespräch, erhielten die Studierenden alternative Zufallsangaben aus der Liste der Grundgesamtheit. Auf diese Weise konnte der geplante Rücklauf von 30% (exakt: 31,6%) realisiert werden.

In Bezug auf die Verteilung der Geschlechter kommt die Stichprobe der Grundgesamtheit sehr nahe (Stichprobe: 51% Frauen, 49% Männer / Grundgesamtheit im Erhebungsmonat laut Auskunft des Gemeindeamts Mäder: 51,5% Frauen, 48,5% Männer). Um die soziodemographische Repräsentativität präziser zu belegen, wurde die Stichprobe anhand der *kombinierten* Merkmale Alter und Geschlecht gegenüber der Grundgesamtheit auf Unterschied getestet. Die kombinierte Verteilung in der Grundgesamtheit ist durch Gemeindedaten bekannt, als Maßstab galt die Einteilung der Vorarlberger Bevölkerungsstatistik, wie sie die Landesstelle für Statistik im Amt der Vorarlberger Landesregierung herausgibt. Mit einem Pearsons'schen Korrelationskoeffizienten von 0,87 bei den Männern und von 0,65 bei den Frauen (bei 4 fehlenden Werten) liegt die Wahrscheinlichkeit des Betafehlers (der fälschlichen Annahme, Grundgesamtheit und Stichprobe würden sich gleichen) bei den Männern im akzeptierten Bereich. Bei den Frauen ist sie allerdings deutlich geringer. Um keine Fälle einzubüßen, führten wir Berechnungen dennoch mit dem gesamten Rücklauf durch.

Unabhängig von statistischen Erwägungen spricht letztlich ein qualitatives Argument für die Beibehaltung der Stichprobe: Das Verfahren, pro Haushalt nur einen Partner / eine Partnerin zu interviewen, garantiert eine breitere Streuung über die Grundgesamtheit, als wenn zusammenlebende Partner ihre wahrscheinlich ähnliche Meinung mitgeteilt hätten. Aus diesem Grund ersetzten wir über 80 doppelte und annähernd gleichaltrige Zufallsziehungen pro Haushalt durch alternative Befragte.

Von 133 Items wurden durchschnittlich nur 2,3% nicht beantwortet. Damit kann die Motivation zur Beteiligung als sehr hoch eingeschätzt werden. Die höchste Ausfallrate besitzt mit 31,5% die Frage nach dem durchschnittlichen Netto-Haushaltseinkommen. Wahrscheinlich wirkte sich hier die zielgruppengerechte persönliche Interviewform hemmend aus, denn bei der postalisch umgesetzten Götz'ner Studie gab es zu dieser Frage nur 7,8% Antwortausfälle.

Split-Half-Tests zu sieben inhaltlich unterscheidbaren, aber gleichgerichteten und -kodierten Item-Batterien belegen eine akzeptable Zuverlässigkeit des Instruments. Insgesamt wurden 116 metrische Items getestet; davon weisen 57 (49,1%) ein Alpha von über 0,8 vor, beide Testhälften liegen jeweils im hohen bis sehr hohen Bereich. 26 Items (22,4%) weisen ein Alpha zwischen 0,7 und 0,8 vor mit Testhälften im mittleren Bereich. Insgesamt sind knapp drei Viertel der Items (83 = 71,5%) in hohem bis sehr hohem Maße reliabel, allerdings fallen die Split-Half-Werte teilweise niedriger aus. Das Ergebnis liegt unter der Reliabilität der Götz'ner Studie (77,4% in hohem bis sehr hohem Maße zuverlässige Items), kann aber eine brauchbare Zuverlässigkeit des Instruments belegen (vgl. Tab. 1).

Tab. 1: Reliabilitätsanalysen zu sieben Item-Batterien

	α	α 1. Hälfte	α 2. Hälfte
45 Items: Einsatz technischer Hilfsmittel und Datenaufzeichnung	0,933	0,898	0,889
12 Items: Potentielle finanzielle Beiträge	0,858	0,722	0,796
13 Items: Besitz von Haushaltsgeräten	0,782	0,655	0,652
13 Items: Umzug in betreutes Wohnen	0,739	0,613	0,489
13 Items: Wohnen im höheren Alter	0,655	0,585	0,503
9 Items: Maßnahmen bei eingeschränkter Mobilität	0,584	0,685	0,696
11 Items: Besitz von Gesundheitsgeräten	0,469	0,445	0,032

3. Zentrale Ergebnisse

Die Befragten leben durchschnittlich seit 36,9 Jahren in Mäder. Eine hohe Standardabweichung von knapp 18 Jahren verweist auf die breite Spannweite, zwischen unter einem Jahr bis zu 82 Jahren. Die Kurve ist gemäß Q-Q-Diagramm annähernd normalverteilt. Die unteren 25% der Befragten leben zwischen null und 25 Jahre in Mäder, die zweite Perzentilklasse zwischen 26 und 34 Jahre, die dritte zwischen 35 und 50 Jahre und die oberen 25% der Befragten zwischen 51 und 82 Jahre.

Drei Viertel der Befragten leben im eigenen Haus. Plus der 12,4% mit einer Eigentumswohnung, wohnen 87,9% der Befragten in Eigentumsverhältnissen. Gut zwei Fünftel (42%) leben auf einem Raum zwischen 126 und 150 Quadratmetern; der Wohnraum von gut einem weiteren Fünftel (21,2%) beträgt 101 bis 125 qm, und von 12,1% 76 bis 100 qm. Vor die Frage gestellt, ob im höheren Alter der Wohnraum im Fall der Wahlfreiheit eher kleiner oder eher größer sein sollte, sprechen sich knapp zwei Drittel für einen *kleineren* Wohnraum aus. 11,4% fehlende Antworten deuten an, dass gut ein Zehntel der Bevölkerung in dieser Frage unschlüssig ist.

45,5% der Zielgruppe leben in einer Partnerschaft ohne und 24% in einer Partnerschaft mit Kind/ern; 19,8% leben alleine ohne Kind – andere Lebensformen sind seltener vertreten. Inwiefern Lebensformen altersabhängig sind, zeigt eine Einfaktorielle Varianzanalyse mit Post-Hoc-Test: Paare mit Kindern sind mit einem Altersdurchschnitt von 57 Jahren durchschnittlich neun Jahre jünger als Alleinlebende ohne Kinder und durchschnittlich um siebeneinhalb Jahre jünger als Paare ohne Kinder (p=0,000).

92,8% führen ihren Haushalt eigenständig, dementsprechend benötigen 7,2% dabei eine Unterstützung. Die Art der Unterstützung ist vielseitig, sie wird mehrheitlich von Familienangehörigen geleistet: In 69,6% der Fälle, die Hilfe im Haushalt in Anspruch nehmen, unterstützen ausschließlich Familienangehörige, in weiteren 15% Familienangehörige kombiniert mit dem mobilen Hilfsdienst. Andere Unterstützungen (Bekannte, Freunde, Hausangestellte) werden nur vereinzelt in Anspruch genommen.

Ein zentraler Aspekt der Studie eruierte die Zukunftsvorstellung der Bevölkerung darüber, wie sie sich das Wohnen im höheren Alter vorstellt, und welche Rahmenbedingungen hierfür nötig wären. Der Begriff „höheres Alter" wurde dafür nicht definiert, sondern der subjektiven Interpretation überlassen. Dimensionen betrafen die Barrierefreiheit der aktuellen Wohnung, die bevorzugten Wohnmöglichkeiten im Fall einer Mobilitätseinschränkung und individuell bedeutsame Rahmenbedingungen für das eigene Wohnen im höheren Alter.

Über drei Viertel (76,3%) leben derzeit *nicht* in einer altersgerecht gebauten Wohnsituation. Nur gut ein Fünftel (21,1%) könnte bei eingeschränkter Mobilität im aktuellen Wohnraum verbleiben, da dieser barrierefrei konstruiert wurde. Insgesamt ist der Aufklärungsgrad über Barrierefreiheit relativ hoch, denn nur 2,5% beantworten diese Frage mit „Ich weiß nicht".

Auf einer vierstufigen Skala zwischen den Polen „käme in Frage" und „käme überhaupt nicht in Frage" konnten neun Statements zu verschiedenen Arten des Wohnens im höheren Alter beantwortet werden. Für die deutliche Mehrheit käme es im Fall von Mobilitätseinschränkungen ganz oder annähernd in Frage, in der jetzigen Wohnung bzw. dem jetzigen Haus wohnen zu bleiben und sich durch professionelle Dienste helfen lassen (80,8%). Knapp drei Viertel würden sich dabei auch durch Angehörige helfen lassen (72,8%). Andere Möglichkeiten werden deutlich seltener befürwortet. In Mäder dominiert somit der Bedarf, im höheren Alter weiterhin in den eigenen vier Wänden zu leben. Immerhin ist gut die Hälfte der Bevölkerung (54,9%) ganz oder annähernd bereit, hierfür neueste Assistenztechniken einzusetzen.

Von 13 Items zu gewünschten Rahmenbedingungen für das Wohnen im höheren Alter liegen die Aspekte Naturnähe (94,5%), Ruhe (92,3%), Bedürfnisse nach Mobilität (91,3%) und Versorgungsbedürfnisse (Arzt/Apotheke: 89%; Nahversorgung: 86,7%) an vorderer Stelle. Soziale, kulturelle und religiöse Bedürfnisse sind mit signifikantem Abstand nachrangig bedeutsam.

Betreutes Wohnen als Übergangslösung bereitzustellen, ist für die künftige Sozialplanung einer Kommune wichtig, um sich auf den wachsenden Anteil älterer Bürgerinnen und Bürger einzustellen. Hierzu wurden spezifische Fragen gestellt:

Im Rahmen einer Mehrfachantwort konnten 13 Aspekte angekreuzt werden, die aus Sicht der Befragten ausschlaggebend wären, in eine betreute Wohnform umzuziehen. Für ca. 80% der Bevölkerung sollten fünf hauptsächliche Voraussetzungen gegeben sein: ärztliche, technische und allgemeine Betreuung, Sozialkontakte und Erhalt der eigenen Selbständigkeit. Durchschnittlich sind für die Befragten acht Aspekte für den Umzug in betreutes Wohnen bedeutsam. Erst an zehnter Stelle, immerhin noch von 63% gewählt, liegt die Voraussetzung, betreutes Wohnen mit seniorengerechter Technik auszustatten. Hierin deutet sich eine gewisse Akzeptanz von Technologien des Ambient Assisted Living an.

Im Rahmen einer Mehrfachantwort konnten 12 Aspekte angekreuzt werden, für welche Zusatzdienste im Rahmen eines potentiellen betreuten Wohnverhältnisses ein privater Eigenbeitrag geleistet würde. Vornehmlich würden Pflegedienste zusätzlich privat finanziert werden (80,2%). Die Spitzenstellung der Pflegedienste unterscheidet sich hochsignifikant von allen niedriger gereihten Aspekten. Knapp drei Viertel gäben zusätzliche Finanzmittel für Reinigungsdienste und eine permanente Notrufstelle aus und gut 70% für Essen auf Rädern. Die Befragten sind bereit, durchschnittlich sieben bis acht unterstützende Dienste potentiell finanziell mitzutragen.

Mit dem Thema Ambient Assisted Living (AAL) entstand in der internationalen Debatte um demographische Entwicklung und barrierefreies Wohnen ein relativ junger Forschungsbereich. Er verfolgt den Schwerpunkt, unaufdringliche Assistenztechnologien zum Zweck der Gesundheitsförderung und Lebenserleichterung zu entwickeln und im Wohnbereich einzusetzen, um ein längeres eigenständiges Leben in der gewohnten Umgebung zu ermöglichen. So wurden beispielsweise auf dem siebten internationalen AAL-Kongress 2014 AAL-Trends diskutiert zu den Bereichen Robotics, Assistive Technologies, Monitoring und Interoperabilität (vgl. die Beiträge in Wichert & Klausing 2014). Uns interessierte diesbezüglich die Akzeptanz der Bevölkerung aus Mäder, siebzehn AAL-Technologien der Sicherheits-, sieben der Gesundheits- und zehn der Energiespartechnik bei Bedarf im höheren Alter einzusetzen. Jeder Aspekt ist in Form einer Satzaussage formuliert; dabei konnte – abgesehen von der Möglichkeit die Antwort zu verweigern – in zweifacher Weise geantwortet werden: „Ja, würde ich einsetzen", „Nein, würde ich nicht einsetzen". Die Aussagen wurden vom Team des Forschungszentrums „User Centered Technologies" der FH Vorarlberg mit Bezug zu den einsetzbaren AAL-Technologien entwickelt und über einen internen Pre-Test mit Blick auf allgemeine Verständlichkeit optimiert.

Über die Hälfte der Befragten spricht sich jeweils für 12 von 17 Sicherheitstechniken aus. An erster Stelle stehen bei über vier Fünftel bis drei Viertel der händische Notruf und technische Hilfen für den Brandschutz. Im Durchschnitt wären die Befragten bereit, zehn Sicherheitstechniken bei Bedarf einzusetzen.

Statements zur Gesundheits- und Energiespartechnik befürworten sie dagegen signifikant seltener. Zwei Energiespartechniken werden häufiger befürwortet als jede Gesundheitstechnik: Sieben Zehntel der Befragten sprechen sich für eine automatische Temperaturregelung als Tag- und Nachtausgleich aus und die Hälfte für eine automatische Heizregulierung. Fünf Aspekte zum Energiesparen sind immerhin für über ein Drittel bis zu zwei Fünftel der über 50Jährigen relevant: die automatische Bedienung ausgesuchter Geräte beim Betreten der Wohnung, der Staubsaug-Roboter und die Sensorik am Wasserhahn, die automatische Bedienung ausgesuchter Elektrogeräte und Jalousien. Im Schnitt würden die Befragten vier Techniken für den Komfort und zum Energiesparen einsetzen.

Was beeinflusst die Akzeptanz von AAL-Technologie für den eigenen Gebrauch? Um dies zu klären, wurden Items zur Akzeptanz von Gesundheits- und Energiespartechniken zu je einem summierten Index addiert und in schrittweisen Multiplen Regressionen als abhängige Variablen überprüft. 20 potentielle Prädiktoren bildeten die unabhängigen Variablen: Alter, Haushaltsnettoeinkommen, Kinderzahl, Wohndauer, Größe der Wohnung in qm, gewünschte Wohngröße im höheren Alter, Bewertung von neun Wohnmöglichkeiten fürs eigene Alter, Index zur Leistung von Zusatzbeiträgen für Services in betreuten Wohnen (12 summierte Fragen zu möglichen Zusatzbeiträgen für Serviceleistungen), Dummy-Variablen: weibliches Geschlecht, vorhandener Migrationshintergrund, selbständige Lebensführung, barrierefreie Wohnung. Zusätzlich kamen die beiden übrigen AAL-Indizes in die Regressionsgleichung hinein.

Vier Prädiktoren beeinflussen die Akzeptanz von Gesundheitstechnik: die Akzeptanz von Komfort- und Energiespartechnik, das Alter, die Akzeptanz zur regelmäßigen Speicherung und Auswertung gesundheitsbezogener Daten und der potentiell denkbare Umzug in eine Alters-WG bei Mobilitätseinschränkungen. [1] Fünf Prädiktoren beeinflussen die Akzeptanz von Komfort- und Energiespartechnik: die Akzeptanz von Gesundheitstechnik, die Akzeptanz von Sicherheitstechnik, das Alter, der potentielle Umzug zu Familienangehörigen bei Mobilitätseinschränkung und die potentielle Bereitschaft, sich bei Mobilitätseinschränkung in der eigenen Wohnung durch professionelle Dienste helfen zu lassen. [2]

---

1 Das korrigierte R^2 von 0,563 verweist auf eine mittlere Anpassung des Modells. Mit 429 zu 318 ist der erklärte Anteil größer als der nicht erklärte, was für die Eignung des Modells mit allen vier Variablen spricht (die bis auf die Variable „Alters-Wohngemeinschaft" der Bonferroni-Korrektur standhalten). Das Signifikanzniveau des Modells beträgt 0,000, das der vier Effekte 0,000; 0,000; 0,005 und 0,037.

2 Das korrigierte R^2 von 0,648 verweist auf eine gehobene Anpassung dieses Modells. Mit 895 zu 463 ist der erklärte Anteil größer als der nicht erklärte, was für die Eignung des Modells mit allen vier Variablen spricht (die bis auf die letzte Variable der Bonferroni-Korrektur standhalten). Das Signifikanzniveau des Modells beträgt 0,000, das der fünf Effekte 0,000; 0,000; 0,002; 0,001 und 0,007.

4. Diskussion

Bezüglich der Lebensumstände im höheren Alter sind die allgemeinen Bedürfnisse der älteren Bevölkerung von Mäder (Vorarlberg) mit breiten Bevölkerungsteilen vergleichbar. Aspekt Barrierefreiheit: Die für Deutschland repräsentative Studie des Kuratorium Deutsche Altershilfe zum Wohnen im Alter belegt knapp 11,6% „extreme" und 83,2% „mittlere" Barrieren in Seniorenhaushalten (Kuratorium Deutsche Altershilfe 2011: 41). Aspekt Wohnperspektive: Demgegenüber steht der allgemein verbreitete Trend von Seniorinnen und Senioren, möglichst lange in den eigenen vier Wänden leben zu wollen (s.o.) Sowohl bei zu erwartenden Mobilitätseinschränkungen als auch bei zu erwartender steigender Altersarmut birgt dieser Bedarf enormes Konfliktpotential. Aspekt Wohnlage im Alter: Auch in diesem Aspekt gleichen die Wünsche der Befragten breiten Bevölkerungsteilen: Im (höheren) Alter möchten die Befragten aus Mäder vornehmlich in guter Naturlage mit breitem Struktur- und Kulturangebot wohnen, was mit Ausnahme des Naturaspekts den Ergebnissen einer repräsentativen Emnid-Studie zu Wohnwünschen der Deutschen im Alter entspricht (TNS Emnid 2011: 13). Die avisierte Wohnqualität wird aber immer seltener zu optimalen Bedingungen einzurichten sein.

Unsere beiden letztgenannten Analysen bestätigen die Vermutung, dass die Bevölkerung von Mäder einer AAL-Technologie umso aufgeschlossener gegenüber steht, wenn sie Technik grundlegend positiv bewertet. Technikakzeptanz ist also in ihren Teilaspekten miteinander motivational verknüpft. Zudem steigt sie mit dem Alter, was eine Folge zunehmender Hilfsbedürftigkeit sein kann, die in dieser Studie jedoch nicht valide erhoben wurde. Insgesamt sind die Modelle theoretisch plausibel, denn sie belegen die Bereitschaft, sich bei spezifischen Veränderungen im Alter, die auch durch einen potentiellen Wohnortwechsel zum Ausdruck gebracht wird, verstärkt durch Technik unterstützen zu lassen.

Die Daten erlauben zu guter Letzt auch einen Teilbeitrag zur Theoriebildung, welche Faktoren einen potentiellen späteren Umzug in betreutes Wohnen beeinflussen. Um dies zu prüfen, wurden die Daten aus den Erhebungen der Nachbargemeinden Götzis und Mäder zusammengefasst analysiert.

Bei einer Gesamtstichprobe von 835 Personen gingen für eine schrittweise Multiple Regression 25 Prädiktorenvariablen in die Regressionsgleichung ein. [3] Abhängige Variable bildete das Item „Ich würde in eine seniorengerechte Wohnung mit gesonderter Betreuung umziehen". Es konnte als eine von neun Möglichkeiten auf die Frage nach den Möglichkeiten bei nachlassender Gesundheit und Mobilitätseinschränkungen auf einer vierstufigen Skala zwischen „käme in Frage" und „käme überhaupt nicht in Frage" angekreuzt werden.

Während keiner der geprüften soziodemografischen Aspekte einen Einfluss auf potentiellen späteren Umzug in betreutes Wohnen ausübt – weder das Alter noch das Geschlecht, der Migrationsstatus, die Wohndauer am Ort oder die Einkommenshöhe – erweisen sich dafür vier wohnspezifische Variablen als hochsignifikante Vorhersagegrößen: Die Bereitschaft, im höheren Alter in betreutes Wohnen umzuziehen steigt,

- je mehr finanzielle Zusatzbeiträge jemand dafür zu leisten bereit ist,
- je wichtiger es wird, dass die Wohnung fürs höhere Alter nahe bei einem Pflegeheim liegt,
- je wichtiger es wird, dass bei der Wohnung fürs höhere Alter öffentliche Verkehrsmittel erreichbar sind und
- je weniger bedeutsam die Entfernung zur bisherigen Wohnung ist.

Motivation für den Umzug in betreutes Wohnen scheint demnach vor allem eine Frage von (leistbaren) Zusatzdiensten, Gesundheitsversorgung und Mobilität zu sein. Die geringe Modellgüte legt jedoch nahe, für eine weiterführende Theoriebildung Folgestudien mit weiteren erklärenden Variablen aufzusetzen. [4]

---

3 Dummy-Variablen: a) Geschlecht, b) österreichische Staatsbürgerschaft, c) Migrationshintergrund (Besitz der österreichischen Staatsbürgerschaft seit der Geburt) d) geringes Haushalts-Nettoeinkommen unter 1.000 € e) Wohnen in barrierefreier Wohnung / Alter, Kinderanzahl, Wohndauer am Ort, 13 Items zu den Bedingungen einer Wohnsituation im höheren Alter / Indizes: a) zur Höhe potentieller finanzieller Zusatzbeiträge, zum potentiellen Einsatz von b) Sicherheits-, c) Energiespar- und d) Gesundheitstechnik.
4 Das korrigierte R^2 von 0,156 verweist auf eine eher schwache Anpassung des Modells, wofür auch der relativ geringe Durbin-Watson-Koeffizient von 0,1746 steht. Das bedeutet, es sollten weitere potentielle erklärende Variablen zur Theoriebildung herangezogen werden. Das Signifikanzniveau des Modells beträgt 0,000, das der vier Effekte 0,001; 0,000; 0,001 und 0,003.

Literatur

Arbeitsgemeinschaft Alter (2009): Armut im Alter – heute und morgen: Eine verdrängte Realität. Fakten und Argumente zur Alterspolitik im Kanton Zürich. Arbeitsgemeinschaft Alter. Zürich.

Auber, Daniel-Francois-Esprit (2005): Einleitung. In: Weber, Germain u.a.: ESAW. Europäische Studie zum Wohlbefinden im Alter. Hauptergebnisse unter besonderer Berücksichtigung der Situation in Österreich. Facultas. Wien: 13-18.

Butterwege, Christoph, Bosbach, Gerd & Birkwald, Matthias (Hrsg.) (2012): Armut im Alter. Probleme und Perspektiven der sozialen Sicherung. Campus. Frankfurt/M.

Deutsches Zentrum für Altersfragen (2014): Sorge und Mitverantwortung in der Kommune. Url: https://www.siebter-altenbericht.de/; download am 29.01.2015.

Fredersdorf, Frederic & Feuerstein, Gerhild (2010): Wohnen im Alter – Bevölkerungsumfrage 2010 in der Marktgemeinde Götzis. In: Ritter, Walter & Feuerstein, Gerhild (Hrsg.) (2011): Intelligent Wohnen – Zusammenfassung der Beiträge zum Usability Day IX. Pabst Science Publisher: Lengerich 2011: 53-60.

Heizmann, Karin & Eiffe, Franz (2008): Gibt es einen Großstadtfaktor in der Armutsgefährdung und Deprivation älterer Menschen? Eine empirische Analyse für Österreich. Forschungsbericht des Forschungsinstituts für Altersökonomie Nr. 3/2008. Wirtschaftsuniversität Wien. Wien.

Kohler, Martin & Ziese, Thomas (2004): Beiträge zur Gesundheitsberichterstattung des Bundes. Telefonischer Gesundheitssurvey des Robert-Koch-Instituts zu chronischen Krankheiten und ihren Bedingungen. Robert-Koch-Institut. Berlin.

Kruse, Andreas (2010): Sechster Bericht zur Lage der älteren Generation in der Bundesrepublik Deutschland. Altersbilder in der Gesellschaft. Sachverständigenkommission des Bundesministeriums für Familie, Senioren, Frauen und Jugend. Berlin.

BMVBS – Bundesministerium für Verkehr, Bau und Stadtentwicklung (Hrsg.) (2011): Wohnen im Alter. BMVBS. Berlin

Laireiter, Anton; Baumann, Urs & Messer, Randolf (2015): Gerontopsychologie in Einrichtungen der Seniorenpflege. In: Maercker, Andreas (Hrsg.): Alterspsychotherapie und klinische Gerontopsychologie. Springer. Berlin: 289-314.

Pasero, Ursula; Backes, Gertrud & Schroeter, Klaus (Hrsg.) (2007): Altern in Gesellschaft. Ageing – Diversity – Inclusion. VS Verlag für Sozialwissenschaften. Wiesbaden.

Prognos AG (2012): Studie Pflegelandschaft 2030. Prognos AG. Berlin.

Statistik Austria (2006): Österreichische Gesundheitsbefragung 2005/2006. Wien.

TNS Emnid GmbH (2011): Wohnwünsche im Alter – Grafikreport. TNS Emnid. München.

Weyerer, Siegfried u.a. (2008): Epidemiologie körperlicher Erkrankungen und Einschränkungen im Alter. Kohlhammer. Stuttgart.

Wichert, Reiner & Klausing, Helmut (Hrsg.) (2011): Ambient Assisted Living – 7. AAL-Kongress 2014. Springer. Berlin.

Forschungsschwerpunkt
Wirtschaft und Soziales

Monitoring der Vorarlberger Wirtschaft aus Sicht von Klein- und Mittelunternehmen

Rainer Puhr, Frederic Fredersdorf

1. Soziale Aufgabenstellung und Forschungsfrage

Wie das im Jahr 2014 aktualisierte Leitbild zur Wirtschaft in Vorarlberg anhand verschiedener Kennzahlen darstellt, „...gehört die Region zum Vorderfeld der wirtschaftlich leistungsfähigsten europäischen Räume." (Amt der Vorarlberger Landesregierung 2014: 5). Trotz weltweit gravierender Finanz- und Wirtschaftskrisen konnte Vorarlberg zwischen 2001 und 2011 ein durchschnittliches Wirtschaftswachstum von 2,2 Prozent erzielen, womit es über dem nationalen Schnitt von 1,8 Prozent lag. Ebenfalls lag das Bruttoregionalprodukt (BRP) über dem Bundesdurchschnitt. Mit einer BRP-Pro-Kopf-Quote von 36.200 Euro in 2010 reihte sich Vorarlberg unter den NUTS-2-Regionen – das sind jene Bezugseinheiten der europäischen Statistik, die sich auf mittelgroße Regionen und Millionenstädte beziehen – in die wirtschaftsstarke Gruppe ein wie etwa London, Wien, Stuttgart und Oberbayern (ebd.: 5f). In 2013 setzte sich der Konjunkturtrend fort: Das Vorarlberger BRP wuchs gegenüber dem Vorjahr um 2,9 Prozent. Dieser Wert liegt für 2013 nicht nur deutlich über dem nationalen Wachstumsdurchschnitt von 1,7 Prozent. Er stellt auch die höchste Wachstumsrate aller neun österreichischen Bundesländer dar (Statistik Austria 2015).[1]

Nach dem Zweiten Weltkrieg entwickelte sich die Vorarlberger Wirtschaft im Kontext der Schwerpunktverlagerung vom sekundären auf den tertiären Sektor vom Textilland zu einer diversifizierten Industriestruktur (vgl. Feuerstein 2009: 106-111). Metall- und metallverarbeitende Industrie, Textilindustrie, Holzverarbeitung und Lebensmittelherstellung prägen heutzutage den Wirtschaftsstandort (Strunz 2014: 41).

Regionale Banken begleiteten den qualitativen und quantitativen Wirtschaftswandel der letzten Jahrzehnte.

---

1 Zum Redaktionsschluss lagen die Zahlen für 2014 noch nicht vor.

Mit den Genossenschafts- und Volksbanken bildete sich diese spezifische Bankenform seit Ende des neunzehnten Jahrhunderts auch in Österreich heraus. Nach wie vor definiert sie sich über jenes Geschäftsmodell, für das sie seit dem neunzehnten Jahrhundert steht: einer wirtschaftlichen Eigenständigkeit bei privatrechtlicher Organisation, einer starken regionalen Verwurzelung, einer gesellschaftlichen Verantwortung, einer hohen gemeinsamen Identität von Einwohnern, Kunden und Bankeigentümern, einer auf Nachhaltigkeit orientierten Geschäftsstrategie, einer universellen Angebotspalette für alle Bankgeschäfte und einem regionalen Bankenwettbewerb.

Ein markantes Kennzeichen von Genossenschafts- und Volksbanken ist deren risikoarme Geschäftsaktivität, die sie unabhängig von internationalen Finanzmärkten gestalten, wodurch sie zur Stabilität des Bankenwesens beitragen (Götzl & Aberger 2011: 4ff).

Österreichische Genossenschafts- und Volksbanken entstanden zunächst aus der Zwangslage von Handwerkern, günstige Kredite für Investitionen zu benötigen. In der damaligen Donaumonarchie hatte sich diese Bankenform über Wirtschaftszentren aus „...Böhmen, Mähren und Schlesien, in der Bukowina und in den Alpenländern, vor allem in der Steiermark, in Kärnten und Tirol ..." etabliert (Borns, Gröblinger & Karner 2014: 699). Seit langem sind genossenschaftlich organisierte Finanzinstitute, wie die Volks- oder die Raiffeisenbank, auch in Vorarlberg aktiv. Trotz Reorganisation in größere Einheiten konnten sie in Vorarlberg ihre genossenschaftliche Struktur, die sich auch heutzutage noch durch Regionalität, Kundennähe und Konzentration auf Klein- und Mittelunternehmen (KMU) auszeichnet, erfolgreich aufrechterhalten (ebd.: 703).

Genossenschafts- und Volksbanken sind regional breit gestreut, d.h. in vielen Orten vertreten. Örtliche Filialen agieren als eigenständige Geschäftseinheiten. Auf der nächsthöheren Systemebene (in Deutschland auf Kreisebene, in Österreich auf Ebene eines Bundeslandes) stimmen sie mit anderen Filialen übergeordnete Aktivitäten ab und führt diese durch (Schwarzbauer 2009: 46). In Vorarlberg stellt beispielsweise die Raiffeisen-Landesbank (RLB) die Dachorganisation von 23 selbständigen lokalen Banken mit 93 Bankstellen dar. In 2013 wies die RLB Vorarlberg eine Bilanzsumme von 11,2 Milliarden Euro vor (Raiffeisen-Landesbank Vorarlberg 2015: 12).

Inwiefern sie auch heutzutage jenen oben geschilderten Anspruch der Nachhaltigkeitsphilosophie von Genossenschaftsbanken einlöst, bringt die RLB Vorarlberg mit der Gründung einer Stabsstelle „Moderne Genossenschaft" organisational wie marketingtechnisch zum Ausdruck. In Projekten zur Förderung des regionalen Lebens- und Wirtschaftsraums setzt sie diese Grundlage authentisch um (Schwarz 2013: 836).

Regionale (produzierende und dienstleistende) Wirtschaft und (genossenschaftliches) Bankenwesen sind eng miteinander verbunden, beziehungsweise aufeinander bezogen. Die Entwicklung des einen Sektors tangiert zwangsläufig die des anderen. Insofern sind Verantwortliche des einen Sektors an der Entwicklung des anderen interessiert. Aus diesem Grund hatte die Vorarlberger RLB im Jahr 2012 der Fachhochschule Vorarlberg (FHV) einen spezifischen Forschungsauftrag zum Monitoring der regionalen Wirtschaft aus Sicht von Geschäftsführenden regionaler KMU erteilt. Ziel der erstmals in dieser Art durchgeführten Studie ist es, in mehrjährigem Abstand regelmäßig erhoben zu werden, um die Vorarlberger Wirtschaftssituation aus der Sicht einer wesentlichen Zielgruppe über den Langzeitverlauf benennen und deren Entwicklung einschätzen zu können. Denn KMU sind laut der Wirtschaftskammer Österreich mit 99,6 Prozent aller Unternehmen „... die tragende Säule der österreichischen Wirtschaft ...", wobei Vorarlberger KMU knapp 60 Prozent des Bruttoregionalprodukts erwirtschaften (Österreich: 58%; vgl. Leitl 2014).

Zwei Forschungsinstitute der FHV setzten das Forschungsprojekt zwischen Januar und November 2012 kooperativ um: das Forschungszentrum Prozess- und Produkt-Engineering und der Forschungsbereich Sozial- und Wirtschaftswissenschaften. Erkenntnisleitende Frage der kooperativen Wirtschaftsstudie war es, wie Verantwortliche für Vorarlberger KMU die aktuelle und künftige Wirtschaftslage in Vorarlberg einschätzen. Hierfür wurde ein valides Verfahren angewandt, das sich an den Analysen des „Business Climate Index" des Münchener ifo-Instituts orientiert (s.u.).

2. Methodik

Monitoring-Umfragen zur regionalen Wirtschaftsentwicklung auf Basis von Unternehmensumfragen werden im deutschsprachigen Raum vielfach umgesetzt. Beispielhaft zu nennen ist das Dornbirner Wirtschaftsmonitoring, [2] das Freiburger, [3] das Zürcher, [4] das aus Ostbrandenburg, [5] der Geschäftsklima-Index der Vorarlberger Industrie [6] und der bereits erwähnte ifo-Geschäftsklimaindex. [7]

---

2 https://www.dornbirn.at/wirtschaft/wirtschaftsstandort/wirtschaftsmonitoring/;
3 http://www.ccif.ch/de/information/news/details-de/article/das-freiburger-wirtschaftsmonitoring-publiziert-seine-erste-umfrage-der-freiburger-wirtschaft-geht.html; download am 27.02.2015
4 www.awa.zh.ch/internet/volkswirtschaftsdirektion/awa/de/aktuell/zuercherwirtschaftsmonitoring.html; download am 27.02.2015
5 http://www.ihk-ostbrandenburg.de/file/6683-Monitor_092010.pdf; download am 27.02.2015
6 https://www.wko.at/Content.Node/Interessenvertretung/v/Industriekonjunktur:-Internationaler-Wettbewerb-wird-immer-.html; download am 27.02.2015

Als Konjunkturindikator Vorarlbergs spiegelt der hier realisierte Wirtschaftsmonitor die subjektiv eingeschätzte Geschäftslage des Landes Vorarlberg aus Sicht einer großen KMU-Zielgruppe wider. Der Wirtschaftsmonitor enthält die Bewertung der aktuellen und künftigen Wirtschaftslage in Vorarlberg und den daraus resultierenden Wirtschaftsindex, dessen Erhebungsstandard sich an den deutschen Business Climate Index (BCI) des ifo-Instituts ausrichtet. Analysiert wird sowohl das laufende als auch das kommende Geschäftsjahr.

Im Gegensatz zu seinem deutschen Vorbild, [8] das nur allgemein die „gegenwärtige Geschäftslage" und die „Erwartungen für die nächsten sechs Monate" erfragt, detailliert der Vorarlberger Wirtschaftsmonitor mit derselben Fragetechnik sieben Bereiche: Auftragslage, Standort, Zinsentwicklung, Rohstoff- und Energiepreise, Entwicklung von Personal und Mitarbeitern, Investitionsbereitschaft und allgemeine Zufriedenheit mit der Wirtschaftslage. Als Resultat ergibt sich ein Indexwert durch die Mittelung von Salden. Der Wert kann zwischen +100 (sehr positiv) und -100 (sehr negativ) ausgeprägt sein. Im Gegensatz zum quartalsmäßig umgesetzten Geschäftsklima-Index der Vorarlberger Industrie werden erstens Vorarlberger KMU innerhalb eines längeren Zeitabstands befragt und zweitens – aufgrund der größeren Grundgesamtheit, verglichen mit Industrieunternehmen – etwa die zehnfache Menge an Betrieben. Ziel ist es, ein breites repräsentatives Abbild der Vorarlberger KMU-Landschaft zu gewinnen.

Als Grundgesamtheit gilt eine Liste der Vorarlberger Unternehmen aus der KSV/Herold-Datenbank. Die Datenbank wurde um auszuschließende Berufsgruppen bereinigt, deren Angehörige i.d.R. weniger als zehn Personen beschäftigen (z.B. niedergelassene Ärzte und Rechtsanwälte), und zur Stichprobenziehung herangezogen. Für elf Vorarlberger Regionen wurde mittels SPSS eine *disproportionale* Stichprobe gezogen und per Anschreiben um Mitwirken gebeten. Ausgangspunkt einer disproportionalen Stichprobenziehung ist die Verteilung der Vorarlberger Unternehmen in den elf Regionen laut Gesamtliste. Um repräsentative Aussagen auch über kleinste Regionen treffen zu können, gehen wir von einem Mindestumfang von 20 Unternehmen pro Region aus. Für die Region mit den wenigsten in Frage kommenden Unternehmen (das Leiblachtal mit 173 Betrieben) bedeuten 20 befragte Unternehmen eine Beteiligung von 11,5%. Hätten wir stattdessen eine *proportionale* Stichprobe gezogen, würde das den Gesamtumfang der Stichprobe auf rund 750 Unternehmen erhöht haben. Der damit verbundene Mehraufwand wäre nicht zu rechtfertigen gewesen.

---

7 Das Ifo-Institut ist an der Münchner Universität angegliedert. Siehe: http://www.cesifo-group.de/de/ifoHome/facts/Survey-Results/Business-Climate.html; download am 27.02.2015
8 http://www.cesifo-group.de/de/ifoHome/facts/Survey-Results/Business-Climate/Geschaeftsklima-Archiv/2012/Geschaeftsklima-20120924.html; download am 27.02.2015

Durch die Stichprobenziehung entstandene Überproportionalität kleiner Regionen wurde durch nachträgliche Gewichtung ausgeglichen. Aus den einzelnen Primäreinheiten (Teilregionen) wurden einfache Zufallsstichproben gezogen. Von 1.533 gezogenen Unternehmen beteiligten sich nach individuellen Telefonaten letztlich exakt 400 Unternehmensleitungen an der Umfrage. Das entspricht einer für Marktumfragen zufriedenstellend hohen Rücklaufquote von 26 Prozent.

Auf die Umfrage eingeschulte Studierende der FH Vorarlberg führten zwischen März und August 2012 vierhundert persönliche Interviews mit Eigentümer/innen und/oder Geschäftsführer/innen von KMU mit Sitz in Vorarlberg durch. Das persönliche Interview erschien trotz des damit verbundenen höheren Aufwands geeignet, um die Antworten von Hauptverantwortlichen der Unternehmen zu sichern. Eine postalische oder EDV-gestützte Erhebung wäre zwar weniger aufwendig gewesen. Aufgrund zu erwartenden geringeren Rücklaufquoten wurde darauf zugunsten der höheren Aussagequalität verzichtet. Die Interviews erfolgten mittels eines vorab getesteten standardisierten Fragebogens. Die Daten und ein Großteil der Analyse wurden mit dem Programm SPSS 19 aufbereitet, einzelne Tests in R 2.15 gerechnet.

Verteilungen von Belegschaftszahlen (gesamt und als Vollzeitäquivalent) bilden ein erstes Kennzeichen dafür, dass die Zielgruppe der regionalen KMU tatsächlich erreicht wurde: In der Stichprobe sind 13,5% Ein-Personen-Unternehmen vertreten. Etwa drei Viertel der befragten Betriebe weisen bis zu 10 Mitarbeiterinnen und Mitarbeiter vor. Die meisten Unternehmen mit mehr als 100 Mitarbeitern (9,3%) stammen aus der wirtschaftsstarken Region Dornbirn/Lustenau – Dornbirn ist mit ca. 45.000 Einwohnern die größte Stadt in Vorarlberg und Lustenau mit ca. 20.000 die größte Marktgemeinde Österreichs. Zweites Kennzeichen dafür, weitgehend Vorarlbergs KMU erreicht zu haben, bilden vorjährige Umsatzzahlen der befragten Betriebe: Etwa ein Viertel der Unternehmen weist einen niedrigen Jahresumsatz von unter 250.000 Euro vor. Knapp 80% liegen mit dem letzten Jahresumsatz unter zwei Millionen Euro. Nur 4,5% hatten einen Vorjahresumsatz von über 10 Millionen Euro.

3. Zentrale Ergebnisse

Ergebnisse des Vorarlberger KMU-Wirtschaftsmonitors zeichneten für die Jahre Jahr 2012/2013 insgesamt eine vorsichtig optimistische Perspektive von Eignern Vorarlberger Klein- und Mittelunternehmen. Die These ist wie folgt begründet: Der Wirtschafts-Gesamtindex für Vorarlberg 2012/2013 liegt mit 29,6 Indexpunkten im unteren positiven Bereich, wobei er in 2012 mit 31,5 Indexpunkten höher ist gegenüber dem prognostizierten Wert für 2013 mit 27,6 Indexpunkten.

Als einziger kritisch bewerteter Aspekt erweist sich die Einschätzung der Rohstoff- und Energiepreise mit einem deutlich negativen Indexwert von minus 52,9. Ohne diesen stark negativ verzerrenden Extremwert beträgt der Durchschnitt der restlichen sechs Indexbereiche 48,1 Indexpunkte. Auf der Positivseite wird der Standort Vorarlberg mit einem durchschnittlichen Indexwert von 78,4 am höchsten eingestuft, gefolgt von der Auftragslage (58,6), der Personallage (55,4) und der allgemeinen Zufriedenheit mit der Wirtschaftslage (53,4).

Im Vergleich der Jahre 2012 und 2013 fällt bei allen sieben Teilbereichen wie auch beim Gesamtindex die geringere Bewertung des Jahres 2013 auf. Das heißt, die Prognose für 2013 lässt aus Sicht der Klein- und Mittelunternehmer Vorarlbergs einen leicht negativen Trend vermuten. Die drei stärksten Negativentwicklungen beziehen sich aus Sicht Vorarlberger KMU auf die allgemeine Zufriedenheit mit der Wirtschaftslage (-6,2 Indexpunkte), die Auftragslage (-5 Indexpunkte) und die Zinsentwicklung (-4,8 Indexpunkte). Analysiert man die Verteilung der Bewertung in den Jahren 2012 und 2013 mittels Chi^2-Test (ausschließlich positive und negative Nennungen, die in den Index eingehen), erhält man jedoch für keines der sieben Teilgebiete signifikante Unterschiede zwischen den beiden Jahren! Mit anderen Worten: Die leicht sinkende Prognose für das Jahr 2013 ist statistisch nicht haltbar und sollte daher nicht überbewertet werden.

Die elf untersuchten Teilregionen Vorarlbergs unterscheiden sich in der Ausprägung ihres Gesamtindex. Tabelle 1, absteigend nach der Höhe des Wirtschafts-Gesamtindex 2012/2013 sortiert, präsentiert fünf Regionen mit überdurchschnittlichen Indexwerten: Bludenz / Klostertal (39), Arlberg / Kleinwalsertal (32,3), Mittleres Rheintal (32,2), Bregenzerwald (31,4) und Feldkirch / Rankweil (30,1). Tabelle 2 zeigt dieselben Daten, diesmal absteigend nach dem Grad der Änderung zwischen 2012 und 2013 sortiert. Demnach prognostizieren KMU aus drei Vorarlberger Regionen eine positive Entwicklung: Arlberg / Kleinwalsertal (+0,9), Bludenz / Klostertal (+0,8) und Mittleres Rheintal (+0,2). KMU zweier Regionen stellen in diesem Kontext die schlechteste Prognosen: Walgau/Großwalsertal/Frastanz/Satteins (-12,3) und das Montafon (-10,6).

Tab. 1: Vorarlberger Wirtschaftsindex – elf Regionen – Gesamtranking

Region	Vorarlberger Wirtschaftsindex			
	Gesamt	2012	2013	Änderung
Bludenz / Klostertal	39,0	38,6	39,4	+ 0,8
Arlberg / Kleinwalsertal	32,3	31,8	32,7	+ 0,9
Mittleres Rheintal	32,2	32,1	32,3	+ 0,2
Bregenzerwald	31,4	33,3	29,5	- 3,8
Feldkirch / Rankweil	30,1	31,6	28,7	- 2,9
Walgau / Großwalsertal / Frastanz / Satteins	29,1	35,3	23,0	-12,3
Bodenseeregion / Hofsteig	27,5	28,3	26,6	- 1,7
Dornbirn / Lustenau	26,5	28,4	24,7	- 3,7
Leiblachtal	24,2	25,0	23,3	- 1,7
Bregenz	21,5	23,6	19,5	- 4,1
Montafon	21,5	26,9	16,3	-10,6

Tab. 2: Vorarlberger Wirtschaftsindex – elf Regionen – Änderungsranking

Region	Vorarlberger Wirtschaftsindex			
	Gesamt	2012	2013	Änderung
Arlberg / Kleinwalsertal	32,3	31,8	32,7	+ 0,9
Bludenz / Klostertal	39,0	38,6	39,4	+ 0,8
Mittleres Rheintal	32,2	32,1	32,3	+ 0,2
Bodenseeregion / Hofsteig	27,5	28,3	26,6	- 1,7
Leiblachtal	24,2	25,0	23,3	- 1,7
Feldkirch / Rankweil	30,1	31,6	28,7	- 2,9
Dornbirn / Lustenau	26,5	28,4	24,7	- 3,7
Bregenzerwald	31,4	33,3	29,5	- 3,8
Bregenz	21,5	23,6	19,5	- 4,1
Montafon	21,5	26,9	16,3	-10,6
Walgau / Großwalsertal / Frastanz / Satteins	29,1	35,3	23,0	-12,3

4. Diskussion

Der methodisch vergleichbare Geschäftsklima-Index der Vorarlberger Industrie belegt für das hier untersuchte zweite Quartal 2012 eine Durchschnittsbewertung von 22,1 Indexpunkten. [9] Unabhängig von methodischen Erwägungen (z.B. unterschiedliche Stichprobengrößen, Erhebungsart) scheinen Vorarlberger Klein- und Mittelunternehmen zum Erhebungszeitpunkt die Konjunkturlage positiver eingeschätzt zu haben als Vorarlberger Industrieunternehmen. Die Differenz könnte auf die Stärke von KMU im regionalen Sektor zurückzuführen sein. Werden die Betriebsgrößen nach Beschäftigtenzahl zugrunde gelegt, zeigt sich die Bedeutung der Vorarlberger KMU für den regionalen Arbeitsmarkt: Für das Jahr 2012 weisen Statistiken der Wirtschaftskammer Vorarlberg 51 Großbetriebe (ab 250 Mitarbeiter/innen) und 8.070 KMU nach. Trotz zweier fehlender Betriebszahlen wegen des Datenschutzes zeigt sich, dass Vorarlberger KMU mit einer Gesamtsumme von 78.308 Beschäftigten mehr Arbeitsplätze anbieten als Vorarlberger Großunternehmen (Wirtschaftskammer Vorarlberg 2013: 21f).

In einem weiteren Aspekt unterscheiden sich der Geschäftsklima-Index der Vorarlberger Industrie und der hier erhobene KMU-Wirtschaftsmonitor: Für das damalige Folgehalbjahr prognostizierte der Industrie-Index eine schlechtere Geschäftslage, während die KMU-Daten keine statistischen Unterschiede ergaben. Vorarlbergs KMU waren seinerzeit mit ihrem Standort, der Auftrags-, Personal- und Wirtschaftslage sehr zufrieden – weiteres Indiz für den bedeutsamen Regionalbezug dieser spezifischen Zielgruppe.

Vorarlberg mit seinem sich ins Städtische entwickelnde Rheintal und den neun Nebentälern ist aus Sicht der KMU jedoch regional unterschiedlich aufgestellt. Die elf Regionalvergleiche belegen eine Streuung auf der Indexskala (gesamt) von 17,5 Indexpunkten zwischen der erst- und der letztgereihten Region. Die relativ hohe Bewertung Bludenzer KMU könnte aufgrund der Kombination einer qualitativ breit aufgestellten städtischen Wirtschaft, einer guten Verkehrsanbindung und der kurzen Distanz zu attraktiven Naherholungsgebieten zustande gekommen sein. [10] Demgegenüber repräsentieren überwiegend ländliche Distrikte, wie etwa das Leiblachtal, das Montafon oder das Walgau zwar die Naherholung, weniger jedoch eine größere Bevölkerungszahl oder ein umfangreicheres Portfolio an Wirtschaftsunternehmen, was ihre pessimistischere Bewertung veranlasst haben könnte.

---

9   Vgl.:   http://www.iv-vorarlberg.at/dokumente/225/130131_Geschaeftsklima_4._QU_2012.pdf; download am 02.03.2015
10   Siehe die Homepage der Stadt Bludenz. Url: http://www.bludenz.at/wirtschaft-vereine/standort-bludenz.html; download am 02.03.2015

Literatur

Amt der Vorarlberger Landesregierung. Abt. VIa – Allgemeine Wirtschaftsangelegenheiten. (2014): Leitbild 2010+ – Wirtschaft Vorarlberg – Update 2014. Url: http://www.vorarlberg.at/pdf/ vorarlbergerwirtschaftsle.pdf; download am 27.02.2015.

Borns, Rainer; Gröblinger, Walter & Karner, Andrea (2014): Die Österreichischen Volksbanken im Wandel der Zeit – Markt- und Wettbewerbsverhältnisse. In: Kreditwesen 14/2014: 699-703.

Feuerstein, Christian (2014): Vom Familienunternehmen zur Unternehmensfamilie. Die Zumtobel-Konzerngruppe von 1950 – 2000. Lit Verlag. Wien.

Götzl, Stephan & Aberger, Alexander (2011): Volksbanken und Raiffeisenbanken im Kontext der internationalen Finanzarchitektur – Ein Plädoyer für sektoradäquate Regulierung in Europa. In: zfgG – Zeitschrift für das gesamte Genossenschaftswesen. Sonderheft 2011: Finanzmarktregulierung und Volksbanken Raiffeisenbanken. Sektoradäquate Regulierung vor dem Hintergrund von Basel III: 1-36.

Leitl, Christoph (2014): Leitartikel von WKÖ-Präsident Dr. Christoph Leitl. In: Vorarlberg Online vom 20.06.2014. Url: http://www.vol.at/leitartikel-von-wkoe-praesident-dr-christoph-leitl/4000820; download am 27.02.2015.

Raiffeisen-Landesbank Vorarlberg (2015): Stark in der Region. Erfahren in der Welt. Url: http:// www.raiffeisen.at/eBusiness/services/resources/media/1009485788818-2660414173132178 59_266042078738181528-966250680757672007-1-30-NA.pdf; download am 27.02.2015.

Schwarz, Urs (2013): Allmeinde Vorarlberg: Genossenschaft, so spannend wie noch nie! In: Brazda, Johann; Dellinger, Markus & Rößl, Dietmar (Hrsg.) (2013): Genossenschaften im Fokus einer neuen Wirtschaftspolitik. Bericht der XVII. Internationalen Genossenschaftswissenschaftlichen Tagung (IGT) 2012 in Wien. Teilband I: Hauptvorträge und Podiumsdiskussionen. Lit-Verlag. Wien: 836-844.

Schwarzbauer, Florian (2009): Modernes Marketing für das Bankgeschäft. Mit Kreativität und kleinem Budget zu mehr Verkaufserfolg. Gabler. Wiesbaden.

Statistik Austria (2015): Bruttoregionalprodukt nach Bundesländern 2013. Url: http://www.statistik.at/web_de/statistiken/volkswirtschaftliche_gesamtrechnungen/regionale_gesamtrechnungen/nuts2-regionales_bip_und_hauptaggregate/; download am 27.02.2015.

Strunz, Gunnar (2014): Vorarlberg. Mit Bregenzerwald, Großem Walsertal, Arlberg und Montafon. Trescher. Berlin.

Wirtschaftskammer Vorarlberg (2013): Vorarlberg In Zahlen. Ausgabe 2013. WKV. Feldkirch. URL: https://www.vorarlberg.at/pdf/vorarlberginzahlen2013.pdf; download am 02.03.2015.

Indien – potenzieller Exportmarkt für Vorarlberger Unternehmen?

Frederic Fredersdorf, Wilfried Manhart, Stefanie Chen, Daniela Lorünser

1. Soziale Aufgabenstellung und Forschungsfrage

Seit der Jahrtausendwende stellen die sogenannten BRIC-Staaten (Brasilien, Russland, Indien, China) für ausländische Unternehmen potenzielle Exportmärkte dar. „Erfunden wurde der griffige Terminus ‚BRIC' 2001 von Jim O'Neill, der damals als Chefvolkswirt beim Finanzhaus Goldman Sachs globale Wirtschaftstrends aufspürte. 2010 wurde ein ‚S' für Südafrika angehängt, BRIC wurde zu BRICS. Diese fünf Länder ähnelten einander und waren dank ihrer Größe starke Wirtschaftslokomotiven (...)" (Alexander 2015: 76). Wirtschaftskennzahlen belegen jedoch zwischen ihnen eine zunehmende Heterogenität. Vermutlich dank einer fokussierten Wirtschaftspolitik blieb Indiens Währung trotz ansteigender Zinsen seitens der USA ‚überraschend stark'. Laut O'Neill gelten heute aufgrund ‚desaströser Politik' der anderen Staaten nur noch IC, also Indien und China, als interessante Märkte für ausländische Investoren (ebd.: 77).

Indiens wirtschaftliche Attraktivität verdeutlicht sich wie folgt: Indiens Bevölkerung ist in den letzten fünfzehn Jahren stärker gestiegen als die chinesische. Für 2025 wird Indien als das bevölkerungsreichste Land der Erde prognostiziert (Haub 2009). Die Echtzeit-Statistik ‚countrymeters' verzeichnet in Indien für den 20.02.2015 rund 1,289 Milliarden Menschen (countrymeters 2015). Die indische Bevölkerung zieht es vermehrt in Städte. In ihnen entstand eine schnell wachsende Mittelschicht, die internationale urbane Lebensstile kopiert (Bhattacharyya 2014). Bereits 2008 galten schätzungsweise 200 Millionen Menschen in Indien als hoch leistungsmotiviert, konsum- und aufstiegsorientiert. Es entstand eine neue Mittelschicht, die die heimische Wirtschaft antreibt und eine stabile Demokratie stützt (Rothermund 2008). Mit einem Drittel seiner Bevölkerung unter 25 Jahren hält Indien das ‚weltweit größte Reservoir junger Menschen' bereit.

Schon vor zehn Jahren wuchs in Indien alle zwei Jahre die Zahl der *neuen* Arbeitskräfte um den Betrag, der in ganz Deutschland vorhanden war (Müller

195

2006: 13f). Das reale Wachstum des Bruttoinlandsprodukts (BIP) Indiens betrug 2012 4,9%, 2013 4,7% und 2014 geschätzte 5,4% (OECD 2014: 217, 281). Ein Indikator für das gleichbleibende bis steigende Wirtschaftswachstum Indiens ist der jährlich wachsende Bedarf an Werkzeugmaschinen; er beträgt ca. 30 Prozent (Dervisopoulos, Munirathnam & Eber 2008). Wirtschaftsprognosen sagen Indien in den Jahren 2030 und 2050 nach wie vor weltweit das drittgrößte BIP hinter den USA und China voraus, wohingegen Deutschland vom fünften Rang in 2014 auf den achten in 2030 und den zehnten in 2050 absteigen wird (Hacksworth & Chan 2015: 3).

Während für Indien die wichtigsten Importländer China, die Vereinigten Arabischen Emirate, Saudi-Arabien, die Schweiz (!) und die USA darstellen, wird aus österreichischer Perspektive Indien als Exportland von allen BRICS-Staaten am zweitwenigsten genutzt, wie Zahlen zu Import- und Exportwerten belegen (Ebner u.a. 2014: 34). Gemäß einer Studie des österreichischen Bundesministeriums für Wissenschaft, Forschung und Wirtschaft exportierten österreichische Unternehmen im Jahr 2013 Waren und Dienstleistungen für ca. 610 Mio. Euro nach Indien gegenüber ca. 792 Mio. Euro nach Brasilien, ca. 2.507 Mio. Euro nach China und ca. 4.186 Mio. Euro nach Russland (ebd.). Letztlich nimmt Österreich am indischen Import nur mit 0,2% teil gegenüber den fünf führenden Nationen: China (11,1%), VAE (7,7%), Saudi-Arabien (6,7%), Schweiz (5,9%) und USA (4,9%).

Ausländischen Firmen bietet Indien – im Unterschied beispielsweise zu China – als Land des Commonwealth einen internationalen Rechtsrahmen, was es ermöglicht, nach anglo-amerikanischem Recht zu prozessieren (z.B. in potenziellen Fällen von Produktpiraterie). Außerdem weist Indien als Land des Commonwealth eine „(...) in hohem Maße pluralistische Gesellschaft mit einer großen kulturellen Offenheit [vor, A.d.V] (...) Diese Vielfalt erleichtert den Umgang mit Ausländern und damit auch die Tätigkeit ausländischer Unternehmungen. Wenn sich schon zwei Inder aus unterschiedlichen Teilen des Landes in der Fremdsprache Englisch unterhalten müssen, wird es auch als selbstverständlich empfunden, dies mit Ausländern zu tun." (Holtbrügge & Friedmann 2011: 282).

Indes hat Indien durch seine Demokratisierung Rahmenbedingungen für ausländische Investitionen gelockert und ausländischen Unternehmen die Möglichkeit für Joint Ventures erleichtert. Die ab 2009 neu fixierten Beteiligungsregeln für ausländische Firmen ermöglichen es, mehr fremdes Kapital in Indien zu investieren (Wirtschaftskammer Vorarlberg 2009). Alles in allem verwundert es nicht, dass österreichische Unternehmen prominent aufgefordert sind, sich künftig verstärkt in Indien zu engagieren:

„Im Rahmen der Internationalisierungsoffensive des österreichischen Wirtschaftsministeriums, die zusammen mit der österreichischen Wirtschaftskammer umgesetzt wird, wurde Indien als Schwerpunktland für österreichische Direktin-vestitionen und Exporte speziell in den Bereichen Bau/Infrastruktur und Indust-riemodernisierung ausgewählt." (Bundesministerium für Europa, Integration und Äußeres 2015). Inwiefern ist der indische Markt auch für Vorarlberger Firmen interessant? Gemäß der Vorarlberger Exportstatistik des Jahres 2009 exportierten Vorarlberger Unternehmen in diesem Jahr in 173 Länder. Damals betrug die Exportquote für Indien ca. 25,6 Mio. €. Mit dieser Quote stand Indien im Ranking der Exportländer auf Platz 35, weit hinter Russland (Platz 8) und China (Platz 12). Evident ist jedoch, dass im Jahr 2009 der umfangreichste Export nach Deutschland ging (ca. 2 Milliarden €), gefolgt von der Schweiz (ca. 888 Mio. €), Italien (ca. 437 Mio. €), Frankreich (ca. 256 Mio. €), Großbritannien (ca. 228 Mio. €) und Liechtenstein (ca. 217 Mio. €) – mithin alles europäische Staaten, wobei alle drei Vorarlberger Nachbarstaaten unter den ersten sechs Rängen zu finden sind. Mit den USA (ca. 187 Mio. €) folgt auf Platz sieben der erste nicht europäische Staat (vgl. Amt der Vorarlberger Landesregierung 2010: 34-38). Insgesamt belegt diese Statistik drei Sachstände: erstens einen international breit gefächerten Export der Vorarlberger Wirtschaft, zweitens einen gewissen Euro-Zentrismus, der sich stark auf die deutschsprachigen Nachbarländer bezieht und drittens ein Entwicklungspotenzial für den indischen Markt.

Die Vorarlberger Wirtschaftskammer (WKV) erkannte die Chance. Sie be-auftragte den Forschungsbereich Sozial- und Wirtschaftswissenschaften im Früh-jahr 2011 mit einer Umfrage unter exportorientierten Unternehmen in Vorarl-berg. Es sollten Exportphilosophien Vorarlberger Unternehmen benannt und dargestellt werden, inwiefern es für sie aktuell bedeutsam ist, oder künftig be-deutsam werden könnte, auf dem indischen Markt aktiv zu werden.

2. Methodik

Am 17.02.2011 führten Vertreterinnen und Vertreter der Vorarlberger Wirtschaft und der Fachhochschule Vorarlberg (FHV) einen Workshop zur Entwicklung der Forschungsfragen und Umfrageinhalte durch. Die Beteiligten diskutierten das grundlegende Erkenntnisinteresse der Umfrage und darauf aufbauende Teilinhal-te. Ziel war es, eine schriftliche, standardisierte Online-Umfrage umzusetzen, mit der acht Dimensionen unternehmerischer Exportaktivität erkundet werden. Die am Workshop Beteiligten erprobten und bewerteten in einem Pre-Test ein darauf abzielendes Befragungsinstrument mit 33 Fragen. Folgende acht Dimensionen wurden erkundet:

Rahmenparameter der Unternehmen (Unternehmensbranche, Anzahl Mitar-beiter/innen, Jahresumsatz 2010, Exportaktivität) / generelle Aktivitäten zur

Vorbereitung für den aktuellen oder geplanten Export / Intensität strategischer Exportvorbereitungen / Hauptländer für den Export / Art der Kooperation mit BRIC-Staaten / Rahmenbedingungen für eine aktuelle Kooperation mit Indien / künftig geplante Exportaktivitäten / Bewertung möglicher Kooperationen mit Indien. Den leicht überarbeiteten Fragebogen erhielten Geschäftsführungen von 1.800 Vorarlberger Unternehmen mit Exportorientierung als Online-Umfrage mit Serienmail und einmalig verwendbarem Zugriffscode. Letztlich nahmen 179 Firmen (9,9%) vollständig an der Befragung teil, was für eine Online-Befragung ohne Zusatzanreize annehmbar ist (vgl. Hautzinger 2009: 108).

Reliabilität des Fragebogens ist gegeben. Alle 68 getesteten metrischen Items weisen ein Alpha für die gesamte Skala von über 0,8 vor. Bei allen liegen die Split-Half-Koeffizienten der zweiten Hälfte oberhalb von 0,8. Noch bei 45 Items liegen die Split-Half-Koeffizienten der ersten Hälfte oberhalb von 0,8 und nur bei acht unterhalb des mittleren Bereichs. Damit kann der eingesetzte Fragebogen in der Konstruktion seiner Skalen bzw. Statements in sehr hohem Maße als zuverlässig angesehen werden.

Die 179 beteiligten Firmen sind in 25 Branchen aktiv und streuen damit breit über die Vorarlberger Wirtschaft, wenngleich sie sie nicht repräsentativ abbilden. Am häufigsten beteiligten sich Unternehmen aus den Branchen Mode und Textilien (12,9%), Bau und Infrastruktur (9,5%), Maschinen und Anlagenbau (9,5%), Holz und Papier (6,7%), Beratung und Engineering, Elektrotechnik und Elektronik, Metalle und Metallverarbeitung (alle 6,1%).

3. Zentrale Ergebnisse

Gut ein Drittel der Unternehmen (ca. 35%) erwirtschaftete im Jahr 2010 einen Umsatz bis zu 100.000 Euro, 14,5% bis zu einer Million, ca. 18% bis zu 10 Millionen, ca. 13% bis zu 100 Millionen und 14% über 100 Millionen Euro. Knapp 80% der beteiligten Unternehmen exportierten ihre Waren oder Dienstleistungen ins Ausland, weitere 2,2% hatten es in den nächsten drei Jahren vor. Damit erreichte diese Befragung schwerpunktmäßig Vorarlberger Unternehmen mit bestehender Exportaktivität, was dem gewählten Fokus entspricht. Jene 80% der Unternehmen mit Exportaktivität gaben weiterhin Auskunft über die obengenannten Exportdimensionen. Nachstehende Prozentangaben beziehen sich daher ausschließlich auf diese Teilmenge.

Eine Batterie zu den Aktivitäten rund um die aktuellen oder geplanten Exportaktivitäten enthielt dreizehn strategisch relevante Handlungsansätze. Wie Tabelle 1 umseitig darstellt, wiesen die beteiligten Unternehmen zum Zeitpunkt der Befragung nur bedingt strategische Exportaktivitäten vor. Die Prozentwerte geben die zusammengefassten Angaben ‚zutreffend' und ‚eher zutreffend' auf einer vierstufigen Lickert-Skala wider. Gut die Hälfte (53,5%) der Vorarlberger exportorientierten Unternehmen klärt vorab ihre Eintrittsformen in den Exportmarkt. Knapp 46% fixieren vorab ihre benötigten Partnerschaften und schulen ihre Belegschaft interkulturell. Gut ein Fünftel entwickelt Interesse an der Kultur des Exportlandes, klärt vorab die benötigten Personalressourcen und wählt Mitarbeiterinnen und Mitarbeiter gezielt und passend aus.

Tab. 1: Statements zur allgemeinen Exportstrategie

Welche Aktivitäten hat Ihr Unternehmen generell für seinen aktuellen bzw. geplanten Export durchgeführt?	%
Eintrittsformen in den Markt geklärt.	53,5
benötigte Partnerschaften geklärt.	45,9
bisherige Mitarbeiter/innen interkulturell geschult.	45,9
Interesse an der Kultur des Exportlandes entwickelt.	44,6
benötigte Mitarbeiter/innen-Ressourcen geklärt.	43,3
Mitarbeiter/innen gezielt für die Exportarbeit ausgewählt.	43,3
passende Mitarbeiter/innen eingestellt.	43,3
vorab Marktstudien zu den Absatzmöglichkeiten durchgeführt.	35,7
Lösungsansätze zur Risikobegrenzung erarbeitet.	35,7
benötigte Marketing-Ressourcen geklärt.	33,8
die Standortfrage geklärt.	33,8
vorab Marktstudien zu den Gebräuchen im Exportland durchgeführt.	23,6
das Risiko für den Markteintritt abgeschätzt.	23,6

Die nächste Frage bezog sich darauf, wie intensiv das Unternehmen bestimmte strategische Überlegungen für den Export vorbereitet. Zu siebzehn Items konnte der Grad der Intensität auf einer vierstufigen Lickert-Skala dargestellt werden. Gemäß der zusammengefassten höchsten und zweithöchsten Intensität werden vier strategische Überlegungen von über der Hälfte der Vorarlberger Exportunternehmen vorab der Exportaktivität angestellt, nämlich zu Franchising-Modellen (58%), zur Eröffnung einer eigenen Niederlassung (54,8%), zu Joint Ventures (52,9%) und zu Fragen des indirekten Exports (50,3%). Andere Aspekte sind dagegen nur für ein Viertel bis zu zwei Fünftel der Befragten bedeutsam.

Eine Nachfrage zur Bewertung der unternehmensinternen Exportstrategie verdeutlicht, dass nur etwa ein Fünftel der Unternehmen seinen Export konsequent strategisch plant und umsetzt. Am meisten, d.h. von knapp der Hälfte der Befragten (49,7%), wird der Umstand angeführt, dass der operative Teil gut geplant ist. Andererseits stellen ebenfalls knapp die Hälfte der Befragten fest, ihr Export werde ,aus dem Tagesgeschäft' heraus entwickelt, was nichts anderes bedeutet als ohne spezifische strategische Vorüberlegungen.

Eine Analyse von Mehrfachantworten der höchsten Zustimmung zu sieben Statements der strategischen Exportaktivität stützt dieses eher zurückhaltende Ergebnis: Voll und ganz stimmt jeweils nur knapp ein Viertel der Befragten zu, dass das eigene Exportunternehmen seinen Service vorab auf den Exportmarkt abstimmt, eine klare Exportstrategie besitzt und diese auch operativ gut umzusetzen vermag. Im Durchschnitt setzt jedes exportorientierte Vorarlberger Unternehmen gerade einmal 1,4 der sieben strategischen Exportinitiativen voll und ganz um (vgl. Tab. 2).

Tab. 2: Mehrfachantworten zur unternehmensinternen Exportstrategie

Unser Unternehmen ...	%
... stimmt seinen Service vorab auf den Exportmarkt ab.	24,8
... besitzt eine klare Exportstrategie.	24,2
... bereitet seinen Export operativ gut vor.	23,6
... stimmt seine Produkte vorab auf den Exportmarkt ab.	21,6
... plant seinen Export strategisch.	17,8
... setzt seine Exportstrategie konsequent um.	17,2
... bereitet seinen Export langfristig vor.	14,6

Zentrale Fragen zu den Exportaktivitäten bezogen sich auf Kooperationsaspekte mit den BRIC-Staaten: In welche Länder wird exportiert und seit wann? Welche Kooperationsform wird realisiert? Die Verteilung der befragten Unternehmen entspricht in etwa dem Bild, wie es sich der Vorarlberger Exportwirtschaft generell darstellt: Deutschsprachige und europäische Länder stehen an erster Position, BRIC-Staaten dagegen an letzter. Laut einer Kontrollfrage mit Mehrfachantworten richten sich knapp ein Viertel der exportorientierten Vorarlberger Unternehmen (24,8%) auf diesen Exportmarkt aus. Die Kooperation mit den vier BRIC-Staaten ist annähernd gleichverteilt: China (18,5%), Russland (17,8%), Indien (17,8%), Brasilien (13,4%). Hauptarten der Kooperation mit den BRIC-Staaten sind Güterexport (19,1%) und Vertretungen Vorarlberger Unternehmen im Exportland (13,4%), gefolgt von Gründung von Niederlassungen im Exportland (8,9%), Projekttätigkeiten (7%) und Export von Dienstleistungen (6,4%).

Auf den weiteren Rängen folgen der Import von Gütern (5,1%), Joint Ventures (3,8%), Import von Dienstleistungen (1,9%) und Personalbeschaffung (1,9%). Weil Indien ein lukrativer Exportmarkt ist und über Indien-Kooperationen auch weitere innovative Geschäftsbeziehungen aufgebaut werden können, wurden die spezifischen Exportaktivitäten mit diesem BRIC-Staat gesondert hinterfragt. Das Erkenntnisinteresse bezieht sich dabei auf Motive der Indien-Kooperation, Finanzaspekte sowie Strategien und Aktivitäten.

Die Rangreihe von sieben erfragten Kooperationsmotiven (Mehrfachantworten) unterstreicht, dass Indien-Kooperationen vornehmlich aus dem aktuellen Tagesgeschäft heraus entstanden sind. Denn vorherige Geschäftskontakte bilden das Hauptmotiv (32,7%), gefolgt von einer Reihe diversifizierter Motive, die unter der Rubrik „Sonstiges" genannt wurden (24,5%). Durchaus noch relevant sind drittens bisherige gute Exporterfahrungen in anderen Ländern (22,4%). Eine offene Nachfrage, welche sonstigen Motive für die Indien-Kooperation bedeutsam waren, verdeutlicht drei Tendenzen: Die Kooperation basiert auf externer Nachfrage (Anfrage potenzieller Kunden, direkte Anfrage, Vertreter hat unsere Produkte gesucht für lokalen Markt). Die Kooperation basiert auf Marktbeobachtungen (interessanter Markt für uns, interessante Fachmessen, stetige Marktbeobachtung und Erkennen von Absatzmöglichkeiten). Die Kooperation wird vom Unternehmen strategisch vorgegeben (Konzernstrategie, weltweite Markterschließung, organische Geschäftsausweitung).

Bei der Umfrage erhielten die mit Indien kooperierenden Unternehmen dieselben 21 Aussagen zur strategischen Vorbereitung auf den indischen Markt wiederholt angeboten, wie sie eingangs bereits generell gestellt wurden. Aufgrund dieser Dopplung konnte mittels t-Tests für verbundene Stichproben erkundet werden, ob sich die mit Indien kooperierenden Unternehmen gegenüber Indien anders strategisch ausrichten als gegenüber ihren sonstigen (allgemeinen) Exportländern. Tabelle 3 zeigt für jedes Item zentrale Kennzahlen dieses Mittelwertvergleichs:

- den Mittelwert der strategiebezogenen Statements zum allgemeinen Export (MW a) auf einer vierstufigen Zustimmungsskala von 1 bis 4 (je höher der Mittelwert, desto höher die Zustimmung),
- den Mittelwert derselben strategiebezogenen Statements zum Indien-Export (MW b),
- den Signifikanzkoeffizienten des jeweiligen t-Tests für verbundene Stichproben. Signifikante Unterschiede von „MW a" und „MW b" sind mit einem *, hochsignifikante mit zwei ** gekennzeichnet.

Das Ergebnis ist evident: Alle Mittelwerte, die sich auf die strategische Vorbereitung für das Indien-Engagement beziehen, sind niedriger als die Mittelwerte der mit ihnen korrespondierenden Statements zum allgemeinen Export.

Zwar sind nicht alle Mittelwertunterschiede signifikant, aber immerhin unterscheiden sich über die Hälfte, nämlich zwölf, Strategieaspekte (hoch)signifikant voneinander, und für drei weitere können zumindest trendhafte Unterschiede vermutet werden. Mit anderen Worten: Mit Indien kooperierende Vorarlberger Unternehmen bereiten sich darauf weniger intensiv strategisch vor als auf ihre allgemeinen Exportaktivitäten. Tabelle 3 zeigt strategiebezogene Unterschiede in aufsteigender Reihenfolge ihrer Irrtumswahrscheinlichkeit (p).

Tab. 3: Mittelwertunterschiede der allgemeinen gegenüber der auf Indien bezogenen strategischen Exportvorbereitung

Unser mit Indien kooperierendes Unternehmen ...	MW a (allgemein)	MW b (Indien)	p
stimmt seinen Service vorab auf den Exportmarkt ab **	2,95	1,89	0,000
Besitzt eine klare Exportstrategie **	2,90	2,15	0,000
Wählt gezielt Mitarbeiter/innen für den Export aus **	2,95	2,00	0,001
Bereitet seinen Export operativ gut vor **	3,05	2,25	0,002
Klärt vorab Eintrittsformen in den Markt **	3,05	2,37	0,002
hat seine Produkte vorab auf den Exportmarkt abgestimmt *	2,75	2,15	0,014
Klärt vorab benötigte Mitarbeiterressourcen *	2,58	1,89	0,023
Entwickelt vorab Interesse an der Kultur des Exportlandes *	2,83	2,33	0,024
Plant seinen Export strategisch *	2,70	2,20	0,029
Schätzt das Risiko für den Markteintritt ein *	2,84	2,37	0,035
Bereitet seinen Export langfristig vor *	2,95	2,30	0,039
Stellt passende Mitarbeiter/innen ein *	2,42	1,79	0,042
Klärt vorab benötigte Marketingressourcen	2,32	1,79	0,066
Setzt seine Exportstrategie langfristig um	2,70	2,30	0,088
Schult bisherige Mitarbeiter/innen interkulturell	1,95	1,68	0,096
Erarbeitet Lösungsansätze zur Risikobegrenzung	2,50	2,06	0,104
Führt vorab Marktstudien zu den Gebräuchen im Exportland durch	2,21	1,84	0,261
Führt vorab Marktstudien zu den Absatzmöglichkeiten im Exportland durch	2,26	1,95	0,301
Klärt vorab benötigte Partnerschaften	3,05	2,80	0,309
hat den Export aus dem Tagesgeschäft heraus entwickelt	2,85	2,75	0,741
Klärt vorab die Standortfrage	2,26	2,21	0,878

Über univariat-deskriptive Ergebnisse hinweg geben vergleichende bi- und multivariate statistische Analysen Auskunft darüber, welche Faktoren die Exportaktivitäten Vorarlberger Unternehmen beeinflussen. Als Einflussgrößen werden drei Merkmale der Unternehmen (Mitarbeiterzahl, Umsatzhöhe, Branche) in die Analysen einbezogen. Hinzu kommen Merkmale der Exportstrategie (strategische Überlegungen, vorbereitende Aktivitäten) und Merkmale der Bewertung möglicher Indien-Kooperationen. Ergebnisse:

Hängt die Kooperation Vorarlberger Unternehmen mit BRIC-Staaten von Rahmenbedingungen des Unternehmens ab? Alle drei genannten Rahmenparameter der Unternehmen beeinflussen die Kooperation mit BRIC-Staaten, und zwar wie folgt: Industrieunternehmen kooperieren mit 51,5% zu 21,1% hochsignifikant häufiger mit BRIC-Staaten als Unternehmen anderer Branchen. [1] Je mehr Mitarbeiterinnen und Mitarbeiter die Unternehmen haben, und je höher ihr Umsatz ist, desto hochsignifikant häufiger kooperieren sie mit BRIC-Staaten. [2]

Hängt die Kooperation Vorarlberger Unternehmen mit Indien von Rahmenbedingungen des Unternehmens ab? Von den drei o.g. Rahmenparametern der Unternehmen erweist sich einer als trendhaft bedeutsam: Je größer die Unternehmen sind, desto trendhaft häufiger kooperieren sie mit Indien. [3]

Unterscheiden sich exportorientierte Vorarlberger Unternehmen, die sich in Indien engagieren, von anderen exportorientierten Vorarlberger Unternehmen in ihren Exportstrategien? Diese Frage wurde für 38 metrische Items zu Exportaktivitäten, -vorbereitungen und -strategien mittels t-Tests überprüft. Vorarlberger Unternehmen mit Indien-Kooperation klären vorab intensiver ihre benötigten Partnerschaften und ihre benötigten Mitarbeiterressourcen. Zudem wählen sie Mitarbeiter/innen gezielter für ihre Exportaktivitäten aus und klären intensiver vorab ihre Eintrittsformen in den Exportmarkt. [4]

Bewerten Vorarlberger Unternehmen, die sich in Indien engagieren, mögliche Hindernisse bei einer Indien-Kooperation anders als andere exportorientierte und nicht-exportorientierte Vorarlberger Unternehmen? Diese Frage wurde für zehn Items zu möglichen Hindernissen varianzanalytisch mittels Post-Hoc-Tests überprüft. Zwei wesentliche Unterschiede konnten nachgewiesen werden: Erstens haben exportorientierte Vorarlberger Unternehmen, die sich nicht in Indien engagieren, höhere Bedenken, dort ihr Know-How zu verlieren als Unternehmen, die bereits mit Indien kooperieren.

---

1 Chi2-Test der dichotomisierten Variablen „Industrieunternehmen": Chi2 "= 11,45, p = 0,001
2 Zwei MWU-Tests: a) p = 0,000; mittlerer Rang der BRIC-Kooperationen = 81,12 zu 48,36 / b) p = 0,006; mittlerer Rang der BRIC-Kooperationen = 63,89 zu 46,72.
3 MWU-Test: p = 0,059
4 p = 0,008, 0,045, 0,001, 0,028 bei Varianzheterogenität.

Zweitens erkennen Unternehmen ohne bisherige Exportaktivitäten in kulturellen Barrieren einen signifikant stärkeren Hinderungsgrund als Unternehmen, die bereits mit Indien kooperieren. [5]

Bewerten Vorarlberger Unternehmen, die sich in Indien engagieren, Kooperationen mit Indien anders als andere exportorientierte und nichtexportorientierte Vorarlberger Unternehmen? Diese Frage wurde für 14 Statements zur Einschätzung einer Kooperation mit Indien varianzanalytisch mittels Post-Hoc-Tests überprüft. [6] Vorarlberger Unternehmen, die sich in Indien engagieren, bewerten zwölf Aspekte signifikant bis hochsignifikant unterschiedlich als die Vergleichsgruppen. Übergreifend formuliert, weisen Unternehmen, die sich in Indien engagieren, dem Land gegenüber eine deutlich positivere Affinität vor als die beiden Vergleichsgruppen. Das bezieht sich z.B. auf die Passgenauigkeit zu den Unternehmenszielen, auf Rahmenbedingungen und Ressourcen für die Kooperation, auf die Bereitschaft, für die Kooperation Personal freizustellen, auf den Glauben an wirtschaftlichen Erfolg im fremdländischen Markt und auf interkulturelle Anpassungsleistungen. Die Unterschiede sind generell bedeutsam, d.h. sie beziehen sich sowohl auf Unternehmen ohne Exportaktivitäten als auch auf jene, die bereits mit anderen Ländern kooperieren.

4. Diskussion

Im Jahr 2015 erweist sich Indien nach wie vor als lukrativer Markt für ausländische Investoren. Neben China hat es sich mit seinem relativ hohen Bruttosozialprodukt gegenüber den anderen BRICS-Staaten wirtschaftlich behaupten können. Die österreichische und auch Vorarlberger Wirtschaftskammer sucht ihre assoziierten Unternehmen daher zu Recht für ein Engagement in Indien zu motivieren. Unsere Umfrage unter Vorarlberger Unternehmen hat gezeigt, dass dieses Vorhaben im Jahr 2011 bedeutsam war, denn die damaligen wie auch die geplanten Indien-Engagements waren ausbaufähig. Unternehmen, die bislang nicht in Indien aktiv waren, sind aufgefordert, ihre kulturellen und wirtschaftlichen Bedenken zu überwinden und zu prüfen, inwiefern es sich lohnen könnte, wirtschaftliche Tätigkeiten nach Indien auszuweiten. Unternehmen, die sich in Indien engagieren, könnten dieses Engagement intensiver als bisher strategisch verankern, um dortige Exportaktivitäten mindestens ebenso gezielt anzugehen, wie es generell bei ihnen üblich ist – wobei auch bei ihnen eine gezielte Exportstrategie grundsätzlich Entwicklungspotenzial besitzt.

---

5 1.: mittlere Differenz = 0,8 Punkte auf einer vierstufigen Skala, p = 0,03 / 2.: mittlere Differenz = 0,91 Punkte auf einer vierstufigen Skala, p = 0,004
6 $0,027 \geq p \geq 0,000$

Literatur

Alexander, Michael (2015): Auf die großen Jungs setzen. In: Euro 3/2015: 76-77.

Amt der Vorarlberger Landesregierung (2010): Die Exporte der Vorarlberger Wirtschaft im Jahr 2009. Landesstelle für Statistik. Bregenz. URL: http://www.vorarlberg.at/pdf/exporte2009.pdf; download am 23.02.2015.

Bhattacharyya, Subhes (2014): Structural and macro-economic changes in India and the implications for the residential energy demand. In: Wiley Interdisciplinary Reviews: Energy and Environment. 6/2014: 535-539.

Bundesministerium für Europa, Integration und Äußeres (2015): Bilaterale Beziehungen mit Indien – Wirtschaft. URL: http://www.bmeia.gv.at/botschaft/new-delhi/bilaterale-beziehungen-mit/indien/wirtschaft.html; download am 20.02.2015.

countrymeters (2015): Indien Bevölkerung. URL: http://countrymeters.info/de/India; download am 20.02.2015.

Dervisopoulos, Marina; Munirathnam, Madhu & Eber, Rainer (2008): Hightech-Maschinen für den Wachstumsstar. In: Werkstatt und Betrieb 3/2008: 116-121.

Ebner, Verena u.a. (2014): Wieviel Potenzial steckt in den BRICS? Österreichische Kontrollbank Aktiengesellschft (Hrsg.). Wien.

Hacksworth, John & Chan, Danny (2015): The World in 2050: Will the shift in global economic power continue?

Haub, Carl (2009): Indien. In: Online Handbuch Demografie. Berlin. URL: http://www.berlin-institut.org/online-handbuchdemografie/bevoelkerungspolitik/indien.html; download am 20.02.2015.

Hautzinger, Henrik (2009): Der Ruf von Branchen. Eine empirische Untersuchung zur Messung, Wechselwirkung und Handlungsrelevanz der Branchenreputation. Gabler. Wiesbaden.

Holtbrügge, Dirk & Friedmann, Carina (2011): Geschäftserfolg in Indien. Strategien für den vielfältigsten Markt der Welt. Springer. Berlin.

Müller, Oliver (2006): Wirtschaftsmacht Indien. Chance und Herausforderung für uns. Carl Hanser Verlag. München.

OECD (2014): OECD Economic Outlook. November 2014. OECD Publishing. URL: http://dx.doi.org/10.1787/eco_outlook-v2014-2-en; download am 20.02.2015.

Rothermund, Dietmar (2008): Indien: Aufstieg einer asiatischen Weltmacht. Beck. München.

Statista (2015): Indien: Wichtigste Importländer im Jahr 2012. Statista. URL: http://de.statista.com/statistik/daten/studie/170760/umfrage/wichtigste-importlaender-fuer-indien/; download am 20.02.2015.

Wirtschaftskammer Vorarlberg (2011): Indien: Firmengründung und Steuern. URL: https://www.wko.at/Content.Node/branchen/noe/Aussenhandel/RSSeptember2014.pdf; download am 23.02.2015.

Derzeitige Projektlage und Zukunft des FB SoWi

Frederic Fredersdorf

In diesem Sammelband vorgestellten Projekte belegen ein Spezifikum für ein überwiegend regional operierendes Forschungsinstitut in einem bevölkerungsmäßig kleinen Bundesland. Im Unterschied zu hochspezialisierten Forschungsinstituten ist der Forschungsbereich Sozial- und Wirtschaftswissenschaften trotz ausgewiesener Schwerpunkte eher generalistisch ausgerichtet. Dem widerspricht nicht die individueller Profilbildung seiner Mitwirkenden, denn beteiligte Forschende entwickeln sich einerseits in ihren Gebieten. Andererseits legt es die gesellschaftsorientierte Grundhaltung des FB SoWi nahe, auch auf spezifische Anfragen des Umfelds zu reagieren, selbst wenn der Forschungsgegenstand das eigene Sachgebiet nicht im Kern trifft. Derart anwendungs- und zielgruppenorientiert zu forschen entspricht jedoch voll und ganz dem bildungspolitischen Anspruch und Auftrag einer Fachhochschule mit ausgeprägter regionaler Impact-Strategie, was übrigens das Beiwort „applied" der englischen Übersetzung für „Fachhochschule" („University of Applied Sciences") ausdrückt. Obige Studien zeigen, dass sich diese Grundhaltung in einer starken Kooperation mit gesellschaftlichen Anspruchsgruppen widerspiegelt, womit Forschung am FB SoWi mehr als nur ansatzweise der Handlungs- bzw. Aktionsforschung nahesteht.

Längst konnten hier aus Platzgründen nicht alle Projekte vorgestellt werden, die Kolleginnen und Kollegen, Mitarbeiterinnen und Mitarbeiter im FB SoWi umsetzten. Auch blieben weitere hochschulische und assoziierte Netzwerkpartnerschaften unserer drittmittelgeförderten Studien bislang ungenannt – ein Versäumnis, das an dieser Stelle nachgeholt werden soll.

Im Rahmen der Internationalen Bodensee-Hochschule (IBH) haben sich tragfähige Hochschulpartnerschaften des FB SoWi im Nahbereich zur FHS St. Gallen, zur Hochschule Ravensburg-Weingarten und zur Hochschule Kempten entwickelt. Die IBH ist ein grenzüberschreitender Verbund jener Hochschulen, die in Deutschland, Österreich und der Schweiz um den Bodensee angesiedelt sind. Neben kooperativen Aktionen zur Entwicklung der Lehre fördert sie auch gemeinsame Forschungsprojekte. Ergebnisse eines abgeschlossenen Kooperationsprojekts sind bereits an anderer Stelle publiziert (Fredersdorf, Jüster, Olbert-Bock & Otto 2014). In IBH-Forschungs- und Entwicklungsprojekten kooperieren wir mit den Professorinnen und Professoren Beate Senn, Sibylle Olbert-Bock, Ulrich Otto, Wilfried Lux, Marco Steiner, Axel Olaf Kern und Markus Jüster sowie mit den bei ihnen tätigen Assistentinnen und Assistenten Abdullah Redzepi, Silvan Tarnutzer und Andrea Kobleder.

Im Zuge der realisierten Forschungsprojekte erweiterte sich sukzessive die Kooperation mit Netzwerkpartnern. Sie fungieren allerdings nur teilweise als Auftraggeber, sondern vielmehr als in unterschiedlicher Funktion Mitwirkende. In alphabetischer Reihung sind nachstehend jene Projekte skizziert, die in diesem Sammelband nicht vorgestellt werden konnten und im Lauf der vergangenen elf Jahre realisiert wurden beziehungsweise teilweise derzeit realisiert werden. Allen unseren Kooperationspartnerinnen und -partnern sei hiermit noch einmal für ihr Engagement und Vertrauen herzlich gedankt.

1. Weitere realisierte Projekte

Ambulant betreutes Wohnen: Kooperation mit dem Bregenzer Verein DOWAS – qualitative Umfrage unter „Hard-to-reach"-Zielgruppen zur Bedeutung ambulant betreuter Wohnformen für obdachlose Menschen.

Ärztliche Koordination: Kooperation mit dem Amt der Landesregierung Vorarlberg, Abteilungen Gesundheit und Sport, Senioren und Pflegevorsorge und niedergelassenen Ärzten sowie verschiedenen Einrichtungen der stationären Altenpflege – Evaluation der Einführung einer ärztlichen Koordination.

Cradle to Cradle: Kooperation mit der EPEA Switzerland GmbH und dem Forschungsinstitut für Textilchemie und Textilphysik der Universität Innsbruck – internationale Kundenumfrage zur Akzeptanz von Cradle to Cradle Produkten.

Expedition Zukunft: Kooperation mit der Chubus GmbH (D) und vier Einrichtungen der stationären Altenpflege der Arbeiterwohlfahrt, Seniorenheim Wildau GmbH – Belegschaftsbefragungen und betriebliche Kennzahlenanalysen zum Status Quo der Pflegequalität.

Fachkräftemangel: Kooperation mit zwölf Vorarlberger Wirtschaftsunternehmen und der VEM-Gruppe der Wirtschaftskammer Vorarlberg – Mehrebenen Studie zum Recruiting und Commitment akademischer Fachkräften der MINT-Disziplinen.

Gemeinnützige Beschäftigungsprojekte: Kooperation mit dem Beschäftigungspakt Vorarlberg und dem Amt der Landesregierung Vorarlberg, Abteilung

Wirtschaft – Analyse des fachlichen Handelns von sechs gemeinnützigen Beschäftigungsprojekten in Vorarlberg.

Gesundheitsmanagement in Werken der Siemens AG: Kooperation mit fünf deutschen Siemens-Werken – Belegschaftsumfragen zu Aspekten von Gesundheit und Präsentismus.

Gesundheitsökonomie der Brustkrebserkrankung: Kooperation mit der FHS St. Gallen, der Hochschule Ravensburg-Weingarten, dem Brustgesundheitszentrum im Krankenhaus Dornbirn, dem Brustzentrum im Landeskrankenhaus Feldkirch, der Vorarlberger Krankenhaus-Betriebsgesellschaft, der Vorarlberger Gebietskrankenkasse und dem Amt der Landesregierung Vorarlberg, Abteilung Gesundheit und Sport – gesundheitsökonomische Analyse einer chronischen Krankheit und Bewertung aus Sicht der Betroffenen.

Karinos: Kooperation mit der Vorarlberger Sportunion – Evaluation des Projekts Karinos, einer Implementierung von gesundheitsfördernden Bewegungsgruppen für an Brustkrebs erkrankte Frauen.

Kennidi: Kooperation mit der Werkstatt für Suchtprophylaxe der Stiftung Maria Ebene – Evaluation gemeindenaher Aktivitäten zur Alkoholprävention für Jugendliche (vgl. Fredersdorf & Heckmann 2010: 143-229).

Kulturnutzung und Kulturaktivität: Kooperation mit der Vorarlberger Interessengemeinschaft Kultur und dem Amt der Landesregierung Vorarlberg, Abteilung Kultur – Bevölkerungsumfrage zur Nutzung von Kulturveranstaltungen und zum kulturellen Engagement.

Mehr Spaß mit Maß: Kooperation mit der Werkstatt für Suchtprophylaxe der Stiftung Maria Ebene – Evaluation landesweiter Maßnahmen zur Alkoholprävention für Jugendliche.

Mutter-Kind-Schutz: Kooperation mit dem Krankenhaus Bregenz, dem Arbeitskreis für Vorsorge- und Sozialmedizin und dem Vorarlberger Fonds Sichere Gemeinden – Kontrollgruppenstudie zur Wirksamkeit von Aufklärungsmaßnahmen für werdende und junge Mütter.

Pflegephilosophie: Kooperation mit der Seniorenheim Wildau GmbH der Arbeiterwohlfahrt – systematische Langzeitstudie; Fortsetzung von Belegschaftsbefragungen und Kennzahlenerhebungen zu Aspekten von Pflege- und Qualitätsstandards.

Qualitätsmanagement in Berliner Berufsschulen: Kooperation mit dem Rationalisierungskuratorium der Berliner Wirtschaft – Evaluation von Maßnahmen zur Qualitätsentwicklung in dreizehn Berliner Berufsschulen.

Qualitätsmanagement in stationären Einrichtungen der Altenpflege: Kooperation mit dem Vorarlberger Landesverband der Heim- und Pflegeleitungen –

Entwicklung eines Screenings zur Organisation in stationären Einrichtungen der Altenpflege.

Reflect & Act 2.0: Kooperation mit der Werkstatt für Suchtprophylaxe der Stiftung Maria Ebene – Evaluation von Peer-Interventionen zur Alkoholprävention für Jugendliche.

Smart Metering: Kooperation mit dem Josef-Ressel-Zentrum für für Anwenderorientierte Smart Grid Privacy, Sicherheit und Steuerung der FH Salzburg – Bevölkerungsumfrage unter Salzburger Stromkunden zur Akzeptanz der Smart-Meter-Technologie.

Vorarlberger Lehrlingsmodell – Studie zu sechs Zielgruppen (Lehrlinge, Ausbilder, Schüler, Eltern, Alumni, Drop-Outs) über die Bewertung eines spezifischen Bildungsmodells, bei dem Lehrlinge in verlängerter Ausbildungszeit zugleich Lehre und Abitur absolvieren können.

Weiche Faktoren in der Pflege: Kooperation mit dem Amt der Landesregierung Vorarlberg, Abteilung Senioren und Pflegevorsorge – Entwicklung eines Screenings zur Erfassung von Gesundheit, Überforderung, Wertschätzung, Arbeitszufriedenheit, Team- und Führungskultur u.a. in stationären Einrichtungen der Altenpflege.

2. Zukunftsperspektive

Welche Strategie verfolgt nun der Forschungsbereich Sozial- und Wirtschaftswissenschaften für die nächsten Jahre? Ohne Futurologe zu sein, kann mit einiger Gewissheit vorhergesagt werden, dass sich weder die geografische noch die bildungspolitische oder räumliche Situation der FH Vorarlberg wesentlich ändern wird. Notwendige Änderungen hatten sich bis dato immer aus regionalen Bedarfen, bezogen auf Studienangebote, ergeben, also etwa auf den Ausbau der Hochschule auf ihre vier strategischen Geschäftsfelder Technik, Wirtschaft, Gestaltung und Soziales mit allen dahinterstehenden Studiengängen.

Mit aufkommenden gesundheitsbezogenen Bedarfen aus dem Umfeld wird eventuell künftig der Gesundheitsbereich eine bedeutendere Rolle spielen. Insofern scheint es erstens stimmig, wenn der FB SoWi sich weiterhin gesundheitsrelevanter Aufgaben annimmt und entsprechende Forschungsprojekte umsetzt. In der Theoriebildung gilt es längst als evident, dass das Thema „Sozialkapital" eine wesentliche gesundheitsspezifische Komponente enthält und nicht nur auf Werte, Netzwerke, Ehrenamt und Nachbarschaftshilfe reduziert werden kann. Daraus leitet sich zweitens ab, in diesem Sektor ebenfalls weiterhin aktiv zu bleiben. Studien rund um die Tertiäre und Quartäre Bildung – Fragen der Ausbildung und Personalentwicklung – ergänzen drittens das bislang entwickelte Portfolio. Wie die obige Aufzählung und hier publizierte Artikel zeigen, sind sie häufig mit zumindest einem der beiden anderen Schwerpunkte assoziiert. Aus diesen Gründen soll auch dieser Bereich beibehalten und ausgebaut werden.

Da der FB SoWi aus dem Studiengang Soziale Arbeit der FH Vorarlberg hervorgegangen ist, einige Mitglieder in ihm u.a. zu forschungsspezifischen Themen lehren und Soziale Arbeit mit vielen der von ihnen realisierten Studien verknüpft ist, bleiben viertens spezielle Elemente der Sozialarbeitsforschung künftig nach wie vor bedeutsam. Hierin ist das „Herzstück" des Forschungsbereichs zu erkennen. Fünftens, aber nicht letztens, besteht eine weitere tragfähige hochschulinterne Verbindung, und zwar zu den betriebswirtschaftlichen Studiengängen und Kollegien. Ganz im Sinn seiner Namensgebung wird der FB SoWi diese Verbindung fachlich aufrechterhalten, weil er die Schnittstelle von Wirtschaftlichem und Sozialem für gesellschaftlich überaus wichtig und fachlich äußerst interessant einschätzt. Im Außenfeld manifestiert sich diese Strategie in den nächsten Jahren durch weitere Forschungskooperationen mit Dachorganisationen und Unternehmen der regionalen Wirtschaft.

Alles in allem betrachtet, wird sich an unserer generalistischen und gesellschaftsorientierten Linie künftig nichts ändern. Eine zu meisternde Herausforderung besteht jedoch darin, erforderliche Drittmittel in ausreichendem Umfang zu akquirieren. Das ist beileibe nicht trivial, weil drei Rahmenbedingungen das Ergebnis massiv beeinflussen: Hochschulintern ist eine für die Sozialforschung relativ hohe Drittmittelquote vorgegeben. Soziale Organisationen besitzen allerdings nur geringe oder keine Ressourcen für Forschung und Entwicklung. Und seitens des Bundes sind bis dato in Österreich keine Fördertöpfe speziell für Gesundheits- und Sozialforschung, beziehungsweise Sozialarbeitsforschung, aufgelegt. Der FB SoWi wird sich diesen Herausforderungen stellen und eine offene Diskussion mit relevanten Anspruchsgruppen nicht scheuen.

Literatur

Fredersdorf, Frederic & Heckmann, Wolfgang (2010): Der T-Faktor. Mäßigungskonzepte in der Sozialen Arbeit. VS Verlag für Sozialwissenschaften. Wiesbaden.
Fredersdorf, Frederic; Jüster, Marcus; Olbert-Bock, Sibylle & Otto, Ulrich (Hrsg.): Generationenmanagement: Unternehmen durch den demografischen Wandel begleiten. Lambertus. Freiburg i.B.

Autorinnen und Autoren

Böhler, Doris (*1977)
Prof. (FH) Doris Böhler ist diplomierte Sozialarbeiterin der Akademie für Sozialarbeit in Bregenz – Masterstudium „Intercultural Work and Conflict Management" an der Alice-Salomon-Fachhochschule in Berlin. Seit 2005 lehrt Doris Böhler als externe Fachfrau an der FH Vorarlberg, seit 2009 ist sie dort als interne Hochschullehrerin beschäftigt. Im Masterstudium Soziale Arbeit koordiniert sie den Schwerpunkt Interkulturelle Soziale Arbeit. Schwerpunkte in Lehre und Forschung: interkulturelle und internationale Soziale Arbeit, Methoden der Sozialen Arbeit, Gender und Diversity Trainings.

Chen, Stefanie (* 1965)
Prof. (FH) Stefanie Chen absolvierte ihre Postgraduiertenstudien (MBA, MA, BA) in den USA; im MBA lag der Focus auf International Marketing Management. Stefanie Chen weist über zehn Jahre Führungserfahrung in International Marketing and Product Management, Quality Management, Global Account Management vor. In diesem Bereich baute sie eine Niederlassung auf, die sie auch leitete. Im Zuge ihrer internationalen Karriere in den USA, den Niederlanden, Deutschland und China durchlief sie verschiedene Branchen, war jedoch größtenteils in der Telekommunikation und IT tätig. Seit 2003 arbeitet sie an der FH Vorarlberg als Professorin für International Strategic Management, International Marketing Management, Produktmanagement, und Interkulturelle Kommunikation. Seither koordiniert Stefanie Chen im Bachelor Wirtschaftsingenieur die Vertiefung Produktmanagement und im betriebswirtschaftlichen Masterstudium das Modul International Sustainability Management und seit jüngstem das Modul Intercultural Competencies.

Feuerstein, Gerhild (* 1953)
Gerhild Feuerstein absolvierte 2002 ein Studium der Pädagogik am Institut für Erziehungswissenschaften der Geisteswissenschaftlichen Fakultät der Leopold-Franzens-Universität Innsbruck. Vor ihrem Studium war sie 25 Jahre in kaufmännischen Bereichen in Wirtschaftsbetrieben, zuletzt in der Erwachsenenbildung, tätig. 2002 begann sie ihre Tätigkeit als wissenschaftliche Mitarbeiterin an

der FH Vorarlberg in der tertiären und quartären Bildung und widmet sich seither dem Bildungsmanagement und der Sozialforschung.

Fredersdorf, Frederic (* 1955)
Prof. (FH) Dr. habil. Frederic Fredersdorf ist examinierter Sport- und Ge-
schichtslehrer, promovierter Soziologe und habilitierter Erziehungswissenschaft-
ler – Studien an der Freien und Technischen Universität Berlin. Nach freiberuflicher Tätigkeit als Sporttrainer ist er seit 1988 im Bereich der tertiären und quartären Bildung als Sozialforscher und Bildungsmanager tätig, davon seit 1991 in
leitender Funktion. Zwischen 2002 und Frühjahr 2009 leitete er die Studiengänge
der Sozialen Arbeit an der FH Vorarlberg. Seither engagiert er sich dort für den
Auf- und Ausbau der sozial- und wirtschaftswissenschaftlichen Forschung.

Hefel, Johanna (*1964)
Prof. (FH) Johanna M. Hefel ist diplomierte Sozialarbeiterin der Akademie für
Sozialarbeit in Bregenz – Studium der Erziehungswissenschaften an der Leopold-Franzens-Universität in Innsbruck. Johanna Hefel hat als Sozialarbeiterin in
verschiedenen niederschwelligen Arbeitsbereichen (Obdachlosenarbeit, Drogenarbeit, Sucht und Sexarbeit) sowie in der Sozialpädagogik und Familienarbeit
mit Leitungsfunktion gearbeitet. Seit 2002 lehrt und forscht sie an der FH Vorarlberg in den Bachelor- und Master-Studiengängen Soziale Arbeit. Im Letztgenannten koordiniert sie den Schwerpunkt Klinische Soziale Arbeit. Johanna
Hefel ist aktives Mitglied in nationalen und internationalen Gremien der Sozialen Arbeit sowie Mitbegründerin und Vorstandsmitglied der österreichischen
Gesellschaft für Soziale Arbeit.

Lorünser, Daniela (* 1979)
Daniela Lorünser (MA) studierte an der Hochschule Esslingen Soziale Arbeit
mit den Schwerpunkten Qualitätsmanagement und Evaluierung. Seit Absolvieren
ihres Masterstudiums im Jahr 2010 ist sie als wissenschaftliche Mitarbeiterin im
Forschungsbereich Sozial- und Wirtschaftswissenschaften tätig. Dort beschäftigt
sie sich mit Forschungsthemen aus den Bereichen Soziales, Gesundheit und
Bildungsmanagement und wirkt unter anderem bei internen Qualitätsmanage-
ment- und Marketingerhebungen mit.

Manhart, Wilfried (*1960)
Prof. (FH) Wilfried Manhart ist diplomierter Wirtschaftsingenieur (MBA) mit Postgraduiertenstudien in den USA und der Schweiz in Finanz- und International Marketing Management. Nach 15 Jahren internationaler Führungstätigkeit in den Bereichen Controlling, Verkauf, Marketing, Strategie und After Market Services bei einem renommierten Schweizer Konzern der Bauzulieferindustrie seit 2005 als freiberuflicher Unternehmensberater sowie seit 2008 als Lektor für Strategisches Management, Internationales Marketing, Verkauf und Kundenservice und seit 2011 als Professor und Koordinator des Masterstudienganges International Marketing & Sales an der FH Vorarlberg tätig. Zu den Interessensgebieten zählen u.a. Kundenbindung, Verkaufs- und Servicemanagement sowie Geschäftsmodellinnovation und Nachhaltigkeit im internationalen Kontext.

Moser, Sarah (* 1984)
Sarah Moser ist Gesundheits- und Pflegewissenschaftlerin und promoviert derzeit an der Medizinischen Universität Graz im Bereich der medizinischen Wissenschaften zum Thema Lebensqualität, Copingstrategien und soziale Unterstützung von altersschwerhörigen Personen, differenziert nach Geschlecht und Hörfähigkeit. Seit 2012 ist sie als wissenschaftliche Mitarbeiterin an der FH Vorarlberg tätig und bearbeitet die dort laufenden wissenschaftlichen Projekte. Seit Frühling 2015 nimmt sie für ein Jahr am Exchange Visitor Program (EVP) des Graduate Center der City University of New York als Visiting Research Scholar teil und wird dort ihre Dissertation abschließen.

Puhr, Rainer (* 1979)
Rainer Puhr studierte Statistik an der Universität Wien (Mag. BSc). Nach Forschungstätigkeiten an der Universität Wien und der Österreichischen Nationalbank wechselte er im Sommer 2009 ins Forschungszentrum für Produkt- und Prozessentwicklung der FH Vorarlberg. Seit 2015 arbeitet er als Statistiker im Kirby Institute an der University of New South Wales in Sydney, Australien.

Rebitzer, Fabian (* 1981)
Fabian A. Rebitzer (Mag.) ist Organisationssoziologe – Studien an der Universität Kiel. Nach Studien der Soziologie, der neueren deutschen Literatur- und Medienwissenschaft sowie der älteren deutschen Literatur- und Sprachwissenschaft arbeitete er als wissenschaftlicher Mitarbeiter und Lehrbeauftragter an der Gender Research Group und am Institut für Sozialwissenschaften der Christian-

Albrechts-Universität zu Kiel. Seit 2011 ist er als wissenschaftlicher Mitarbeiter im Forschungsbereich Sozial- und Wirtschaftswissenschaften der FH Vorarlberg tätig und nebenberuflich als selbständiger Berater u.a. für die Landeshauptstadt Kiel. Schwerpunkte: Projekte der Organisationsentwicklung in den Bereichen betriebliches Sozialkapital, Diversity-, Gesundheits- und Generationenmanagement.

Roux, Pascale (*1967)
Dr. Pascale Roux ist Diplompsychologin – Studium der Psychologie an der Freien Universität in Berlin und der Albert-Ludwigs-Universität in Freiburg im Breisgau. An der Universität Duisburg promovierte sie über quantitative, qualitative, physiologische und okkulomotorische Methoden der Datenerhebung. Ausbildung zur Gesundheits- und Klinischen Psychologin (Schloss Hofen) und zur Psychotherapeutin am FAVT in Freiburg. Pascale Roux war wissenschaftliche Mitarbeiterin im Forschungsbereich Sozial- und Wirtschaftswissenschaft und ist seit 2011 an der FH Vorarlberg Hochschullehrerin für Klinische Psychologie und Forschungsmethoden mit Aufgaben in Lehre und Forschung. Zudem übt sie an der Universitätsklinik Freiburg, der Institutsambulanz des Psychologischen Instituts der Universität Freiburg und dem SIGMA-Zentrum für Psychiatrie, Psychotherapie und Psychosomatik klinische Tätigkeiten aus.

Wetzstein, Irmgard
Dr. Irmgard Wetzstein ist Senior Lecturer am Institut für Publizistik- und Kommunikationswissenschaft der Universität Wien und war von Januar bis Mai 2015 im Rahmen eines Fulbright-Stipendiums Gastprofessorin an der School of Journalism and Mass Communication an der University of Minnesota – Twin Cities. Sie lehrt und forscht unter anderem im Zusammenhang mit Informations- und Kommunikationstechnologien und Sozialen Medien, Gender, Werbung, sozialwissenschaftlichen Methoden, Krisen- und Konfliktkommunikation, visueller Kommunikation, Journalismus und internationaler politischer Kommunikation.

The manufacturer's authorised representative in the EU is Springer
Nature Customer Service Centre GmbH, Europaplatz 3, 69115 Heidelberg,
Germany. If you have any concerns regarding our products, please
contact ProductSafety@springernature.com

Printed and bound by CPI Group (UK) Ltd, Croydon, CR0 4YY
27/04/2026
02097656-0003